权威·前沿·原创

皮书系列为
"十二五""十三五""十四五"时期国家重点出版物出版专项规划项目

B

BLUE BOOK

智 库 成 果 出 版 与 传 播 平 台

中国社会科学院创新工程学术出版资助项目

日本蓝皮书
BLUE BOOK OF JAPAN

日本研究报告（2022）

ANNUAL REPORT ON RESEARCH OF JAPAN (2022)

从菅到岸田："一年一相"重现政坛？

中华日本学会
中国社会科学院日本研究所
主　编／杨伯江
副主编／吴怀中　唐永亮

社会科学文献出版社
SOCIAL SCIENCES ACADEMIC PRESS（CHINA）

图书在版编目（CIP）数据

日本研究报告 . 2022 / 杨伯江主编 . -- 北京：社
会科学文献出版社，2023.4
（日本蓝皮书）
ISBN 978-7-5228-1451-3

Ⅰ.①日…　Ⅱ.①杨…　Ⅲ.①日本-概况-2022
Ⅳ.①K931.3

中国国家版本馆 CIP 数据核字（2023）第 067986 号

日本蓝皮书

日本研究报告（2022）
——从菅到岸田："一年一相"重现政坛？

主　　编／杨伯江
副 主 编／吴怀中　唐永亮

出 版 人／王利民
组稿编辑／祝得彬
责任编辑／王晓卿
责任印制／王京美

出　　版／社会科学文献出版社·当代世界出版分社（010）59367004
　　　　　地址：北京市北三环中路甲 29 号院华龙大厦　邮编：100029
　　　　　网址：www. ssap. com. cn
发　　行／社会科学文献出版社（010）59367028
印　　装／三河市东方印刷有限公司

规　　格／开 本：787mm×1092mm　1/16
　　　　　印 张：21.5　字 数：322 千字
版　　次／2023 年 4 月第 1 版　2023 年 4 月第 1 次印刷
书　　号／ISBN 978-7-5228-1451-3
定　　价／168.00 元

读者服务电话：4008918866

日本蓝皮书编委会

主　　编　杨伯江

副 主 编　吴怀中　唐永亮

编　　委（按姓氏笔画排序）

卢　昊　　吕耀东　　李　薇　　杨伯江　　吴怀中

张　勇　　张伯玉　　张季风　　张建立　　陈　祥

林　昶　　胡　澎　　徐　梅　　高　洪　　唐永亮

主编简介

杨伯江　法学博士，中国社会科学院日本研究所所长、东海问题研究中心主任，研究员，博士生导师，中华日本学会常务副会长（法人代表），中国亚洲太平洋学会副会长，中国太平洋学会常务理事，亚太安全合作理事会中国委员会委员。曾任国际关系学院教授、中国现代国际关系研究院研究员、美国布鲁金斯学会访问学者、哈佛大学费正清东亚研究中心访问学者、日本国际论坛客座研究员、日本综合研究开发机构客座研究员。主要研究方向为大国关系、亚太地区安全、日本问题。

近年主要研究成果：《平成日本：战后历史流变中的国家战略转型》、《中日邦交正常化与台湾问题处理再考》、《中日关系 50 年发展演变与未来走势——兼论日本战略因素及其规定性作用》、《中日韩合作战"疫"与东北亚区域治理》、《从尼克松到特朗普：国际战略视角下两场"冲击"的历史比较与日本因应路径分析》、《日本参与"一带一路"合作：转变动因与前景分析》、《日本国家战略转型：认知重构与路径选择》、《构建中日新型国家关系：双轮驱动下的合作共赢》、《国际权力转移与日本的战略回应》、《新时代中美日关系：新态势、新课题、新机遇》、《"一带一路"推进过程中的日本因素》（合著）、《习近平国际战略思想与对日外交实践》（合著）、《美国对日政策内在矛盾及地区战略影响分析》、《日本强化介入南海：战略动机、政策路径与制约因素》、《美国战略调整背景下日本"全面正常化"走向探析》、《日本自民党政治走向历史性衰退》、《从总体趋势中把握中美日三边关系》、《当前日本社会思潮与"新民族主义"》等。

吴怀中 法学博士，中国社会科学院日本研究所副所长、研究员、博士生导师，中国亚太学会常务理事、中华日本学会常务理事。曾留学日本东京大学、名古屋大学，历任北京外国语大学讲师、日本庆应大学综合政策学部客座研究员、美国哈佛大学燕京高级访问学者，主持国家社会科学基金重点项目及省部级课题多项。主要研究方向为日本政治、日本外交及安全防卫、中日关系等。

主要研究成果有：《大川周明与近代中国》（日文专著）、《21世纪初期日本的东亚政策》（合著）、《大国的亚太战略》（合著）等著作多部，在中文国际政治类核心期刊（CSSCI）《外交评论》《国际政治研究》《国际问题研究》《现代国际关系》《东北亚论坛》《日本学刊》等发表有关日本政治、日本外交、安全防卫、中日关系、日美关系等的学术论文数十篇。此外，获中国社会科学院优秀信息对策奖的文章有数十篇，在《人民日报》《经济日报》《光明日报》《中国日报》《中国社会科学报》《参考消息》《环球时报》《世界知识》和人民网、新华网等主流报刊、媒体发表学术文章及评论数十篇。

唐永亮 哲学博士，中国社会科学院日本研究所研究员、科研处处长、《日本学刊》副主编，中国社会科学院研究生院教授、硕士生导师。兼任中华日本哲学会常务理事、中国日本史学会常务理事、中华日本学会理事。曾任日本法政大学、国立历史民俗博物馆、皇学馆大学客座研究员、访问学者。研究领域为日本文化，主要研究方向为日本思想史、社会思潮。主要著作有：《中江兆民的国际政治思想——日本近代小国外交思想的源流》（专著，2010）、《中江兆民》（专著，2012）。论文有：《试析丸山真男的思想史研究方法论》《日本的"近代"与"近代的超克"之辩——以丸山真男的近代论为中心》《日本神道中的时空观》《日本国民意识调查的历史、现状与意义》《试析日本的东亚文化共同体思想》《近代以来冲绳人群体认同的历史变迁》《近年来的冲绳基地问题：核心问题、利益博弈及其影响》等。译著有：《何为日本人》（合译，2010）、《丸山真男讲义录 第六卷》（独译，2017）、《丸山真男——一位自由主义者的肖像》（独译，2021）等。

摘　要

2021 年，日本经济、社会受到新冠疫情多轮冲击，原本作为"防疫内阁"上台的菅义伟政府未能处理好疫情防控和经济复苏而迅速丧失民意支持。延期一年举办的东京奥运会没有带来预期的经济复苏，反而引发第五波疫情，菅执政压力加大，最终不得不宣布辞职。9 月底至 10 月初，岸田文雄在安倍阴影和派阀角力中当选自民党总裁并就任日本第 100 任首相，随后迅速解散众议院举行大选，胜选后续任首相，实施党政班底改造，初步巩固政权基础。

岸田担任首相后，对"安倍路线"采取维持、继承与发展、拓进并举的方针，持续推进日本国家战略转型落实走深。其秉持修宪强军路线，计划修订国家安全政策文件；经济上提出"新资本主义"构想，兼顾国民经济增长和收入分配公平，同时推进"数字田园都市国家构想"，大力普及新能源；外交上继承安倍和菅政策框架，主张与"共享普世价值的国家"携手，续推"自由开放的印太"构想。

2021 年，日本实际 GDP 在第一季度环比下降 0.4%，第二季度增长0.6%，而第三季度再次转为负增长，下滑 0.8%。在岸田政府强力刺激政策下，第四季度日本经济明显反弹，增长 1.0%。岸田将应对疫情、强化危机管理机制作为一大要务，出台以"克服新冠疫情，开拓新时代"为主题的新一轮经济对策，强调"新资本主义"有别于自小泉时代以来自民党政权积极推动的"新自由主义"改革，力图促进日本经济尽快步入有序复苏轨道。在疫情持续蔓延、反弹不断的背景下，2021 年日本税收减少约 6.1 万亿日元，财政入不敷出。为弥补收支缺口，政府不得不增发国债，基础财政赤字从上年度的9.6万亿日元增至20.4万亿日元，为2014年度以来的最高值。量化宽松货币政策和积极财政政策难以退出，政府运用宏观政策手段刺激经济增长的空间收窄。

经济状况恶化给日本社会带来深刻影响，少子化、老龄化、贫富分化日益加剧，越来越多的合同工、个体经营者、自由职业者等处于停工、停产甚至停薪的艰难困境，因孤独而自杀者的数量显著增加，其中女性自杀现象尤为突出，曾经令日本民众骄傲的"一亿总中流"不复存在。日本社会对"新自由主义"的批判，带来民粹主义跨越政治图谱的同台竞演，与世界范围内民粹主义思潮的泛滥相呼应，民粹主义在地方自治体层面上一定程度地死灰复燃。

2021年，日本对外战略继续展现积极进取姿态，持续升级日美安全军事合作，加快日美印澳战略合作进程，致力于打造各类"同盟""准同盟"机制。战后以来形成的日本保守主义外交路线、以日美同盟为基轴的外交传统一如既往，同时，在强化日美同盟的基础上，日本致力于在同盟框架内不断提高外交自主性，在地区甚至全球范围内谋求话语权、主导权。在中美博弈深化、中日围绕钓鱼岛主权及东海海洋权益的争端持续升温的背景下，2021年，日本和美国在军事演练等方面的合作日益紧密，朝着一体化、深度融合的方向加速发展。

2021年，日本更加重视构建"基于共同价值观"的"民主国家"安全合作机制，提升"印太"地缘影响力和掌控度。日美印澳"四边机制"（QUAD）在2021年日益呈现机制化、制度化的发展趋势，四方在新冠疫情应对、供应链稳定、涉华议题及国际秩序安排等方面的协调进一步增强，"同盟化"建设迅速推进。

2021年，日本在积极推进自贸区战略的同时，大力强调经济安全保障。为拉动经济增长，日本大力推进《区域全面经济伙伴关系协定》（RCEP）。一方面，日本在2020年11月放弃"无印度、不签约"立场签署RCEP后，于2021年4月迅速完成了国会众参两院对相关法案的审批，成为继中国、新加坡及泰国之后，第四个完成 RCEP 国内审批程序的国家。另一方面，日本以国家安全为由泛化安全概念，扩大对贸易、投资、技术等的监管范围，强化产业、经济"自主性"，实际上推行带有保护主义色彩的产业政策。

周边外交是日本对外战略的重点，但 2021 年日本与东北亚邻国的关系普遍僵冷，日俄关系自安倍离任后陷入停滞，日韩关系改善未见进展，日朝之间迟迟无法找到开启对话大门的钥匙。不过，在东南亚方向，日本日益重视东盟在"自由开放的印太"构想中扮演的角色，越南、菲律宾、印尼等更是成为日本外交的战略"支点国家"。

2021 年的中日关系承接上年走势，持续低位震荡。一方面，菅义伟任内中日关系明显倒退；岸田执政后，中日关系出现一些改善契机，但仍面临严峻挑战。日本不断炒作和激化两国"岛争"，介入南海问题，渲染所谓"中国威胁"，在涉港、涉疆，特别在台湾问题上干涉中国内政，挑战中国底线，对中日关系造成严重冲击。另一方面，2021 年，中日之间各层面的交流逐渐恢复和推进，贸易投资在疫情背景下逆势增长。2022 年，中日迎来邦交正常化 50 周年，半个世纪以来，世界形势、两国国情都发生了翻天覆地的变化，两国国民的相互认知也发生了重大改变。中日两国可以以邦交正常化 50 周年这一机遇窗口深入探索正确的相处之道，这对未来两国关系的长期走向会产生重要影响。

关键词： 政权更替 菅义伟 岸田文雄 新资本主义 "印太"构想

目 录 ↖

I 总报告

II 分报告

III 日本政治与政策调整

Ⅳ　日本经济社会动向

Ⅴ　附　录

皮书数据库阅读**使用指南**

总 报 告
General Report

B.1

冲击与转型：
2021~2022年度日本形势

杨伯江　朱清秀　陈祥*

摘　要： 2021年，全球新冠疫情持续，日本经济与社会受到多轮疫情冲击，作为"防疫内阁"上台的菅义伟政府未能平衡处理好疫情防控与经济复苏，在自民党内中青年议员"逼宫"之下周年而终。继任的岸田文雄内阁除推进新冠对策和自民党改革外，重点推出"新资本主义"概念，拟对"安倍经济学"做出调整，实现经济增长和公平分配之间的平衡。日本经济在2020年大幅衰退后，在超宽松货币政策支撑下持续复苏，但动力明显不足，2021年全年实际GDP增长1.7%。2021年，日本对外战略继续沿"安倍路线"惯

---

* 杨伯江，法学博士，中国社会科学院日本研究所所长，中华日本学会常务副会长（法人代表），中国亚洲太平洋学会副会长，主要研究方向为大国关系、亚太地区安全、日本问题；朱清秀，法学博士，中国社会科学院日本研究所副研究员，主要研究方向为日本政治与外交、海洋安全；陈祥，文学博士，中国社会科学院日本研究所副研究员，主要研究方向为日本问题、环境史和近代日本侵华史。

性轨道滑行，泛化渗透安全概念，致力于打造各类安全合作，但周边关系南北失衡，外交短板故态依旧。2021年，中日关系承接上年走势，持续低位震荡。日本积极介入台海问题、南海争端，做实针对中国的"印太"构想，中日东海矛盾加剧，战略猜疑持续扩大。岸田接任首相后，在两国领导人高层引领下，中日关系的积极因素有所增加，但结构性矛盾、政治安全领域的分歧短期难以化解。而且，随着日本持续推进经济安全保障政策，中日经贸合作也将面临挑战。2022年，受国际形势、日本国内政治等因素影响，中日关系仍将呈现较大的不稳定性和不确定性。

关键词： 菅义伟　岸田文雄　东京奥运会　RCEP　日美印澳"四边机制"

2021年，新冠疫情持续冲击日本经济与社会，所造成的深层影响逐步显现。实际GDP在2020年负增长4.8%的基础上，2021年继续低开，第一季度环比下降0.4%，按年率计算降幅达1.6%。在自民党政府长年推行"新自由主义"改革导致社会收入差距拉大、"一亿总中流"蜕变为"格差社会"①的背景下，新冠疫情更是"彻底改变了社会生活"，弱势群体、贫困阶层所受冲击最大、压力最重，自杀率特别是女性自杀率急剧上升。② 东京奥运会在延期一年后举办，而借"奥运景气"提振经济的预期落空。据日本官方数据，日本政府、东京都政府为奥运会投入了大量财力，直接投入金额达9230亿日元，但受空场比赛、第五波疫情来袭影响，其拉动增长的效果几乎为零，反而对未来央地两级财政空间造成挤压。③

经济社会压力传导到执政的自民党内，继2020年菅义伟接棒安倍晋三后，

---

① "格差社会"为日语词语，是指阶层固化、贫富差距日益扩大的社会。
② 根据2021年度日本《自杀对策白皮书》数据，2020年日本自杀人数达到21081人，其中女性自杀事件大幅上升，同比增加15.35%。
③ 周学智：《东京奥运会对日本经济的影响几何》，《中国外汇》2021年第16期。

在经济萎靡不振、疫情持续蔓延、党内少壮派"逼宫"等多重压力下，菅义伟放弃竞选连任，岸田文雄接任日本首相。岸田执政后提出日本式"新资本主义"概念，呼吁通过"增长和分配的良性循环"和"开辟新冠疫情后的新社会"等手段实现这一目标。岸田认为，"新自由主义"政策导致日本社会产生严重分裂，要缓解这种分裂，关键在于实现全社会更公平的分配。"新资本主义"是对"安倍经济学"的扬弃，①体现了执政的自民党对经济社会政策、增长模式转型的探索，以及"宏池会"一脉"经济治国"的政策理念，但"新资本主义"迟迟未提出具体的政策路径，且面临财源紧张等严重掣肘。

在对外战略领域，日本继续沿"安倍路线"惯性轨道滑行，推进安全战略的外向型、进攻性转型。菅义伟、岸田两届政府泛化安全概念，推行"经济安全保障"政策；强化日美印澳"四边机制"（QUAD），打造各类"同盟"，做实"印太"构想；继续引欧洲因素入亚太，图谋实现日美安保与北约的战略对接。但是，自身利益需求对日本在中美之间彻底"选边站"构成强力牵制。2021年，日本实际GDP增长1.7%，而从内外需各自的贡献度看，国内设备投资、个人消费、住宅投资普遍低迷，实现增长主要有赖于全球市场复苏，特别是中国经济的快速恢复。继放弃"无印度不签约"立场、签署《区域全面经济伙伴关系协定》（RCEP）后，2021年，日本迅速批准了这一协定，说明在严峻的外部发展环境下，它不得不将本国的未来与亚洲捆绑在一起。

2021年，中日关系在斗争与合作中艰难前行。一方面，日本不断炒作和激化两国"岛争"，介入南海问题，渲染"中国威胁"，营造多边制华态势；强化"价值观外交"，在涉港、涉疆特别是在台湾问题上公然干涉中国内政，挑战中方底线。2021年4月，菅内阁决定将福岛核电站核污水直排入海，危害国际公共利益，制造出中日之间新的矛盾点。另一方面，中日贸易投资逆势增长，双多边、各层级交流合作逐步恢复。日方不断宣示对华关

① 黄亚南：《岸田的"新资本主义"能告别安倍经济学吗》，《21世纪经济报道》2021年10月8日。

系是"最重要的双边关系之一",凸显其对华政策的矛盾性、复杂性。10月,中日两国领导人通话,确认"推动构建契合新时代要求的中日关系"目标,为两国关系健康发展指明了方向。2022年,受国际形势、日本国内政治等因素影响,中日关系仍将呈现较大的不稳定性和不确定性。

一 菅义伟政府周年而终,政坛再现"一年首相"

2021年,接任安倍的菅义伟的过渡首相色彩浓厚,其政府始终面临三大挑战:处理好疫情防控与经济复苏的平衡,处理好"继承安倍超长期政权"的正负面影响,草根出身的"三无"政治家如何巩固权力基础。菅义伟首相原本寄希望日本疫情得到控制、成功举办奥运会,继而连任自民党总裁并继续担任首相。然而,举办奥运会和防控疫情不仅未能给日本带来更大帮助,反而对菅义伟政府造成沉重打击,自民党内年轻议员发出强烈的换帅呼声,菅义伟连任计划被打乱,不得不宣布辞职。在自民党政坛"一强"优势背景下,岸田仰仗安倍影响与派阀之力接任首相,而随后的国会众议院选举导致自民党内派阀和日本政坛力量出现新的分化组合。岸田政权在暗流涌动中起航,面临处理防控新冠疫情、尽快实现经济复苏等紧迫课题。

(一)自民党党内派系倒戈,菅义伟政府成短命内阁

2021年伊始,日本的新冠疫情呈现多点暴发的态势,导致原定1月2日在皇居举行的新年朝贺活动取消。① 1月8日,菅义伟内阁以东京都及埼玉、千叶、神奈川三县的首都圈为对象,基于《新冠疫情特别措施法》发布第二次"紧急状态宣言";13日,又针对大阪、京都、兵库、爱知、岐阜、福冈、栃木等七个府县发布新冠疫情"紧急状态宣言",日本进入第四波疫情防控期。为强化防疫的执行力,日本国会于2月表决通过《新冠疫

---

① 「『希望を持って歩んでいくことのできる年に』—陛下がビデオメッセージに託された思い—」、https://www.nippon.com/ja/news/fnn20210101126090/［2022-01-09］。

情特别措施法》《传染病法》《检疫法》的修订案，强化国家和地方政府的防疫执法力度，明确执法单位可以对不遵守防疫要求的个人以及团体进行相应的处罚，不再是以往的单纯劝告形式。① 随后日本从 2 月中旬开始启动新冠疫苗接种工作，到 3 月初逐步解除了第二次紧急状态。进入 4 月后，日本防疫形势再度恶化。4 月 23 日起，菅义伟陆续宣布东京、大阪、京都、兵库等九个都道府县进入紧急状态（第三次宣布紧急状态），大型商业设施停业，体育比赛等大型活动原则上不能有现场观众。7 月，日本疫情愈演愈烈，菅义伟于 7 月 8 日宣布东京第四次进入紧急状态，同时冒着疫情扩大的风险强行举办东京奥运会，进一步招致民众的反对。进入 8 月，传染力极强的新冠变异病毒德尔塔毒株快速传播，迅速形成第五波疫情。根据日本经济再生担当大臣西村康稔的描述，此际全国连日新增确诊 2.5 万例，东京连续数日每日确诊四五千人，传染率很高，造成日本几乎所有地区都持续出现此前未曾有过的新冠肺炎感染扩大趋势。②

菅义伟政府以"防疫内阁"形象登台，但结果是疫情不断恶化，日本民众在多轮选举中否定了其防疫作为。4 月 25 日，国会众参两院补缺选举（长野县参议院选举区、北海道众议院第二选举区）和参议院重新选举的"三重选"的结果是在野党候选人胜出；7 月，东京都议会选举是在东京奥运会和新一轮疫情高峰接踵而至的背景下举行的，投票结果颠覆了选前的"自民党压倒性胜利"预期，自民党仅以微弱优势成为东京都议会第一大政党，且执政的自民党和公明党联盟未达到议席过半的目标；③ 8 月 22 日，日本第二大都市横滨市长选举中，菅义伟倾力支持的盟友、前国家公安委员长小此木八郎"完败"于在野党支持的山中竹春。横滨是菅义伟的政治大本营，这一选举失利使其连任自民党党首的愿望遭遇最沉重的打击。在一连串

---

① 内阁官房「新型インフルエンザ等対策特別措置法について」、https：//corona. go. jp/news/news＿20200405＿19. html［2022-01-10］。

② 内阁官房「西村大臣記者会見要旨」、https：//corona. go. jp/news/pdf/daijin＿youshi＿20210825. pdf［2022-01-10］。

③ 孟明铭：《试论疫情对东京都选举活动与日本政治的影响》，《东北亚学刊》2021 年第 6 期。

败绩面前，菅内阁支持率持续下降，成立之初曾高达 74% 的内阁支持率到 2021 年 7 月下降至 29.3%。[①] 面对这样的情况，自民党内部对菅义伟的怀疑情绪持续上升，一些中青年议员表示"菅义伟首相已无法代表自民党进行选举"[②]，这在党内甚至成为一种共识。

菅义伟内阁的权力结构是建立在自民党内部脆弱的权力分配平衡基础之上的，其稳定性在很大程度上源自自民党内"派系力学"的影响，尤其是安倍晋三、麻生太郎的操控。[③] 随着干事长二阶俊博卸任，安倍、麻生迎合中青年议员的"换帅"要求，自民党内"派系力学"的变化导致菅义伟迅速丧失控局能力，不得不选择主动辞职。

（二）东京奥运会未能拉动经济增长，反而增添政治压力

菅义伟在 2021 年推行的经济政策总体表现出"过渡政府"的色彩，呈现延续安倍的政策和路线的特点。一是忠实继承了"安倍经济学"的灵活财政政策、量化宽松货币政策以及促进民间投资增长等。在实际执行过程中，超发货币成为日本刺激经济的主要政策手段，这一方面造成了日元兑美元持续疲软走低，在 2021 年成为表现最差的 G10 货币，美元兑日元从年初的 103.40 涨到年末的 115.10，涨幅超过 11%，创下 2014 年以来最大的年度涨幅；[④] 另一方面是刺激日经股指飙涨，2021 年 12 月 30 日收于 28791.71 点，这是 1989 年以来最高的年末收盘点位，与上年末收盘点位相比，日经股指上涨 4.9%，东证股指上涨 10.4%。[⑤] 二是继续推进国家数字化进程。日本强化"数字化改革指挥塔"功能，5 月，国会通过了与数字化改革

---

① 张伯玉：《菅义伟政权缘何"一年而终"》，《世界知识》2021 年第 21 期。
② 「菅義偉は安倍晋三ではない　総理再選のために理解しなければいけないこと」、wezzy、2021 年 8 月 29 日、https://wezz-y.com/archives/93037 [2022-01-10]。
③ 吴怀中：《从选举看日本政治生态流变与特性》，《当代世界》2021 年第 11 期。
④ 《日元坐实 2021 年表现最差 G10 货币，多头期待 2022 年两大时刻》，新华财经客户端百家号，2022 年 1 月 5 日，https://baijiahao.baidu.com/s?id=1721073365355551196&wfr=spider&for=pc [2022-01-10]。
⑤ 《东京股市 2021 年最后一交易日下跌》，新华网，2021 年 12 月 30 日，http://www.news.cn/2021-12/30/c_1128217454.htm [2022-01-10]。

相关的 6 部法案①，9 月成立了由首相直接管理的数字厅；还明确将 2021 年
4 月至 2022 年 3 月作为日本法定数字货币概念验证期，逐步提升无现金支
付水平，提升现有支付结算体系效能。② 三是强化"经济安全"战略应对。
鉴于新冠疫情严重影响日本产业链的稳定性，菅义伟上台后着力构建经济安
全机制，并以国家安全保障局为中心制定相关政策措施，加速推动制造业回
流与产业链重构，重点确保关键零部件及医疗器材供应稳定，还针对不同类
型的企业确定了不同的补助金额。以半导体产业为例，菅义伟政府出台了
《半导体·数字产业战略》，寻求"将半导体技术研发和制造工厂引进到日
本国内，对产业链起到关键作用的材料、制造设备等进行重点技术研发，以
及推动数字转型，创造产业发展需求"。③ 四是加强碳中和工作谋划。菅义
伟政府于 4 月推动国会正式通过修订后的《全球变暖对策推进法》，以立法
形式确认了日本政府提出的到 2050 年实现碳中和的目标，并明确表示日本
力争 2030 年温室气体排放量比 2013 年减少 46%，并将朝着减少 50% 的目标
努力。④ 五是加快推动福岛核污水排海进程。经济下行重压之下，菅义伟政
府急于甩掉核污水包袱，于 4 月表示不能再推迟福岛核电站污水处理问题的
解决，并由内阁会议做出决定，将福岛核污水排入大海。此举引发日本国内
及周边国家的强烈反对。

菅义伟曾在 2021 年 1 月 1 日发表的新年感言中承诺，要"继续全力致
力于"防止新冠疫情蔓延和经济复苏，并展示了对成功举办东京奥运会和
残奥会的决心。⑤ 然而，菅内阁却在实际应对中处处失守，2021 年，日本经
济受到新冠疫情的多轮冲击。2021 年第一季度，日本实际 GDP 环比下降

① 首相官邸「デジタル改革関連法案について」、https://www.kantei.go.jp/jp/singi/it2/
senmon_ bunka/dejigaba/dai14/siryou1.pdf［2022-01-12］。
② 刘瑞：《日本央行数字货币的制度设计及政策考量》，《日本学刊》2021 年第 4 期。
③ 陈祥：《日本半导体国家战略及其创新领域探析》，《现代日本经济》2021 年第 5 期，第
46 页。
④ 「菅首相 2030 年の温室効果ガス目標 2013 年度比 46% 削減を表明」、NHK、https://
www3.nhk.or.jp/news/html/20210422/k10012991191000.html［2022-01-12］。
⑤ 首相官邸「菅内閣総理大臣 令和 3 年 年頭所感」、https://www.kantei.go.jp/jp/99_
suga/statement/2021/0101nentou.html［2022-01-10］。

0.5%，按年率计算降幅达 1.6%；第二季度环比增长 0.6%，按年率计算增长 2.6%，但无法扭转第一季度开始的下滑态势；第三季度环比下降 0.7%，按年率计算降幅达 3.2%。① 东京奥运会没有带来预期的日本经济复苏，反而引发第五波疫情，最终增加了菅内阁的政治压力。菅义伟从担任安倍内阁官房长官时期起，一直将防止疫情扩散、推动经济复苏作为优先课题，展现出"实干政治家"的特点，但他在宣布和解除"紧急状态宣言"之间频繁切换，导致民众出现厌倦心态，最终在恢复经济与有效防疫之间"逐二兔而未得其一"。到 9 月初菅义伟宣布弃选之际，日本全国累计确诊病例超过 150 万例，其中约 1/3 是在此前一个月内增加的。②

（三）岸田积极推行新政，但效果有待观察

9 月 29 日，岸田文雄当选自民党总裁，并于 10 月 4 日就任日本第 100 任首相。岸田曾长期担任日本外务大臣、自民党政调会长等职，其能够脱颖而出，除了自身是党内第五大派系"岸田派"的会长之外，很大程度上得益于其对国内施政的阐述更为系统和全面。鉴于菅义伟缺乏稳固的执政基础、未能在疫情防控和经济复苏之间把握好平衡等教训，岸田执政后一是推进"人事刷新"，巩固党内基本盘。岸田就任首相后仅 10 天就解散众议院、17 天就举行大选，两个时间点均创战后以来最短纪录，37 天后即成为日本新一任（第 101 任）首相。自民党"二把手"、干事长甘利明在大选中失利请辞，岸田启用外务大臣茂木敏充接任干事长、前文部科学大臣林芳正出任外务大臣，继续实施党内改革，巩固基本盘。岸田鼓励茂木"具体地、大胆地推进党改革"，茂木就此也向媒体表示将"在同时推进新冠对策和党内改革的过程中，回应国民的信任"。③ 二是推行"新资本主义"，实现经济增

---

① 内閣府「2022 年 1～3 月期四半期別 GDP 速報（2 次速報値）」、https://www.esri.cao.go.jp/jp/sna/data/data_list/sokuhou/gaiyou/pdf/main_1.pdf［2022-01-12］。

② 「国内感染者 150 万人『第 5 波』で急増」、『朝日新聞』2021 年 9 月 2 日、第 24 版（社会）。

③ 「自民党 甘利幹事長の後任に茂木外相 首相、党改革を指示 基盤強化の狙い」、『東京新聞』2011 年 11 月 1 日、https://www.tokyo-np.co.jp/article/140310［2022-01-12］。

长和公平分配之间的平衡。岸田上任伊始就提出"新资本主义"概念，强调有别于自小泉时代以来自民党政权积极推动的"新自由主义"改革。此举也是针对"安倍经济学"做出的方向性调整，一方面强调重视分配、重视劳动者、重视政府作用来防止贫富差距持续拉大；另一方面继续采取积极的财政政策和金融政策来摆脱通货紧缩，刺激经济复苏。为确保经济政策顺利实施，11 月 26 日，国会通过了总额高达 359895 亿日元的 2021 年度补充预算案①，这是迄今为止日本规模最大的补充预算案。三是强化疫情对策，将防范新冠病毒新型变异毒株奥密克戎调至最高警戒级别。11 月 28 日，来自纳米比亚的一名入境者的新冠病毒检测呈阳性，其成为日本发现的首例奥密克戎感染病例，岸田政府对此迅速做出反应，宣布立即暂停所有国家和地区的外国人入境。② 同时，日本国立感染症研究所也将奥密克戎毒株列为"需要警惕的变异毒株"，并把警戒级别升至最高。③ 从 12 月 2 日起，日本全国各地开始进行新冠病毒疫苗第三针的接种，岸田内阁着手强化应对可能到来的第六波疫情。④ 岸田上台后的经济刺激政策在一定程度上弥补了日本内需的疲软，第四季度实际 GDP 环比增长 1.0%，按年率计算增长 4.0%。从 2021 年全年来看，日本实际 GDP 增长 1.7%，达到 536.8 万亿日元，⑤ 日本经济时隔三年实现正增长，但前景不被看好。

此外，"修宪"作为自民党长期追求的政治目标，得到菅义伟、岸田两届内阁的政策贯彻。2021 年 5 月，菅义伟明确提出修宪目标，强调将尽早

---

① 财务省「令和 3 年度一般会計補正予算（第 1 号）フレーム」、https：//www.mof.go.jp/policy/budget/budger_workflow/budget/fy2021/hosei211126a.pdf［2022-01-12］。
② 外務省「新型コロナウイルス感染症に関する水際対策の強化に係る措置について」、https：//www.mofa.go.jp/mofaj/ca/fna/page4_005130.html［2022-01-12］。
③ 国立感染症研究所「SARS-CoV-2の変異株 B.1.1.529 系統（オミクロン株）について（第 2 報）」、2021 年 11 月 28 日、https：//www.niid.go.jp/niid/ja/2019-ncov/2551-cepr/10792-cepr-b11529-2.html? tmpl=component&layout=default［2022-01-12］。
④ 「3 回目ワクチン開始　第 6 波警戒、藤田医科大『院内感染防ぐ』」、『中日新聞』2021 年 12 月 2 日、https：//www.chunichi.co.jp/article/375882［2022-01-12］。
⑤ 日本内閣府「2022 年 1~3 月期四半期別 GDP 速報」（2 次速報値）、2022 年 6 月 8 日、https：//www.esri.cao.go.jp/jp/sna/data/data_list/sokuhou/gaiyou/pdf/main_1.pdf［2022-06-25］。

通过涉及修宪程序的《国民投票法》修正案。① 岸田文雄上台后，于12月21日出席自民党本部召开的修宪会议，提出希望集结自民党的全部力量尽早实现修宪目标，② 这表明岸田在修宪问题上加速右转并驶入"快车道"，以迎合日本政坛整体右转及日本社会民粹主义的抬头。

2020~2021年，在新冠疫情蔓延及经济萧条之际，日本首相连续更迭，而且菅义伟、岸田都是借操纵党内派阀政治上台。岸田内阁的"初始支持率"为49%，与过去20年来历届内阁成立时的支持率相比，仅高于麻生内阁的45%。③ 对岸田而言，能否避免重蹈菅义伟周年而终的噩运，不仅要看他能否率领自民党赢得2022年7月参议院定期选举，还要看他能否就新冠疫情防控、复苏日本经济交出一份合格的答卷。

二　同盟战略持续演进，周边外交南北失衡

2021年，日本对外战略继续展现积极进取姿态，持续升级日美军事安全合作，加速日美印澳的"同盟化"进程，致力于打造各类安全合作机制。日本推动签署RCEP，强化与亚太各国在经贸领域的合作，同时在经济合作中泛化渗透安全概念。对周边国家，日本继续展开"安全外交"，稳步推进产业链、供应链融通，但对东北亚、东南亚外交失衡故态依旧。

（一）日美同盟关系持续强化，安全军事合作进一步升级

日美同盟是日本外交的基轴，在中美大国博弈深化、中日围绕钓鱼岛主权及东海海洋权益的争端持续升温的背景下，同盟强化的步伐进一步加快。尤其在军事安保领域，2021年，日本和美国在军事训练、演习等领域进行

---

① 「菅首相 国民投票法改正案の早期成立を 憲法改正立場の集会で」、NHK、https://www3.nhk.or.jp/news/html/20210503/k10013011461000.html［2022-01-12］。

② 「首相『改憲へ党総力結集』 自民実現本部に出席」、『四国新聞』、https://www.shikoku-np.co.jp/dg/article.aspx?id=K2021122200000008800［2022-01-12］。

③ 张伯玉：《菅义伟政权缘何"一年而终"》，《世界知识》2021年第21期。

较为紧密的合作，双边军事合作朝着一体化的方向加速发展。

首先，演习规模扩大，参演部队数量更多，装备种类及演习内容也更为丰富。6月24日至7月9日，日本和美国举行的联合军事演习被称为史上最大规模的"东方之盾"军事演习。此次演习，日本出动了中部方面队、第1特科团、中央特殊武器防卫队等共计1400名陆上自卫队队员，美方则派出驻日美军陆军司令部、第40步兵师司令部、第17炮兵旅等大约1600名陆军士兵，双方主要就指挥机关合作、联合对空战斗、联合除染等内容开展演习。①"东方之盾"演习是日美为应对假想的军事情况而每年开展的联合军事训练，而此次演习规模空前，范围涉及全日本的自卫队驻地和演练场。2021年11月19~30日，日本陆海空自卫队联合美军举行大规模联合演习。日本的参演部队来自陆海空自卫队、情报部门及联合参谋部等部门，共计3万余人，美军方面的参演部队来自第7舰队、第3海军机动部队及太平洋空军等，共计5800余人。②演习内容主要包括两栖作战、综合防导、联合对舰攻击、宇宙监视、网络攻击、综合电子战等跨领域、多兵种、多任务集合的联合训练。

其次，海上联合军演成为日美演习的重要内容。日本作为"海洋国家"，一直十分重视海洋开发与利用，海上安全更是日本国家安全中的重要关切，日美历年联合军演也一直将海上联合训练当作重要的内容。在东海、南海以及台海形势日趋紧张的情况下，2021年，日美更为重视在西太平洋地区的海上联合演练。日本防卫省发布的信息显示，2021年，日美多次在南海、东海及靠近中国台湾的宫古岛附近举行海上联合演习。2021年1月12日，日美在日本海、东海及冲绳周边举行联合演习；1月31日至2月4日，日美在冲绳周边举行水陆两栖作战演习；2月13日，日美在冲绳

---

① 陆上自卫队「教育訓練・その他活動」、https：//www.mod.go.jp/gsdf/news/train/2021/20210702.html［2022-01-21］。

② 「令和3年度自衛隊統合演習（実動演習）について」、『統合幕僚監部報道発表資料』、2021年11月11日、https：//www.mod.go.jp/js/Press/press2021/press_pdf/p20211111_04.pdf［2022-01-21］。

周边海域进行联合训练；3 月 29 日，日美在东海举行海空联合演习。2021年，日美在南海地区举行联合演习，其频度和强度都更大。日本防卫省发布的信息显示，仅 2021 年 10 月，日美就在南海举行了 7 次联合演习。① 日美将联合演练的场所安排在东海、南海及中国台湾附近水域凸显日美欲借联合演练来向中国施压，通过向中国展示紧密团结的日美同盟关系进一步强化对华威慑。

再次，通过联合军演，意图打造印太框架下的 "日美+X" 的小多边安全合作机制。为了推进 "印太" 构想，日本积极拉拢英国、法国、澳大利亚等域外国家介入中国周边的地缘热点，打造日美同盟基础上的 "日美+X" 小多边安全合作机制。比如，2021 年 2 月，日美法在九州西部进行海上联合演练；5 月 11~17 日，日美法澳在东海举行岛屿防卫演练；10 月 25 日，日美澳在冲绳东部地区进行海上演练等。日本积极拉拢域外国家进入西太平洋海域，既能强化日本与英法等国家间的安全合作，深化日欧双边关系，也能提升日本在西太平洋地区的影响力。

最后，中国成为日美提升在西太平洋地区联合演练强度的重要目标。中美大国博弈的深化以及中日围绕钓鱼岛争端对抗的升级，使西太平洋地区日益成为世界主要国家关注的焦点，而东海争端、台海及南海问题的持续发酵使该地区的形势日趋紧张。日美以联合军演的形式强化在该地区的军事存在，既能对外展示紧密协同的同盟关系，同时又能对华形成战略威慑，共同应对中国在西太平洋地区日益上升的影响力。

（二）日美印澳 "准同盟化" 建设提速，"三海" 联动日趋明显

日美印澳 "四边机制" 在 2021 年日益呈现机制化、制度化的发展趋势，四方在新冠疫情应对、供应链稳定、涉华议题及国际秩序安排等方面的协调进一步增强，"同盟化" 建设迅速推进。2021 年 2 月 18 日，日美印澳

---

① 防衛省·自衛隊「2021 年（令和 3 年）日米安全保障体制」、https：//www.mod.go.jp/j/approach/anpo/2021/index.html［2022-01-21］。

四国外长以电话会议的形式举行会谈，此次会谈既是四国为即将举行的首次首脑会谈进行准备，同时也是各方敲定对华政策、协调利益分歧的一次重要尝试。3月12日，四国领导人举行首次线上会议，推动"四边机制"合作进一步走实。9月24日，四国首次线下首脑会谈在美国华盛顿举行，重点关注新冠疫情防治、应对气候变化、在新兴技术和网络空间领域加强合作以及加强各方在印太地区推进"自由与开放"的合作。参与会谈的日本首相菅义伟高度评价此次会谈，表示"此次会议对于我们推进自由与开放的印太具有重要的意义，各方确认将每年定期举行四方首脑会谈"。① 尽管此次会谈未直接点名中国，但四国在东海、南海对所谓"海洋秩序"的关注，对5G移动通信系统的强调及在新冠疫苗供应等领域加强合作，无不显露出"四边机制"操弄中国议题、牵制中国的潜在用意。

从当前"四边机制"的发展来看，未来该机制将呈现以下走势。第一，"四边机制"进一步制度化、机制化，成为具有"准同盟"性质的多边合作机制。日美印澳"四边机制"最早可以追溯到2004年印度洋大海啸期间，为实施灾后救援，美国倡议推动与日印澳加强合作。2007年，日美印澳在东盟地区论坛（ARF）期间举行首次安全对话，此后该机制基本停止运行。2017年特朗普上台后重启该机制，并在2019年将此前的司局级外交对话机制升级为部长级对话机制。2021年拜登就任美国总统之后，进一步强化"四边机制"在美国"印太"战略中的作用，两次首脑会议显著提升了该机制的级别。今后，一旦每年一次的首脑会谈常态化，那么该机制将可能发展成以美国为核心的带有同盟性质的多边安全合作机制。第二，"四边机制"关注的议题不断扩散，不断依据国际形势的发展调整关注重点。随着新冠疫情的蔓延、供应链危机的爆发及中美博弈的深化，该机制关注的焦点在向新冠疫情防控、气候变化、网络及太空安全等扩展，意图通过扩大关注面来提升机制的灵活性、应对的有效性。第三，未来"四边机制"可能实现扩容。

① 首相官邸「日米豪印首脳会合等についての会见」、2021年9月25日、https://www.kantei. go. jp/jp/99_ suga/statement/2021/0925kaiken. html［2021-12-21］。

在中美博弈深化及中日东海争端对抗日趋激烈的背景下，在日美的积极鼓动下，该机制朝着"日美印澳+X"的大多边安全合作机制方向发展的可能性日益增加。

借助"四边机制"合作的持续推进，日本对东海、南海及台海问题的操弄更加积极活跃。东海方面，日本积极拉拢英德法等域外国家介入东海争端，日欧在军事安保领域的合作明显提速。2021 年 2 月，日英政府以视频方式举行外交、防务"2+2"会谈，双方一致同意英国在向印太地区派遣航母之际与日本海上自卫队开展军事演习。3 月，日本与德国签署《情报保护协定》，4 月举行首次外交、防务"2+2"会议。5 月，法国军队和日澳美在东海地区开展离岛防卫联合演习。日本在拉拢欧洲国家介入东海争端、意图以国际多边安全合作的形式提升对中国的战略威慑，维持东海"战略均势"的同时，全面搜集、整理及修复支持日本对钓鱼岛主权主张的历史资料。从2021 年 2 月开始，日方在长崎、名古屋及北海道等地开展"领土主权展示馆"的地方巡展活动，通过国内巡展强化国民对钓鱼岛的主权认知，也为可能发动的国际舆论战进行动员。南海方面，日本自卫队的"印太派遣"进一步朝着制度化、机制化方向发展①。加强与南海周边国家的军事安全合作，推动日美、日越以及日美英澳等国在南海地区举行联合军演，已成为日本深度介入南海争端的重要形式。而且，随着日本牵拉英法德印等域外势力介入南海争端，不管从介入的深度还是广度来看，日本正逐渐将自身塑造成影响南海安全形势发展的重要力量。台海方面，2021 年，日本持续炒作台海议题，不断渲染台海危机，继续在国际多边场合做出"挺台"姿态，意图实现"三海联动"，进一步对华实行战略威慑。

（三）积极推动 RCEP 签署，但经济合作泛化渗透安全概念

2020 年 11 月 15 日，RCEP 正式签署，成员国为东盟 10 国与中、日、

---

① 海上自衛隊「令和 3 年度インド太平洋方面派遣」、https：//www.mod.go.jp/msdf/operation/cooperate/IPD21/［2022-01-21］。

韩、澳、新15个国家，RCEP是世界上经贸规模最大、最具发展潜力的自由贸易区。对以贸易立国的日本而言，积极推进区域经济合作是政府一直努力的方向，然而在RCEP的谈判过程中，日本却将政治、安全等因素夹杂其中，并和印度进行战略绑定。经过多方博弈，2020年11月15日，菅义伟参加了RCEP首脑会议及签约仪式，并对RCEP的签署给予高度肯定，表示"日本一直为扩大自由公正的经济圈及维护多边贸易机制而积极行动，在新冠疫情冲击而导致全球经济低迷的背景下，推进自由贸易显得更为重要"。[①]对于印度的缺席，菅义伟不仅表达了遗憾，也表示将为印度早日回归RCEP做出积极努力。

RCEP签署后需要各国履行国内审批手续才能正式生效，为加快推动这一进程，2021年2月24日，日本内阁会议通过RCEP审批程序。此后，RCEP议案先后于4月2日、4月28日在众议院、参议院审议通过。6月25日，内阁会议正式批准RCEP。日本成为继中国、新加坡及泰国之后，第四个完成RCEP国内审批程序的国家。日本放弃"无印度不签约"的原有立场，签署RCEP。RCEP法案在众参两院仅用不到一个月即完成审批，凸显出其急于通过RCEP的急切心理[②]。这主要是由于，一方面，受新冠疫情的影响，日本经济出现连续下滑，希望大力推进RCEP，实现本国经济在后疫情时期的快速恢复，尽早走出低迷。[③] 另一方面，日本最终选择签署RCEP，不仅可进一步扩大其"经济领土版图"，增强国际影响力，获得更多经济利益，还可提升国际规则话语权甚至引领未来国际规则的制定，这是其进一步推进自贸区战略的重要抉择。[④]

日本一方面积极推进自贸区战略，另一方面大力强调经济安全，在加强

---

① 外务省「第4回RCEP首脑会議及びRCEP協定署名式の開催」、2020年11月15日、https://www.mofa.go.jp/mofaj/ecm/ep/page6_000470.html［2022-01-21］。

② 《纵论天下丨杨伯江：中日关系复杂严峻，需谨慎应对》，新华网，2022年1月13日，http://www.news.cn/world/2022-01/13/c_1211527286.htm［2022-01-31］。

③ 梁友君：《RCEP对于日本对外经济发展的意义——相关学术研究与政策分析文献综述》，《日本研究》2021年第3期。

④ 宋志勇、蔡桂全：《RCEP签署对中日经贸关系的影响》，《东北亚论坛》2021年第5期。

对经济活动监管的同时，力争维持并增强日本在国际经济领域的影响力与竞争力。① 2020 年 4 月，日本国家安全保障局设立"经济组"，主要负责与经济安全相关的政策制定、网络安全防护及应对新冠疫情等。此后，日本进一步深化经济安全理念、细化经济安全政策，结合本国经济、产业及外交状况，在强化科技创新实力、增强科技自主性的同时，完善供应链布局，发展战略性基础产业，打造自主、可控的供应链体系。日本还积极联合美国、澳大利亚、印度等国充实全球供应链，切实保护日本供应链的安全。2021 年 3 月，日本内阁通过了《第六期科学技术创新基本计划》，计划在未来五年提供 30 万亿日元的研发经费，加上民间研发投入，未来五年在科技创新领域的投资将达到 120 万亿日元。② 上述研发费用将重点用于芯片（半导体）、人工智能、宇宙开发、生物技术等与国家经济安全密切相关的领域。6 月，日本参议院通过《土地利用限制法》，规定在自卫队驻地、核电站等与安保紧密相关的设施周边设立"关注区域""特别关注区域"，并对上述区域的土地开发利用进行限制。③ 10 月，岸田组阁后首次设立经济安全保障担当大臣一职。11 月 19 日，岸田内阁第一次"经济安全保障推进会议"正式举行，参加会议的有首相、内阁官房长官、外务大臣、财务大臣、国土交通大臣、农林水产大臣、总务大臣、防卫大臣、环境大臣、经济产业大臣、经济再生担当大臣等 16 位内阁重要成员，横跨外交、财政、经济、防务、农林水产等各个行业。岸田在发言中指出，成立"经济安全保障推进会议"要实现三个目标：第一，通过确保供应链的强韧化及重要基础设施的可信赖性，从而实现日本经济的自主性发展；第二，通过发展人工智能、量子技术等重要科技，确保日本科技的先进性乃至不可替代性；第三，维持和强化建

---

① 孙文竹：《当前日本经济安全政策剖析》，《和平与发展》2020 年第 4 期。
② 内閣府『科学技術・イノベーション基本計画』、2021 年 3 月 26 日、https://www8.cao.go.jp/cstp/kihonkeikaku/6honbun.pdf ［2022-01-21］。
③ 「重要施設周辺の土地利用規制法案 参議院内閣委で可決」、NHK、2021 年 6 月 16 日、https://www3.nhk.or.jp/news/html/20210615/k10013086861000.html ［2022-01-21］。

立在基本价值观及准则之上的国际秩序。① 11 月 26 日，日本内阁官房召开第一次"经济安全法治相关专家会议"，参会者共 18 人，分别来自东京大学、庆应大学、经团联、日本商工会议所、经济同友会、佳能等知名高校、财团、企业。② 此外，日本积极加强与美国、澳大利亚及印度等国在供应链、人工智能等领域的合作。2021 年 4 月，日本、澳大利亚及印度三国正式启动"供应链弹性倡议"，加强汽车零配件、医疗设备的供应链安全，确保可靠的供应来源。同月，菅义伟访美期间，日美就加强在半导体供应、先进技术领域的合作达成协议。9 月 25 日，日美印澳首次线下首脑会议重申，加强在 5G 移动通信、新冠疫苗供应、半导体领域的合作，构建所谓的"安全半导体供应链"。日本以安全保障为由扩大对贸易、投资、技术等的监管范围，强化产业、经济"自主性"，实际上是推行带有保护主义色彩的产业政策，其根本目的在于获取国家利益、实现国家战略目标。③

（四）着力推进周边外交，邻国关系"南热北冷"

推动周边合作一直是日本对外战略重点。2021 年，日本与东北亚邻国关系普遍僵冷，日俄关系自安倍离任后陷入停滞，日韩关系未见进展，日朝之间迟迟无法找到打开对话大门的钥匙。但在东南亚方向，日本日益重视东盟在"印太"构想中扮演的角色，越南、菲律宾、印尼等国家更是成为日本周边外交的重中之重。

日俄关系陷入停滞。安倍执政时期曾大力推动"安—普"友谊，通过积极构建其与俄罗斯总统普京间的私人关系来推动两国关系发展。然而，安倍离任之后，接班的菅义伟对于推进日俄关系并不积极，加上执政时间短暂，使日俄关系在安倍离任之后受到"冷落"，双方政府层级的交流相比以

---

① 内阁官房「第 1 回経済安全保障推進会議　議事要旨」、https：//www. cas. go. jp/jp/seisaku/keizai_ anzen_ hosyo/dai1/gijiyousi. pdf［2022-01-21］。
② 内阁官房「「経済安全保障法制に関する有識者会議」（第 1 回）議事要旨」、https：//www. cas. go. jp/jp/seisaku/keizai_ anzen_ hosyohousei/dai1/gijiyousi. pdf［2022-01-21］。
③ 徐梅：《新形势下日本强化经济安全保障及其影响》，《日本学刊》2022 年第 1 期。

往大幅减少。2021 年 8 月 11 日，日本外务大臣茂木敏充与俄罗斯外交部长拉夫罗夫进行电话会谈，双方就和平条约谈判、北方四岛（俄罗斯称南千岛群岛）问题及气候变化等议题交换意见。① 9 月 24 日，日俄外长在出席联合国大会期间举行会谈，双方强调要全面发展日俄关系。10 月 7 日，岸田首相与俄罗斯总统普京通话，双方就日俄关系发展、北方四岛问题以及朝核问题、绑架人质事件等议题进行了会谈。② 此外，12 月 13 日，日俄就日本渔船在北方四岛周边水域作业事宜启动政府及民间谈判，经过近半个月的会谈，双方就相关问题达成协议，民间谈判就日本渔民在 2022 年的捕鱼量、捕捞种类的具体细节达成协议。③ 整体而言，2021 年，日俄关系缺乏亮点，双方各层级的交流较上一年明显减少，安倍执政时期构筑的"政治遗产"未能得到有效继承，对俄外交在菅义伟、岸田执政期间在一定程度上被忽视。

日韩关系震荡低迷。日韩关系自 2018 年"强征劳工案"、2019 年日本对韩发动贸易制裁而急剧恶化。2021 年，韩国水原市地方法院下令扣押日本三菱重工在韩国国内大约 8.5 亿韩元的债权，使双边关系更趋紧张。根据日本外务省网站发布的信息，2021 年，日韩间共举行了三次外长会议、一次首脑电话会议，以及多次事务次官及局级会议。但外长会议属于非正式会议，主要是利用国际会议间隙进行短暂会面，从会议的情况来看，呈现各说各话的特点，表明双方尚处在寻找对话基础的过程中。④ 总体来看，文在寅政府处于执政末期，改善对日关系的动力不足；对于菅义伟、岸田内阁而言，日本社会存在的厌韩心理使其改善对韩关系的需求并不强烈。2021 年

---

① 外务省「日露外相電話会談」、2021 年 8 月 11 日、https：//www. mofa. go. jp/mofaj/press/release/press1_ 000584. html［2022-01-21］。

② 外务省「日露首脳電話会談」、2021 年 10 月 7 日、https：//www. mofa. go. jp/mofaj/erp/rss/hoppo/page6_ 000610. html［2022-01-21］。

③ 外务省「北方四島周辺水域における日本漁船の操業に関する協定に基づく政府間協議及び民間交渉（結果概要）」、2021 年 12 月 28 日、https：//www. mofa. go. jp/mofaj/press/release/press4_ 009230. html［2022-01-21］。

④ 外务省「大韓民国過去の要人往来・会談」、2021 年 10 月 15 日、https：//www. mofa. go. jp/mofaj/area/korea/visit/index. html［2022-01-21］。

10 月 15 日，上任伊始的岸田首相与文在寅总统举行电话会谈，双方除了在慰安妇、强征劳工等议题上各说各话以外，在应对新冠疫情及加强美日韩合作方面达成共识。① 2022 年 5 月韩国政府换届，将为日韩关系改善提供一定契机，两国关系的积极面可望有所增加。

日朝关系依然处于冷冻状态。2021 年，无论是政府层面还是民间层面，日朝两国对话和交流渠道均处于关闭状态。日本寄望于利用日美韩三边合作来打开日朝对话的大门，2021 年 4 月，菅义伟访美期间多次表达这一愿望，并称准备无条件地与朝鲜领导人金正恩举行会谈，以解决朝鲜绑架日本人问题。② 然而，在朝鲜连续发射导弹后，日方对朝态度趋于严厉。最先是在 3 月 25 日，日本政府称朝鲜向日本海方向发射两枚导弹，菅义伟随即紧急召开国家安全保障会议（NSC），表示"这是朝鲜继去年 3 月以来首次发射导弹，这对我国以及周边地区的和平与安全构成威胁，违反了联合国决议"。③ 之后，朝鲜又多次发射导弹，使日本政府的对朝政策日趋强硬，日朝关系呈现冷冻状态。

日本与东盟关系稳步推进。东南亚地区历来是日本外交、经济及安保政策的重点地区，战后以来，日本一直苦心经营东南亚，希望使其成为原材料产地、生产基地及销售市场。随着中日关系中竞争与对抗的一面日益突出，以及南海争端的持续发酵，东南亚在日本对外战略中的地位日益上升。2021 年，日本积极通过高层交流和互访来拉近与东南亚各国的关系，政府首脑及外长层级人员来往频繁。其中，日本和越南共进行四次首脑层级电话会议、一次外长层级电话会议，④ 和印尼举行了六次外长层级会谈及

① 外務省「日韓首脳電話会談」、2021 年 10 月 15 日、https：//www. mofa. go. jp/mofaj/a_ o/na/kr/page4_ 005429. html［2022-01-21］。
② 外務省「日米首脳会談」、2021 年 4 月 16 日、https：//www. mofa. go. jp/mofaj/na/na1/us/page1_ 000951. html［2022-01-21］。
③ ライブドアニュース編集部『北朝鮮のミサイル発射に菅首相が言及「厳重に抗議をし強く非難」』、https：//news. livedoor. com/article/detail/19908912/［2022-01-21］。
④ 外務省「ベトナム社会主義共和国過去の要人往来・会談」、2021 年 10 月 27 日、https：//www. mofa. go. jp/mofaj/area/vietnam/visit/index. html［2022-01-21］。

一次外长、防长"2+2"会谈，① 和泰国及菲律宾各举行了一次首脑会谈和外长会谈。2021 年，日本持续升级与东南亚各国在疫情防控、供应链安全及防卫装备和技术领域的合作，持续提升东南亚国家的安保实力。3 月 30 日，日本和印尼举行 2015 年以来的首次外长、防长"2+2"会谈②，就签署《防卫装备及技术转移协定》达成一致，希望促进双方在防卫装备及技术领域的合作，进一步加强在防卫安全领域的合作。5 月 24 日，为帮助印尼在纳土纳群岛附近水域开展海上执法行动，日本与印尼签订捐赠协议，向印尼捐赠渔业执法船。③ 9 月 11 日，日本防卫大臣岸信夫在访越期间与越方就缔结《防卫装备及技术转移协定》达成一致。④ 依据该协定，日本可以向越南提供防卫装备和技术，这标志着日越防卫合作将进入新阶段。11 月 23 日、24 日，越南总理、国防部长同期访问日本，凸显出日越关系正迅速走近，"两国关系的发展将进入新的时代"。⑤

三　中日关系艰难前行，竞争与合作同步深化

2021 年中日关系接续上一年"高开低走"曲线，持续低位震荡，同时面临的风险和挑战更加多元。新冠疫情的连续冲击叠加日本社会对华负面认知的持续发酵，互信缺失进一步加剧两国间的战略猜疑，特别是在菅义伟任内，中日在政治、安全领域的矛盾分歧有所激化。岸田接替日本首相后，在

---

① 外務省「インドネシア共和国過去の要人往来・会談」、2021 年 9 月 10 日、https：//www. mofa. go. jp/mofaj/area/indonesia/visit/index. html［2022-01-21］。
② 外務省「第 2 回日インドネシア外務・防衛閣僚会合（「2+2」）」、2021 年 3 月 30 日、https：//www. mofa. go. jp/mofaj/press/release/press4_ 009033. html［2022-01-05］。
③ 水産庁「インドネシア共和国への旧水産庁漁業取締船の贈与について」、2021 年 9 月 27 日、https：//www. jfa. maff. go. jp/j/press/kokusai/210927. html［2022-01-21］。
④ 「装備品移転など防衛協力の強化確認 岸防衛相とベトナム国防相」、NHK、2021 年 9 月 12 日、https：//www3. nhk. or. jp/news/html/20210912/k10013255381000. html［2022-01-21］。
⑤ 外務省「日・ベトナム首脳会談」、2021 年 11 月 24 日、https：//www. mofa. go. jp/mofaj/s_ sa/sea1/vn/page1_ 001073. html［2022-01-21］。

两国高层领导人的引领下，中日之间的积极因素有所增加，双边关系出现企稳迹象。

（一）中日关系低位震荡，风波不断

当前，中日之间存在的结构性矛盾依然使双边关系的发展面临诸多障碍，加上中美大国博弈的深化，两国关系中的负面因素被放大，成为阻碍双方关系正常发展的结构性矛盾。东海问题持续升温，日本积极介入台海问题、南海争端以及其针对中国的"印太"构想的推进，无不让已经脆弱的双边关系陷入崩溃的境地。

首先，日本高调介入台海问题，不断试探中方底线，危及中日关系政治基础。战后，日本将对中国台湾问题的干预路径内置于日美同盟下的双边安全安排之中，而且并未随中日邦交正常化而有所改变，表现出很强的政策连续性与环境适应性①，近年来更是不断固化、强化。2021年，日本在涉台议题方面表现得尤其高调，《外交蓝皮书》将中国台湾定位为"极为重要的伙伴"②，《防卫白皮书》首次将台湾从中国的章节抽离，放入新增的"美中关系"章节中单独介绍，提出"台湾局势对日本的安全和国际社会的稳定十分重要"③。3月，日美外长、防长"2+2"会议发表的联合声明提及"台湾海峡和平稳定的重要性"④。4月，日美首脑会谈后发布的联合声明，公开强调"台海和平与稳定的重要性"⑤。这是自1969年佐藤荣作、尼克松联合声明列入所谓"台湾条款"52年来的首次。此后，日本防卫副大臣中山泰秀、副首相麻生太郎以及前首相安倍晋三屡次妄言台海议题，渲染台海

① 杨伯江：《中日邦交正常化与台湾问题处理再考》，《东北亚学刊》2022年第1期。
② 外務省『外交青書（令和3年版）』、https：//www.mofa.go.jp/mofaj/files/100181433.pdf［2022-01-21］。
③ 防衛省『防衛白書（令和3年版）』、https：//www.mod.go.jp/j/publication/wp/wp2021/pdf/wp2021_JP_Full_01.pdf［2022-01-21］。
④ 外務省『日米安全保障協議委員会（日米「2+2」）』、2021年3月16日、https：//www.mofa.go.jp/mofaj/na/st/page1_000942.html［2022-01-21］。
⑤ 外務省「日米共同声明『新たな時代における日米グローバル・パートナーシップ』」、2021年4月16日、https：//www.mofa.go.jp/mofaj/files/100202832.pdf［2022-01-21］。

危机。

与此同时，日本积极推动台海议题国际化，并以"打擦边球"的方式发展"对台"关系。在6月举行的七国集团峰会上，日本领导人推动将台海议题纳入会后发表的联合声明。[①] 8月27日，日本执政党自民党与台湾民进党举行"2+2"对话，对话重点围绕军事及所谓"外交"领域展开，议题涉及东海、台海及南海争端。12月24日，自民党与台湾民进党举行第二次"2+2"会议，重点讨论了经济议题，包括台湾解禁日本"核食"进口、台湾加入《全面与进步跨太平洋伙伴关系协定》（CPTPP）等。日本以政党对话的形式深化所谓的"日台"关系，强化"日台"在地区安全、经济合作等领域的协作，无疑违背了日本的相关承诺，将助长台湾岛内"台独"气焰。台湾问题事关中国的核心利益，日方在涉台议题上的恶意炒作、歪曲利用，势必冲击中日关系发展大局。

其次，日方渲染"中国威胁"，中日涉海争端持续发酵。2021年1月，中国颁布《中华人民共和国海警法》，自2月1日起施行。尽管中方一再声明这是一项例行的国内立法，并非针对任何特定的国家，完全符合国际法和国际实践[②]，但仍受到恶意炒作。2月8日，菅义伟在日本众议院预算委员会会议上表示，不接受中国施行海警法。日本海上保安厅长官奥岛高弘表示，海上保安厅在对钓鱼岛周边实施"警戒"时，在国际法允许的范围内，将不排除对中国海警船使用武器的可能性。据日本共同社2月26日报道，防卫大臣岸信夫甚至对媒体暗示，若中国海警船试图在钓鱼岛强行登陆，自卫队将根据事态的严重程度，不排除实施"危害射击"的可能性。4月27日，菅义伟内阁发布2021年版《外交蓝皮书》，将中国在东海、南海的常态化巡航等合法维权行动表述为"已成为包括日本在内的地区和国际社会

---

① 「G7カービスベイ首脳コミュニケより良い回復のためのグローバルな行動に向けた我々の共通のアジェンダ」，https：//www.mofa.go.jp/mofaj/files/100200083.pdf［2022-01-04］。

② 《外交部：绝不容许任何国家以任何方式插手台湾问题》，中华人民共和国中央人民政府网，http：//www.gov.cn/xinwen/2021-07/14/content_ 5624772.htm［2022-01-04］。

在安全保障上的强烈关切事项"①。7月13日，日本2021年版《防卫白皮书》称中国军事发展"缺乏透明度"，在东海、南海"以实力改变现状"②。

日本的动作导致中日围绕钓鱼岛的争端进一步升级。日本在积极寻求美国支持的同时，强化在西南方向、钓鱼岛周边的军事部署，进一步加强对华威慑。2021年4月16日，菅义伟与美国总统拜登举行会谈，双方表示反对单方面改变东海及南海地区现状。围绕钓鱼岛争端，拜登表示《美日安保条约》第5条"适用于钓鱼岛"。③ 6月1日，菅义伟与美国印太司令部司令阿奎利诺举行会谈，针对中国在东海及南海的常态化巡航等行动，双方一致"强烈反对单方面改变现状"。④ 日本共同社5月22日报道，据多位内阁官员透露，日本政府拟在长崎县大村市松竹驻地设立第三支"水陆两栖部队"，规模为600人，预计在2024年完成部署。⑤ 主要目的是加强与第一、第二支水陆两栖部队以及驻冲绳美军的合作，共同应对形势日趋紧张的钓鱼岛争端。同时，日本政府决定在2022年底之前在石垣岛部署导弹部队，包括岸舰导弹、地空导弹以及应急警备部队，规模为500~600人。⑥ 在此之前，日本政府已经在奄美大岛、冲绳本岛及宫古岛部署了导弹部队，至此，日本将在西南诸岛的4个岛屿上完成导弹部队的部署。

此外，日方不顾国际社会反对，坚持将核污水直排入海，引发中日关系新的矛盾点。2021年4月13日，菅义伟政府决定将福岛核电站的核污水排入

① 外務省『外交青書（令和3年版）』、https：//www.mofa.go.jp/mofaj/files/100181433.pdf ［2022-01-21］。

② 防衛省『防衛白書（令和3年版）』、https：//www.mod.go.jp/j/publication/wp/wp2021/pdf/wp2021_JP_Full_01.pdf［2022-01-21］。

③ 外務省「日米首脳会談」、2021年4月16日、https：//www.mofa.go.jp/mofaj/na/na1/us/page1_000951.html［2022-01-21］。

④ 「菅首相 米インド太平洋軍司令官と会談 日米同盟一層強化を確認」、NHK、2021年6月1日、https：//www3.nhk.or.jp/news/html/20210601/k10013062451000.html［2022-01-21］。

⑤ 「離島奪還、第3部隊も長崎に配備—水陸機動団、尖閣対応を重視—」、『京都新聞』、2021年5月22日、https：//www.kyoto-np.co.jp/articles/-/569609［2022-01-08］。

⑥ 「石垣島にミサイル部隊配備へ…中国に対抗する」、『読売新聞』、2021年8月2日、https：//www.yomiuri.co.jp/politics/20210802-OYT1T50230/［2022-01-05］。

大海。菅义伟在内阁会议上称，"将核污水排入大海是一个符合现实的判断"①。他同时强调，要在做好"风评对策"的基础上，做好污水排海工作。所谓"风评对策"是指针对日本国内外反对意见的舆论引导工作，日本政府此举所面临的强烈反对可见一斑。2011年日本"3·11"地震造成的核污水处理问题在过去10年间没有得到解决，而且在不断累加过程中日趋严重。据日本媒体报道，福岛核污水一直被存储在巨型储水罐内，储水罐总容量约为137万吨，截至2021年4月9日已存储超过120万吨，预计2022年秋季将达到存储极限。日本政府曾讨论过几种处理方式，包括向深层地下泵入、向海洋排放、蒸发释放、电解为氢气释放以及地下掩埋等，而最终决定采取直排入海这一"最省钱、最省事"的方案。

日本将核污水直排入海，违背了《联合国海洋法公约》所规定的缔约国义务，并可能引发全球海洋生态危机。按公约规定，缔约国负有"海洋环境的保护和保全"这一基本义务，日本作为公约缔约国，向海洋排放核污水直接违背了该基本义务项下的"通知""采取必要措施""信息交换""应急计划""国际合作""环境影响评估"等附随义务。而从实际后果看，鉴于"海水的流动性和海洋的整体性决定了人类活动对海洋环境造成的污染并不完全遵循法律上的主权边界及公约所划定的海区"，核污水将从日本的领海和专属经济区蔓延到周围沿海国的管辖海域、太平洋乃至全球海域，会对海洋环境和生态造成极大的负面影响。② 日本此举引发国际社会特别是周边邻国的严重关切和反对，中国一再敦促日方本着负责任的态度，同包括周边邻国在内的利益攸关方和有关国际机构充分协商，寻找妥善的处置办法。在此之前，日方不得擅自启动核污水排海。③ 在日本国内，据《朝日新闻》、共同社的舆论调查，有55%的被调查者反对核污水排海，赞成者的比

---

① 「菅首相『海洋放出が現実的と判断した』　関係閣僚会議」、『朝日新聞』、2021年4月13日、https：//www.asahi.com/articles/ASP4F327MP4FULFA005.html［2022-01-04］。

② 《日本排放核污水决定严重违反国际法》，光明网，2021年4月15日，https：//m.gmw.cn/baijia/2021-04/15/1302232142.html［2022-01-04］。

③ 吴汶倩、孔禄渊：《日本单方面决定排放核污染水　中国外交部：坚决反对》，光明网，https：//m.gmw.cn/baijia/2022-04/13/1302897850.html［2022-01-04］。

例仅为32%，86%的被调查者担心这将造成日本水产品信誉损失，民众抗议活动持续不断。

（二）经济合作稳步增长，对话交流渐次展开

中日在经济领域长期互为重要合作伙伴，2021年，在全球疫情持续蔓延的背景下，各项合作指标仍保持稳定增长。据中国商务部统计数据，2021年中日贸易总额为3714亿美元，同比增长17.1%。其中中国对日本出口额为1658.5亿美元，同比增长16.3%；中国自日本进口额为2055.5亿美元，同比增长17.7%。中国企业对日本的非金融类直接投资为4.4亿美元，同比增长48.6%。日本对华实际投资为39.1亿美元，同比增长16%。[①] 继2020年共同推动RCEP成功签署后，2021年，中日两国又都迅速批准了RCEP，说明深化区域合作、坚持多边主义和自由贸易是双方共同利益所在。

2021年，面对复杂严峻的国际形势，针对两国关系面临的问题和挑战，中日双方积极利用各种渠道，努力维系正常的沟通，努力保持两国关系稳定。4月5日，中国国务委员兼外交部长王毅同日本外务大臣茂木敏充通电话，阐述了中方在钓鱼岛、南海等问题上的原则立场，反对日方介入涉疆、涉港等中国内政，要求日方遵守国际关系基本准则，作为近邻对中国的内部事务保持起码的尊重。"某个超级大国的意志代表不了国际社会，跟随这个超级大国的少数国家也无权垄断多边规则。""中国应该怎么做，中国人民才是主人翁，才最有发言权，不能任由某些外国的好恶来评判。各国都应首先把自己国内的事情做好，都有权利自主选择适合本国国情的发展道路，同时携手应对共同面临的全球挑战。"[②]

10月8日，中国国家主席习近平同上任伊始的岸田首相通电话，强调

---

① 《2021年1-12月中国—日本经贸合作简况》，新浪财经，2022年3月22日，http://finance.sina.com.cn/jjxw/2022-03-22/doc-imcwiwss7451164.shtml［2022-03-25］。

② 《王毅：日本应以更积极心态看待中国发展》，中华人民共和国外交部网站，https://www.mfa.gov.cn/web/gjhdq_676201/gj_676203/yz_676205/1206_676842/202104/t20210405_9181486.shtml［2022-01-21］。

"当前，中日关系机遇和挑战并存。中方赞赏日本新政府重视保持两国高层沟通，愿同日方加强对话合作，本着以史为鉴、开创未来精神，推动构建契合新时代要求的中日关系"。① 11 月 26 日，中国商务部、日本外务省举行第 15 次中日经济伙伴关系磋商，双方就两国经济形势、中日经贸合作、多边和区域议题及其他各自关注的问题坦诚务实地交换了意见。12 月 7 日，第二十二次中日韩环境部长会议以视频形式举行，会上，三国部长就本国环境政策及最新进展以及探索三方环境领域合作前景等议题展开讨论。会议通过并共同签署了《中日韩环境合作联合行动计划（2021-2025）》和《第二十二次中日韩环境部长会议联合公报》。② 中日在事务层面保持沟通和交流将为两国关系的改善积蓄力量，也在一定程度上防止两国关系进一步滑坡。12 月 27 日，国务委员兼国防部长魏凤和应约同日本防卫大臣岸信夫举行视频通话，双方确认在战略沟通和危机管控、推进两国海空联络机制建设等方面加强合作。③ 这说明，尽管存在分歧与安全对抗，但双方都有意保持对话基础。

涉海问题是中日对话沟通的重要内容。2021 年，中日坚持举行相关磋商，确保海上形势可控。2021 年 1 月 20 日，中日举行海洋事务高级别磋商团长会谈。2 月 3 日，中日第十二轮海洋事务高级别磋商会议以视频方式举行，本次磋商在团长会谈的基础上，举行了机制全体会议和海上防务、海上执法与安全、海洋经济三个工作组会议，就涉海问题及海洋交流合作广泛深入交换了意见。双方就涉海具体合作达成以下共识："一是在《中日海上搜救协定》框架下，推动中国海上搜救中心与日本海上保安厅加强地方窗口之间的合作，开展多种形式的联合演练。二是支持中国海警局与日本海上保安厅在打击海上犯罪及执法人员交流等方面进一步开展合作。三是加强海洋

---

① 《习近平同日本首相岸田文雄通电话》，《人民日报》2021 年 10 月 9 日。
② 《第二十二次中日韩环境部长会议举行》，澎湃新闻，2021 年 12 月 7 日，https：//www. thepaper. cn/newsDetail_ forward_ 15745838 ［2022-01-21］。
③ 《魏凤和应约同日本防卫大臣视频通话》，中华人民共和国国防部网站，2021 年 12 月 27 日，http：//www. mod. gov. cn/shouye/2021-12/27/content_ 4901847. htm ［2022-01-21］。

环保交流……四是继续开展外交部门涉海人员互访，促进涉海事务青年干部间的交流，支持涉海智库、学术及教育机构间的交往合作。五是就打击非法捕鱼、推进鳗鱼资源管理和北太平洋渔业资源养护加强合作。""双方还就海洋资源能源、日本福岛第一核电站废水处理、海洋科技、海洋产业合作等问题进行了交流。"① 11 月 10 日，中日举行海洋事务高级别磋商团长会谈。12 月 20 日，中日举行第十三轮海洋事务高级别磋商会议，双方举行了全体会议和海上防务、海上执法与安全、海洋经济三个工作组会议，围绕两国间的涉海问题及推进双边海洋领域务实合作深入交换意见。"双方一致同意，着眼构建契合新时代要求的中日关系，全面落实近期两国领导人通话达成的重要共识和四点原则共识，妥善管控海上矛盾分歧，持之以恒推动务实交流，增进涉海人员交往互动，切实维护海洋安全稳定，将东海打造成和平之海、合作之海、友好之海。"②

（三）2022年中日关系仍具有不稳定性和不确定性

2021 年，中日关系面临的挑战和困难日益多元，两国之间的结构性矛盾尤其在政治安全领域的分歧短期内难以化解。随着日本泛化安全概念、经济安全政策的持续推进，经贸作为稳定中日关系发展"压舱石"的作用也面临越来越大的挑战。2022 年是中日邦交正常化 50 周年，半个世纪以来，世界形势、中日两国国情都发生了巨大变化，两国相互认知也产生了深刻变化，利用邦交正常化 50 周年这一机遇窗口深入探索两国的相处之道，对未来中日关系的长期走向具有重要意义。而这一"年度目标"的实现取决于多方面因素。

首先，中日两国能否克服疫情影响，尽快恢复面对面的沟通与交流。疫

---

① 《中日举行第十二轮海洋事务高级别磋商》，中华人民共和国外交部网站，2021 年 2 月 4 日，https：//www.mfa.gov.cn/wjdt_ 674879/sjxw_ 674887/202102/t20210204_ 7795231.shtml ［2022 - 01-21］。

② 《中日举行第十三轮海洋事务高级别磋商》，中华人民共和国外交部网站，2021 年 12 月 20 日，https：//www.mfa.gov.cn/wjdt_ 674879/sjxw_ 674887/202112/t20211220_ 10472052.shtml ［2022 - 01-21］。

情持续蔓延，不仅妨碍中日国民间的交流，而且不可避免地制约两国政府部门之间进行面对面的磋商。面对面沟通更能拉近彼此的距离，更便于两国外事部门就两国间的重大敏感问题展开有效沟通和协调。而且，新冠疫情的持续蔓延不仅对中日外交部门的面对面会谈造成阻碍，也严重影响两国民间的交流。尽管在新冠疫情下，两国间的政府部门及相关机构依然可以通过网络、电话等手段保持沟通和交流，但国之交在于民相亲，民相亲在于心相通，仅仅依赖网络、电话等信息技术维持沟通已经难以满足两国国民的需求，也不利于双方政府部门就中日间敏感、脆弱的话题展开磋商。因此，中日两国政府能否寻找到克服新冠疫情影响、打开中日官民沟通交流的渠道，对中日关系的发展将产生重要影响。

其次，在2022年7月参议院选举中获胜，成为岸田巩固执政地位的关键。参议院选举是岸田上任以来面临的首次"大考"。2021年12月的共同社舆论调查结果显示，岸田内阁的支持率为60.0%，高于10月上台时的55.7%。岸田带领自民党赢得参议院选举，迎来3年内没有全国大型选举的空档期，这可能会成为他长期执政的"黄金时期"。与此同时，岸田的执政压力将进一步增加，自民党党内"派系力学"将发生微妙变化，对华强硬派、亲台派势力的发言权会上升。为了稳固政权，赢得自民党内及日本社会保守力量的支持，岸田很有可能采取对华强硬政策，这将干扰中日关系的正常发展。

再次，日本的经济安全政策将如何细化推进。经济安全的议题在日本一直是较为热门的话题，作为多自然灾害且四周被海包围的国家，日本天生对安全具有敏感性。新冠疫情的全球扩散让日本对自身产业、经济的安全性尤为关注，加之中美大国博弈以及中日关系的恶化，使打造稳定、坚固的供应链逐渐成为日本社会的共识。然而，如果借经济安全之名，行对华"脱钩"之实，甚至联合美西方国家对中国进行经济封锁的话，则必将对中日关系产生严重冲击。岸田担任日本首相后，加速推进经济安全立法的进程。

最后，从日本对外战略层面看，它将如何平衡中美关系。从当前国际形势及中美两国间的战略互动来看，中美大国博弈不是一个短期的进程，其很有可能持续较长时间。日本作为美国的盟友，且在未来美国的对华政策中扮演日益重要的角色，日本是完全倒向美国还是在中美之间进行某种程度的平衡与中日关系的发展密切相关。

（审读专家：吴怀中、唐永亮）

分 报 告
Situation Reports

B.2
日本政治：从菅义伟政府到岸田文雄政府

张伯玉[*]

摘　要： 2021 年 8 月底至 9 月初自民党总裁选举形势发生剧变。从选举政治的研究视角来看，菅义伟因面临民意支持与党内支持的双重丧失而不得不退出总裁选举。抗疫不力导致菅政府丧失民意支持，不能充当自民党"选举招牌"使菅义伟又失去了党内支持。岸田获胜的主要原因，除了菅义伟放弃竞选连任的时机对其有利外，关键是其获得了主导总裁选举走势的安倍晋三以及麻生太郎的支持。10 月 4 日上台执政的岸田实现长期稳定执政的可能性与不确定性并存。其稳定执政可能性大的主要原因是在野党力量过于薄弱，不具备挑战自民党的实力。不确定性则因为岸田政府的执政能力尚待考验。

关键词： 日本政治　菅义伟政府　自民党总裁选举　岸田文雄政府

---

* 张伯玉，中国社会科学院日本研究所政治研究室主任、研究员，主要研究方向为日本政治。

2021 年日本政治形势变化的关键词是政府更迭——从菅义伟政府更迭为岸田文雄政府。本报告主要回顾和分析 2021 年日本政治形势的发展变化以及展望岸田政府 2022 年的发展走向。

一 菅义伟放弃竞选连任的过程与原因

2021 年 8 月 26 日上午，自民党总裁选举管理委员会通过了总裁选举日程安排：9 月 17 日发布总裁选举公告，9 月 29 日自民党所属国会议员投票、开票。① 8 月 26 日下午，自民党前政调会长岸田文雄召开记者会正式宣布参加总裁竞选。此后，在一周多的时间内，自民党总裁选举形势发生急剧变化。尤其是 9 月 2 日下午到 9 月 3 日上午，一夜之间，菅义伟竞选连任的态度发生重大转变——由参加总裁竞选转为放弃参选。其间到底发生了什么导致菅义伟突然宣布放弃竞选连任？

（一）从岸田宣布参选到菅放弃竞选——总裁选举形势剧变的过程

在总裁选举日程安排确定后，岸田正式宣布参加总裁竞选。8 月 26 日下午，岸田召开记者会宣布参加总裁选举，发布竞选公约。在竞选公约中，岸田提出的一项自民党领导干部任期制改革措施引起特别关注。该改革措施主要是限制总裁以外的自民党领导干部任期，即每届任期为一年、最多只能连任三届。从竞选公约发布的效果来看，岸田为竞选总裁进行了精心准备和策划，其主张的领导干部任期制改革的"狙击"目标是该党干事长二阶俊博。2016 年 8 月就任干事长以来，二阶已经连续在任五年多，创自民党史上干事长任期最长纪录。二阶任干事长期间不断壮大本派系成员，不仅在国会选举中与其他派系发生龃龉，还在人事安排上树敌过多。岸田将长期执掌自民党实际权力的二阶树立为"狙击"目标，不仅成为舆论关注的热点话

① 「総裁選『9 月 17 日告示·同 29 日開票』で決定」、https://www.jimin.jp/news/information/201959.html［2021-12-20］。

题，也得到了自民党内反二阶派国会议员的支持。岸田的参选，令菅义伟企图通过"无投票选举"连任的计划落空。

在关于"谁是下届自民党总裁最适合人选"的民意调查中，岸田的支持率曾一直徘徊在3%~5%。记者会后，岸田作为下届自民党总裁候选人的支持率大幅提升。8月29日，《日本经济新闻》发布的舆论调查数据显示，岸田在全体国民（调查对象分为全体国民和自民党支持者）中的支持率提升到13%，紧追河野太郎（16%）和石破茂（16%），超过了菅义伟（11%）①。岸田发布的竞选公约，不仅受到自民党内不满现状的国会议员的欢迎，也赢得了普通民众的积极反馈和评价。岸田作为继任总裁候选人在民意调查中支持率的急剧提升，加剧了菅义伟对竞选连任的焦虑。

在关键时刻，菅义伟先是做出了错误决定。在总裁选举形势有利于岸田的情况下，菅义伟决定更迭二阶干事长，以削弱岸田在该问题上获得的竞选优势。8月30日，菅向二阶传达了要刷新自民党人事的决定并得到二阶的支持。但是，二阶因被更迭而萌生对菅义伟的不信任成为菅政府垮台的导火索。二阶对身边的人抱怨道："说什么更迭（干事长）不更迭的，（菅）还有资格说吗？如果想更迭是可以更迭的。但是，（菅）还有那样的力量吗？"② 事实上，总裁选举前更迭干事长之举被认为是"禁手"。自民党历史上已有过总裁选举前更迭干事长而最后不得不放弃竞选连任的先例。

接着，企图使用"起死回生之策（解散众议院）"突破危局。面对不利局势，菅义伟亲信国会对策委员长森山裕、自民党总务会长佐藤勉、滨田靖一前防卫相等提出了一个应对岸田挑战的"奇策"以寻求突破——在总裁选举前解散众议院举行大选，以越过总裁选举的方式谋求连任。于是，出现了"9月13日至16日召开临时国会并解散众议院"的方案。同时，也不

---

① 「『次の総裁』首位は河野氏　2位石破氏、自民支持層は首相」、https://www.nikkei.com/article/DGXZQOUA290ED0Z20C21A8000000/？ unlock = 1 ［2021-12-20］。

② 「菅前首相退陣から岸田政権誕生まで『切りたければ切れ』」、『毎日新聞』2021年10月13日。

排除"总裁选举不往后拖，总裁选举和众议院选举同时举行的可能性"。① 8月31日晚，菅和二阶在众议员宿舍举行会谈。《每日新闻》网站当天深夜发出"菅首相决定在下周改组党内人事安排并于9月中旬解散众议院，自民党总裁选举将延期到众议院选举之后举行"② 的报道。菅的"暴走"计划不仅令岸田阵营感到焦虑，也让安倍吃惊。安倍向细田派干部抱怨说，"怎么可能不举行总裁选举"，并打电话敦促菅义伟"应该按照既定安排举行总裁选举"。③ 在麻生和安倍的反对下，菅义伟无法行使被称为"传家宝刀"的首相专权——众议院解散权。9月1日，菅义伟亲自出面"辟谣"说，"当务之急是新冠疫情防控，在目前这种严峻形势下不能解散（众议院）"。④

党内人事改组面临困难。9月2日下午，菅与二阶在自民党本部举行会谈。在会谈中，菅再次表明参加总裁选举的意向，并向二阶传达了将于9月6日改组党内人事安排的方针。菅计划全面改组自民党领导班子，其焦点主要是接替二阶出任干事长的人选。具有较高知名度的前干事长石破茂、时任疫苗担当大臣河野太郎和环境大臣小泉进次郎成为热门人选。代理干事长野田圣子、文部科学大臣荻生田光一也在备选名单当中。⑤ 菅义伟的人事改组安排首先遭到麻生的反对，麻生不同意本派成员河野在这个时候出任干事长。此外，从党内程序来看，总裁改组党内人事需要得到自民党常设最高决策机关总务会的同意。总裁换届选举在即，现任总裁却要改组党内人事安排，显然，此举很难在9月3日上午召开的自民党临时总务会上获得全体成

员的一致同意。

在亲信阁僚小泉的持续建言下，菅义伟最终选择"退出"总裁选举。8月30日至9月3日，小泉连续五天白天访问首相官邸，晚上则在国会议员宿舍与菅会面，向菅进言"必须考虑辞职"。菅义伟在认真听取小泉"应该辞职"建议的同时，在森山裕等支持下制定并实施对抗岸田的策略。在8月31日晚传出"九月中旬解散说"之后，小泉建议菅应该在9月1日全面否认"解散说"。在9月1日和2日的连续面谈中，小泉认为"若是退出（总裁选举），就不应该改组党内人事；若是改组党内人事，就必须继续前进。只能二选一"①。也就是说，在自民党临时总务会召开之前，是菅做出最终决断的最佳时机。9月3日，菅义伟在自民党本部召开的临时中央委员会上宣布不参加总裁选举。原定于9月6日改组党内人事的相关工作安排随即被取消。

（二）菅义伟放弃竞选的原因——民意支持与党内支持的双重丧失

关于菅义伟退出总裁选举的原因，可以从多个角度进行分析。本报告主要从选举政治的研究视角出发，归纳菅义伟被迫退出总裁选举的原因。

首先，菅义伟政府丧失民意支持的根本原因是抗疫不力。在实行选举政治的国家，政治家、政党、政府、利益集团或社会运动等行为主体都必须重视民意。无论是菅义伟本人竞选自民党总裁谋求连任，还是自民党赢得众议院选举继续执政，都必须获得民意支持。民意支持的风向标是内阁支持率，当内阁支持率低于30%时，就被视为进入"危险水域"。从历史经验来看，如果内阁支持率低于30%，政府就很难维持运行。菅政府支持率最早进入"危险水域"的统计数据出自时事通讯社，2021年7月，该社统计的内阁支持率首次跌破30%（29.3%），不支持率则创新高（49.8%）②。8月，日本

---

① 「小泉氏、断腸の退陣説得 首相と膝詰め1週間」、https：//www.nikkei.com/article/DGXZQOCD03DNQ0T00C21A9000000/？unlock＝1［2021-12-20］。

② 「菅内閣支持29.3%、発足後最低 初の3割割れ—時事世論調査—」、https：//www.jiji.com/jc/article？k＝2021071600774&g＝pol［2021-12-20］。

广播协会、《朝日新闻》、《每日新闻》等机构和媒体进行的民调统计数据显示，内阁支持率均跌破 30%。自 2000 年 4 月森喜朗政府以来，除小泉政府之外，其他八个政府的支持率均跌破过 30%。其中，支持率跌破 30% 后又重新得到提升的只有安倍政府（2017 年 7 月支持率为 29.9%），其他七个政府均未能再次提振内阁支持率而下台。① 从民调统计数据来看，政府支持率下跌的主要原因是民众不满意菅政府在抗击新冠疫情过程中所采取的各项政策。比如，关于政府应对新冠疫情传播的举措，接近六成（59.1%）的被调查者"不予好评"，只有两成多（22.7%）的被调查者予以"好评"；关于疫苗接种的进展情况，七成多（71.5%）的被调查者认为进展"缓慢"，只有不到两成（17.7%）的被调查者认为进展"顺利"。②

其次，不能充当自民党"选举招牌"是菅失去党内支持的重要原因。菅政府成立以来，无论是具有重要影响的地方层面的县知事选举，还是全国层面的国会众参两院补缺选举或重新选举，自民党无一不是败选。2021 年 1 月 24 日举行的山形县知事选举，3 月 21 日举行的千叶县知事选举，6 月 20 日举行的静冈县知事选举，都是在野党候选人当选。4 月 25 日举行的被称为众议院选举"前哨战"的众参两院补缺选举和参议院重新选举，即所谓国会"三重选"③，也是在野党候选人胜出。此外，7 月 4 日举行的被视为国会选举"风向标"的东京都议会选举，自民党也遭遇"事实上的失败"。从选举结果来看，自民党虽然重新夺回东京都议会第一大党的位置，但是，自民党只保有两席的微弱优势，所获议席（33 席）创自民党史上次低纪录，自公两党合计未获东京都议会过半数议席。8 月 22 日举行的横滨市长选举失败，使期待通过在自己地盘举行的选举赢得胜利一举改变"连选连败"不利形势的菅义伟遭到严重打击。横滨是菅义伟本人的选区，他在任第二届

① 「菅内閣支持、『危険水域』突入　大半の政権、回復せず退陣」、https：//www.jiji.com/jc/article？k=2021071600774&g=pol［2021-12-20］。
② 「菅内閣支持 29.3%、発足後最低　初の 3 割割れ—時事世論調査—」、https：//www.jiji.com/jc/article？k=2021071600774&g=pol［2021-12-20］。
③ 补缺选举主要是指长野县参议院选举区和北海道众议院第二选举区选举，重新选举是指选举被判无效必须重新举行的广岛县参议院选举区选举。

横滨市议员时即有"影子市长"之称，参加竞选的小此木八郎是菅的亲信，得到菅的全力支持。结果，立宪民主党、日本共产党支持的山中竹春以506392票（得票率为33.59%）大胜小此木（325947票，得票率为21.62%）。自民党干部指出，"本来预测市长选举能赢，但当它被视为首相的代理选举时，情况就变得越来越糟"。① 在菅义伟的领导下，自民党在全国和地方选举中连续败选，尤其是横滨市长选举，凸显菅义伟在自己的选区都不受选民支持的窘况，进一步动摇了自民党内对菅的支持。

实际上，随着东京都议会选举遭遇事实上的失败以及政府支持率的下滑，自民党内已经出现"在菅的领导下无法迎战众议院选举"的声音。尤其是当选次数少的众议员，认为菅已经不能发挥自民党"选举招牌"的作用。但是，直到8月26日，自民党税制调查委员长甘利明等麻生派干部在国会会议室异口同声地向麻生呼吁，"已经不能在菅的领导下迎战众议院选举""应该改换招牌"，"倒菅活动"才开始公开化。② 8月29日，《每日新闻》发布的民调数据显示，菅政府支持率降至26%的历史新低③，进一步增加了自民党的危机意识。

菅义伟最初竞选连任的策略是在总裁选举前举行众议院选举，利用众议院选举的胜利成果，来实现无投票选举连任。随着形势的发展，无论是从民意支持来看，还是从自民党内支持来看，菅最初制定的竞选连任策略已经难以实行。在党内强烈反对下，菅既不能行使"解散权"以众议院选举胜利成果来谋求竞选连任，也不能通过改组党内人事安排以"人心一新"来迎战总裁选举，只能黯然退出竞选。

二 2021年自民党总裁选举的结果、 特点与岸田获胜的原因

2021年9月自民党总裁选举与2012年9月的选举相似，是一场参选人

---

① 「首相の不人気鮮明」、『毎日新聞』2021年8月23日。
② 「菅前首相退陣から岸田政権誕生まで 解散権手放し、菅氏窮地」、『毎日新聞』2021年10月13日。
③ 『与党「危険水域」内閣支持率30%割れ菅離れ加速も」、『毎日新聞』2021年8月29日。

数多、竞争激烈的"混战"。8月26日上午，自民党总裁选举管理委员会通过了选举日程安排：9月17日发布总裁选举公告，参加竞选的候选人总计有四人，分别是岸田文雄（前外务大臣）、高市早苗（前总务大臣）、河野太郎（规制改革担当大臣）和野田圣子（自民党代理干事长）。党员党友投票截止日期是9月28日，国会议员投票日和全部选票开票日是9月29日，选举活动周期为12天。

（一）选举结果

自民党总裁由该党所属国会议员和党员党友投票选举产生。国会议员一人一票，自民党所属国会议员总人数为382人，其中众议员为274人，参议员为108人。党员党友也是一人一票。但是，与国会议员票的统计方式相比，党员党友票的统计方式比较复杂。党员党友投票后，先统计各候选人所获党员党友票的总数，然后按照顿特式分配方式折算成与国会议员人数相同的票数，即382票。国会议员票和党员党友折算票合计为764张，获过半数者（383张）当选。若无候选人获得过半数选票，则由获选票最多的前两位候选人进行第二轮决选投票。根据自民党总裁选举规则，参与第二轮决选投票的主要是自民党所属国会议员，党员党友票则以都道府县为单位各分配一票。在第二轮决选投票中，国会议员仍然是一人一票。都道府县票合计为47票，在都道府县第一轮投票中所获选票最多的候选人赢得该都道府县票。在第二轮决选投票中，获得选票最多者当选。

9月29日，总裁选举在自民党总部举行。开票结果显示，没有候选人获得过半数选票。获选票最多的是岸田，总计256张（国会议员票为146张，党员党友折算票为110张）。以一票之差位居第二的是河野（国会议员票为86张，党员党友折算票为169张）。第三位是高市，总计188张（国会议员票为114张，党员党友折算票为74张）。野田所获选票最少，总计63张（国会议员票为34张，党员党友折算票为29张）。从选举结果来看，党员党友投票结果基本与媒体调查统计数据一致，国会议员投票结果则与媒体调查统计数据差异较大。与选举前媒体预测的基本一致，国会议员票的开票结果显示岸田拥有显著优势。但是，河野与高市的排序则推翻了选举前媒体的预测，充分显示了安倍在自民党内的影响力。

在岸田与河野两人之间进行的第二轮决选投票中，岸田最终以超过六成的得票，即总计257张（国会议员票为249张，都道府县票为8张）战胜河野（国会议员票为131张，都道府县票为39张）。在第二轮决选投票中，第一轮投给野田的国会议员票基本流向河野，高市赢得的国会议员票则主要流向岸田。高市所获国会议员票在选举中发挥了关键少数的作用，这部分选票最终决定了新总裁"花落"岸田。

（二）选举特点

首先，没有候选人具备在第一轮选举中胜出的绝对优势。主要候选人各有优势，也各存在明显劣势。河野在各民调支持率排名中均位居前列，河野的高知名度使其在党员党友票的竞争中具有绝对优势。但是，在国会议员票的竞争中则处于劣势。与河野相比，岸田的媒体知名度低，在各种民意调查中，其作为总裁候选人的民意支持率均偏低，导致其在党员党友票的竞争中处于劣势。相反，在国会议员票的竞争中则拥有很大的优势。与河野、岸田相比，高市的媒体知名度低，在党内不属于任何派系，无论是在国会议员票的竞争中，还是在党员党友票的争夺中均不占优势。但是，高市拥有一个独特优势——得到前首相安倍晋三的全力支持。日本媒体评论野田，称她能聚集20名推荐人站在竞选总裁的起点已经实现了"梦想"——起点就是终点。

其次，自民党年轻议员的行动影响了总裁选举形势。在总裁选举中拥有投票权的自民党议员为382人，其中众议员为274人，自民党内当选三次以下的众议员有126人，约占自民党众议员的45%。自2012年12月首次当选以来，这些议员从未经历过"逆境"下举行的众议院选举。年轻议员选举地盘不牢固，容易受政治形势与舆论变化影响。在总裁选举日程未确定之前，自民党青年局与地方支部要求在众议院选举前举行总裁选举。自民党青年局和大阪府支部联合会强烈要求在众议院选举前举行总裁选举，新潟县支部联合会提出不应推迟总裁选举的申请等，自民党内要求"换选举招牌"

的活动不断出现。① 在选举日程确定后，则要求自主投票，拒绝派系领袖控制。9 月 7 日，当选三次以下的 70 多名议员在自民党总部召开会议，公开表达他们关于总裁选举的主张。他们认为，"（总裁选举）重要的是候选人应开展彻底的政策辩论，然后在此基础上，国会议员和党员通过自己的判断选择下一届领导人"，主张在总裁选举中自主投票。②

再次，这是一次刻意实现"党意"与"民意"统一的选举。从选举结果来看，岸田在第一轮投票中以一票的优势排名第一，这是自民党吸取 2012 年总裁选举的经验教训刻意运作的结果。当时在第一轮投票中无论是国会议员投票还是党员党友投票均排名第二的安倍晋三，却在第二轮决选投票中依靠派系合纵连横的力量实现逆转，战胜了在第一轮投票中党员党友投票遥遥领先而国会议员投票远远落后的石破，从而使安倍一直背负着不过是以派系力量取胜的"伤痕"。在本届选举中，岸田在第一轮投票中以一票的优势排名第一，回避了"逆转"事件的再度发生。无论是对岸田来说，还是对自民党来说，均便于对外显示其合法性。

最后，从实质上看，本届总裁选举是自民党内两大势力的"代理战争"。自民党总裁选举日程被公布后，总裁选举呈现菅首相、二阶干事长、前干事长石破与前首相安倍、副首相兼财务大臣麻生、甘利明之间的两大阵营的"代理战争"。9 月 17 日各候选人发表演说后，河野与小泉、石破在支持河野的"必胜会"合影，意味着自民党内民意支持度最高的"小石河联盟"形成，其背后的主导者是菅义伟。菅制定的选举战略是与二阶联合，以河野的高民意支持为背景，通过党员党友票对岸田形成压倒性优势而获胜。对菅和二阶来说，岸田是共同的敌人。二阶派干部称，"岸田以外，谁都可以"。③ 围绕总裁选举的对立格局变得愈发清晰，在安倍政府时期，历任外交大臣、防卫大臣等重要职务的河野得到安倍、麻生"政敌"石破的

---

① 「『9 月解散戦略』大誤算」、『毎日新聞』2021 年 8 月 18 日。

② 「若手議員、派閥締め付けNO　自主投票訴え　世代交代加速も」、『産経新聞』2021 年 9 月 8 日。

③ 「自民 2 大勢力　代理戦争」、『産経新聞』2021 年 9 月 18 日。

支持，而甘利明支持岸田，安倍、麻生在"河野以外"这个选项上与甘利明是一致的。于是，长期维系盟友关系的安倍、麻生和甘利明组成了"河野排除网"。除了人际关系影响外，河野的政策主张也是安倍等保守派政治家难以接受的。比如，有关皇位继承问题，河野认为"男系男子继承皇位也是方式之一"，安倍则坚决主张"只有男系男子才能继承皇位"，双方在很多问题上观点不相容。

（三）岸田获胜的原因

首先，菅义伟突然宣布不参选的时机对岸田最有利。有评论认为，"在菅宣布退出总裁选举的9月3日的时间点，只有岸田做好了充分准备。如果稍微提前知道菅不参选的消息，无论是其他派系还是候选人都可以做好相关准备，那将是一场完全不同的总裁选举"。[①]

其次，岸田获胜的关键是获得了实质上主导总裁选举发展走向的安倍的支持。众议院选举迫在眉睫，对党内支持基础弱、民意支持度高的河野来说，是一个挑战总裁位置的机会。但是，由于安倍在选举中发挥了巨大影响力，河野未能挑战成功。[②] 主要是安倍设计的选举策略消解了河野的民意优势。菅退出总裁选举后，安倍随即明确表示全面支持高市，使总裁选举形成岸田、河野和高市三足鼎立之势。该策略的制定和实施直接导致河野失去了在第一轮选举中胜出的可能性，并在第二轮决选投票中通过高市和岸田联合的方式[③]使岸田当选。这是因为，如果在第一轮投票中不能决定当选者，则进入国会议员票比重增加的第二轮投票，派系之间的合纵连横将直接决定胜负。岸田为争取安倍的支持，在重要问题以及与安倍个人有关的问题上也改变了态度和观点。比如，有关皇位继承问题，表示反对"女系天皇"；有关森友学园问题的重新调查，由"要继续说明直到国民理解"改为"不考虑重新调查"。

再次，河野不能获得麻生派的"举派"支持，也使岸田处于有利地位。

---

① 佐藤信「安倍·菅政権の総括　難しく」、『毎日新聞』2021年9月30日。
② 中島岳志「ビジョンの実現　問われる」、『毎日新聞』2021年9月30日。
③ 9月27日晚，岸田和高市两阵营确认在第二轮决选投票中联合。

麻生不愿意看到本派过早实现新老世代更替的局面，不支持河野成为本派统一支持的总裁候选人。在菅义伟宣布放弃竞选连任的 9 月 3 日当天，麻生就断言"岸田赢"。9 月 3 日下午，河野向麻生汇报参加总裁竞选的意向。麻生劝阻河野说，"现在不应该参选"，其主要理由是河野尚未做好准备。他说，"我参加四次总裁竞选，你现在的准备还不如我第二次竞选的时候"。但是，河野未听劝阻执意参选。因此，麻生派并未做出统一支持河野的决定。同时，麻生还在 9 月 16 日召开的该派所属议员会议上，警告河野要做好"输了就要遭冷遇"的精神准备。在认定岸田胜选的前提下，麻生收紧了其派系所属成员对河野的支持。①

最后，岸田竞选团队的成功策划也是其获胜的要因之一。在总裁选举中，岸田提出了新冠疫情防控措施、经济政策和外交安全政策三大主要政策。统筹政策制定的团队以财务省官僚出身的木原诚二为核心，包括村井英树、小林文明等岸田派中层和年轻成员，以岸田提出的"新资本主义"为关键词精心设计政策构想。此外，岸田提出的限制自民党干部任期制的党内人事改革方案也出自竞选团队年轻议员的建议。原方案是"除总裁外，党中央委员可以设置退休制度和年龄限制"，鉴于会遭到党内资深议员的反对，岸田改为限制任期制改革方案。②

三　岸田长期稳定执政的可能性与不确定性

2021 年 10 月 4 日，岸田文雄就任日本首相。10 月 31 日，顺利通过众议院选举"大考"的岸田政府在 2022 年 7 月迎来"中期考核"——参议院选举，其结果直接决定岸田的执政命运。

从自民党执政的历史经验来看，自民党长期稳定执政结束后迎来的参议

---

① 「菅前首相退陣から岸田政権誕生まで　安倍·麻生氏の力維持」、『毎日新聞』2021 年 10 月 13 日。
② 「菅前首相退陣から岸田政権誕生まで　二階氏標的　動く岸田氏」、『毎日新聞』2021 年 10 月 13 日。

院选举无一不是败选。2020 年执政 7 年零 8 个月的安倍辞职后，自民党在
2022 年 7 月迎来参议院选举。参议院选举对岸田政府是一个重要考验。

（一）长期稳定执政的可能性——在野党力量的薄弱

岸田政府具备打破该现象的可能性，其主要原因是竞争对手——以第一
在野党立宪民主党为首的在野党力量薄弱，不具备挑战自民党的实力。1972
年长期稳定执政 7 年零 8 个月的佐藤荣作下台后，自民党在 1974 年举行的参
议院选举中以一席之差跌破过半数，该党面临执政以来首次出现的朝野双方
势均力敌的形势。其主要原因，首先与时任首相田中角荣主导的选举运动方
式直接相关。田中内阁当时面临支持率下滑、执政情况严峻的不利形势，希
望通过参议院选举大胜来提升政府凝聚力与支持率，为此在选举中投入巨额
政治资金，动员大企业支持自民党，因而被媒体批评为"金权选举""企业选
举"，结果自民党所获改选议席与非改选议席合计刚好为参议院总议席的半数
（126 席），虽然选举后通过追加公认自民党候选人的方式控制了过半数议席，
但是，也仅比半数议席多出 3 席。① 其次与当时革新势力的发展，尤其是地
方出现的革新自治体密切相关。"20 世纪 70 年代，日本地方自治体'革新
首长'辈出。1971 年统一地方选举后加入革新市长会（1964 年成立）的市
长，包括冲绳地区的市长，达到 106 名。从地区上来说，革新势力向西日本
扩大至全国；三大都市圈的多数城市，十大都市的过半数，都成为革新自治
体。"② 参议院选举后不到半年，执政基础不稳的田中在 1974 年 11 月底宣布
辞职。1987 年执政 4 年零 11 个月的中曾根康弘卸任后，在 1989 年举行的参
议院选举中，自民党第一次失去单独控制参议院过半数议席的优势。迄今为止，
自民党只在 2016~2019 年的三年间重新恢复过单独控制参议院过半数议席的
优势。1989 年参议院选举失去单独过半数议席的主要原因，是自民党"金权
政治"泛滥，以及竹下政府导入消费税招致选民不满，同时也与社会党首位

① 石川真澄·山口二郎『戦後政治史（第三版）』、岩波新書、2019 年、127 頁。
② 〔日〕升味准之辅：《日本政治史（第四册）》，董果良译，商务印书馆，1997，第 1217 页。

女党首土井多贺子委员长在国民中的超高人气及其主导的大量提名女性候选人参选掀起了被称为"圣母玛利亚旋风"的选举运动密切相关。参议院选举失败后，同年 6 月就任首相的宇野宗佑引咎辞职。2006 年执政 5 年零 5 个月的小泉纯一郎卸任后，自民党在 2007 年参议院选举中惨败，成为参议院第二大党，自公两党失去参议院过半数议席的控制权。其主要原因是竞争对手民主党的崛起。民主党在小泽一郎的领导下，以"国民生活第一"为旗帜提出儿童津贴、农户收入补贴等重视再分配的政策，与小泉政府以来的自民党"小政府"路线形成鲜明对比，对自民党形成严峻挑战。2007 年参议院选举失败后，安倍试图继续坚持执政未果，不得不在两个月后因病辞职。

从上述历史经验来看，自民党在参议院选举中的失败，首先与政府或自民党自身存在的问题直接相关，其次与竞争对手最大在野党领袖的领导能力以及在野党势力的整体发展形势密切相关。2022 年 7 月参议院选举，自民党危机重现可能性小、岸田内阁继续稳定执政可能性大的主要原因是以立宪民主党为首的在野党力量过于薄弱，不具备挑战自民党的实力。从日本时事通讯社调查统计的政党支持率来看，立宪民主党自 2017 年成立以来的支持率一直徘徊在 8% 以下，与自民党支持率的差距巨大，完全不具备挑战自民党的实力。不仅如此，该党还遭遇日本维新会的强劲挑战，甚至面临可能失去参议院第一在野党地位的风险。

（二）不确定性因素——岸田政府的执政能力尚待考验

不确定性因素主要是岸田政府的执政能力尚待考验。2022 年上半年是考验岸田执政能力的关键时期。首先，岸田作为首相的领导能力受到质疑。"一届政府能否获得民意的长久支持，受诸多因素的影响和制约，其中首相的个人能力最为重要。新任首相能否提出新的执政理念，并引领国家和国民向新的目标迈进，是衡量首相能力是否出色的重要标准。"[①] 关于领导能力，日本众议院前议长大岛里森认为，主要包括三种能力，即组织管理能力、政

① 李文：《日本首相任期与经济增长关联性分析》，《日本学刊》2012 年第 3 期。

治决策能力、面向议会和公众的解释说明能力。用这三种能力来衡量，岸田本人的组织管理能力尤其受到质疑。日本经济新闻社评论员芹川洋一指出，"最大的问题是组织管理能力。总结政府和自民党内曾经是岸田上司的资深政治家对岸田的评价，岸田不是一个会描绘前景蓝图的人，而是按照（上司）吩咐去做的那种类型（的政治家），而且需要很长时间才能付诸行动"①。

其次，从岸田对政府和自民党重要职位的人事任命来看，其对政府和自民党的管理和控制存在隐患。内阁官房长官和国会对策委员长均出自安倍派，自民党干事长由茂木派会长担任。自民党中央委员会中被称为"党四役"（干事长、政调会长、总务会长、选举对策委员长）的四大领导干部没有一位来自岸田派。确保党四役以及内阁官房长官能够"俯首听命"，以加强对自民党和政府的控制，考验岸田的组织管理能力和政治手腕。

最后，通过有效处理各种政策课题获得选民支持至关重要。想成为长期稳定政府，岸田首先需要在选民高度关心的各个问题上取得令其满意的具体成果。若不能尽快取得令选民满意的具体成果，选民的期望可能变成失望。而民意的变化将直接体现在内阁支持率的变化上，内阁支持率的变化将直接影响参议院选举。

2021年日本政治形势变动频仍，最重要的变动是政府更迭——从菅政府更迭为岸田政府。菅义伟政府成立之初的高支持率显示出民众对平民出身的菅政府的执政抱有很高的期待。但是，菅政府在民众高度关心的抗疫问题上采取的各项政策未能满足民众的期待，导致内阁支持率持续下跌。随着形势的发展，自民党在菅的领导下已经无法迎战众议院选举，更换"选举招牌"——总裁势在必行。继任的岸田政府能否汲取菅政府的教训成为长期稳定政府，关键是能否在普通民众高度关心的问题上满足民众期待，赢得民意支持。

（审读专家：张　勇）

---

① 芹川洋一「宏池会政権の傾向と対策　政治を回す力は大丈夫か」、『日本経済新聞』2021年11月21日。

B.3

日本外交：政府更迭下
对外政策新动向

吕耀东*

摘　要： 2021 年，日本政局发生重大变动，自民党总裁选举和第 49 届众
议院大选使日本内政外交进入调整期。菅义伟政府在对外关系上
延续了安倍执政时期的外交理念。接替菅义伟出任首相的岸田文
雄将"修宪"、新现实主义、"人权问题"和"强化日本防卫
力"等作为外交及安保重点。岸田政府依托日美同盟强化"印
太"构想及其安全机制的意向，与对华"对话"外交口号形成
反差及背离的状况。借"俄乌冲突"之机，日本在跟风与欧美
国家制裁俄罗斯的同时，不忘渲染"中国威胁论"。岸田政府对
华"主张"外交存在不稳定性和不确定性。

关键词： 日本政局　岸田内阁　新现实主义　日美同盟　中日关系

在新冠疫情与国际变局叠加冲击下，日本对外政策亦因此出现变动。
2021 年秋，内外交困的菅义伟首相宣布放弃参选自民党总裁，前外务大臣
岸田文雄参选并胜出，出任自民党总裁及首相，之后自民党又取得了众参议
院大选胜利。日本政党格局变动与国会众参两院选举结果有着直接关系，并
深刻影响日本内政外交走向。在 2021 年日本国会"第 49 届众议院总选举"

* 吕耀东，法学博士，中国社会科学院日本研究所副所长、研究员，博士生导师，主要研究方
向为国际关系、亚太地区冲突与合作、日本政治外交及中日关系。

中，以自民党为首的修宪势力议席大增而立宪民主党等"护宪派"席位减少，导致日本政党格局严重失衡，进而使日本保守势力政治右倾化加速，并突出表现在日本的外交及安保政策之中。岸田内阁调整了对外关系理念，出台了新的外交方针及政策。自公联合政府不仅与美西方借"俄乌冲突"扩大"台海"势态，还力推"自卫队入宪"国会讨论、对敌国"反击能力"及防卫费超 GDP 的 2%等外交安保政策的质变。本报告以日本政局变动为背景，就 2021 年日本外交发展态势、热点及发展走向做如下探讨。

一 2021 年日本政局变动中的对外政策导向

自 2012 年以来，自民党和公明党联合执政，地位稳固。日本的修宪势力包括自民党、日本维新会、国民民主党、认可修宪的无党派议员以及主张在日本现行宪法中新增"加宪"条款的公明党。自民党的立党理念就是力求修改"和平宪法"，这一理念得到日本维新会、国民民主党等党派的有力支持。强势的修宪势力与弱势的反修宪势力对立，导致日本政党格局严重失衡。

第一，自民党修宪势力充分利用执政党在国会的优势地位，倡导强势推行与修宪相关的外交安保政策理念。自民党在安倍执政时期加快了修宪步伐，力求从根本上消除对日本军力发展的法理限制。为了实现安倍一直致力的修改"和平宪法"等诸多政治目标，在 2021 年 9 月举行自民党总裁选举之际，候选人竞相表达了修改宪法及相关外交安保政策的意愿。例如，高市早苗就公开表明把"修宪"作为竞选承诺的核心内容之一，主张明确将拥有"国防军"写入宪法，并认为自民党在 2012 年提出的删除现行宪法第九条第二款不保持战力和否认交战权的修宪草案"更好"。① 岸田文雄在竞选纲领中指出，包括在宪法内新设紧急事态条款及把自卫队写入宪

---

① 《高市早苗主张修宪写明"国防军"》，共同社，2021 年 8 月 27 日，https：//china. kyodonews. net/news/2021/08/da0b7dabd5e2. html［2021-10-11］。

法第九条在内的修宪内容"是现代的，且很重要"，① 应通过与国民对话来思考修宪；② 承诺要重点突出"修宪"、强化经济安全保障和"开展坚定的外交和强化国防能力"等选项；宣称日本将"力争增加防卫相关开支，考虑使其在 GDP 中占到 2% 以上"，以看齐北大西洋公约组织（NATO）成员国的军费标准；提出制定旨在防止技术流向海外的"经济安全保障推进法"；将把以日美同盟为基轴、强化与澳大利亚和印度等的合作作为日本外交政策优先方向；对中国台湾地区申请加入《全面与进步跨太平洋伙伴关系协定》（CPTPP）表示欢迎，声援其作为观察员参加世界卫生大会；提出要拥有导弹防御能力，并提出要拥有及能够提升威慑力的对敌基地攻击能力。③

此外，自民党在 2022 年初还就日本需要拥有对敌"反击能力"、从根本上强化国防能力，以及应将国防预算占 GDP 比重提升至 2% 以上进行舆论暖场，并制定了从 2023 年度起的五年内达到这一水平的较为清晰的兑现目标。自民党的这一政策主张还得到了日本维新会和国民民主党部分成员的支持。

第二，修宪势力在国会选举中完胜立宪民主党等反修宪势力，在众参两院取得绝对优势，为修宪扫平道路。在第 49 届众议院选举中，修宪势力获得了 2/3 以上议席，作为修宪"急先锋"的日本维新会的议席从选举前的 11 个大幅增至 41 个，其一跃成为众议院第三大党。2021 年 11 月 1 日，日本共同社就是否赞同在岸田执政期间完成修宪一事对 465 名当选议员进行问卷调查，表示"赞成"的比例高达 71.9%，持"反对"意见的仅占 25.9%。其中日本维新会新当选议员 100% 表示赞成，自民党为 98.2%，公明党为 56.7%。关于是否有必要加紧讨论修宪，日本维新会 96.4% 的新当选议员认

---

① 《自民党总裁选举候选人就同性婚姻和修宪各抒己见》，共同社，2021 年 9 月 27 日，https：//china. kyodonews. net/news/2021/09/b41e5e9d51d9. html［2021-10-16］。

② 《岸田文雄正式表态竞选自民党总裁》，共同社，2021 年 8 月 26 日，https：// china. kyodonews. net/news/2021/08/120f6486d781-2. html［2021-10-17］。

③ 《自民党提出"重建中间阶层"，贫富差距将成选举论点》，共同社，2021 年 10 月 12 日，https：//china. kyodonews. net/news/2021/10/24b9fbf08781——. html［2021-10-20］。

为"有必要加紧"。① 在 2022 年夏季举行的日本参议院选举中，日本修宪势力获得优势议席，其发起修宪动议再无阻拦，日本政治右倾化推动国家整体步入修宪的快车道。

第三，面对自民党的修宪及外交安保政策，打出"和平之党"旗号的公明党因在联合执政中的弱势地位而采取"绥靖"或认同态度。公明党一贯奉行"和平主义"，对自民党在第 49 届众议院选举竞选纲领中提出的力争拥有对敌基地攻击能力、提高"国防能力"等安保政策主张十分忧虑，认为这些主张将导致日本坚持多年的基于宪法第九条的国家基本方针"专守防卫"名存实亡。② 然而，公明党虽对自民党的保守主义外交安保政策颇有微词，但因自身处于弱势地位，难以对自民党形成有效制衡。出于维护联合执政地位需要，公明党对自民党提出的自卫队入宪及外交安保政策问题，常常以"保留意见"或模棱两可的姿态加以应付，表示可推进探讨。

二 朝野政党力量失衡下的日本内政外交"右倾化"

在日本政坛总体保守化的态势下，朝野政党力量对比严重失衡。面对执政的自民党等保守势力在政治层面的"挤压"，立宪民主党、日本共产党、社民党等在野党迫于形势联合起来，但由于在两院中均处于弱势地位，难以对日本政坛日益严重的右倾化趋势形成制约。

第一，日本在野党组成"联合阵线"，达成"民生"政策共识，以"共斗"的形式应对国会弱势。在 2021 年第 49 届众议院选举中，为了对修宪势力形成制约，立宪民主党党首枝野幸男和日本共产党委员长志位和夫举行会谈，就两党进行"有限的内阁外合作"达成一致，确认在存在竞争的小选区内，统一推举候选人，在尊重双方立场的同时力争胜选。枝野幸男和志位

---

① 《日本众议员 71% 赞成在岸田政府下修宪》，共同社，2021 年 11 月 1 日，https：// china. kyodonews. net/news/2021/11/c47c4ff443e8-71. html ［2021-11-18］。

② 《自民党众院竞选承诺仓促制定，岸田色彩淡化》，共同社，2021 年 11 月 11 日，https：// china. kyodonews. net/news/2021/10/cba6c8dee93a——. html ［2021-11-26］。

和夫还联合呼吁国民民主党、"令和新选组"等在野党及废除安保相关法团体"市民联合"等组织联合起来，共同讨论众议院选举应对方针，组成反修宪、关注"民生"的统一阵线，构筑"共斗体制"，并制定了"共通政策"，提出"扩大在野党合作，推翻自民、公明两党联合政府，实现建立新的政权，对于守护市民生命而言不可或缺"。① "共通政策"的主要内容包括：实现消费税减税、反对利用新冠疫情趁机修改宪法、追求无核电的去碳化社会、加强基于科学的新冠疫情对策以及实施防止破产和失业的财政支援。"联合阵线"还呼吁查明涉及安倍的森友学园、加计学园、赏樱会等问题的真相，并停止美军机场从冲绳县宜野湾市搬迁至名护市边野古的计划。然而，2021年第49届众议院选举结果显示，反修宪势力携手合作组成的"共斗体制"的效果并不理想，未能实现增加议席数的目标。立宪民主党党首枝野幸男还因众议院选举失利而引咎辞职，反修宪势力遭受重大挫败。

第二，立宪民主党为了突出日本最大在野党的"制衡使命"，提出了以防疫、民生为主要内容的"政权政策2021"的竞选纲领。"政权政策2021"主要包括以支援生活为核心的新冠疫情对策、以"没有分配就没有增长"为口号的经济政策和相互承认多样性的社会等七个项目。立宪民主党主张为改变贫富差距而恢复至20世纪70年代经济增长时期"一亿总中流"社会的"中产阶级"理想状态，提出对年收入低于1000万日元的人群暂时推行免除所得税和消费税税率降至5%的政策；为增加财政收入，提出要"纠正对富裕阶层和超大企业的优待税制"，并朝着增加国民可支配收入的政策方向转变；为应对新冠疫情，提出总额逾30万亿日元的补充预算，向所得税减税和非免征居民税的家庭等低收入群体提供每年12万日元补助以补贴其家庭开支；推进收入再分配，不仅包括要求对金融收入强化征税以达到国际标准，而且包括导入企业所得税的累进税率，提高个人所得税的最高税率；主张向医疗、护理和育儿领域重点分配预算；提倡实现不依赖核电，努力成

---

① 《日本3个在野党拟就众院选举缔结"共通政策"》，共同社，2021年9月7日，https://china.kyodonews.net/news/2021/09/857b823a58e0-3.html［2021-10-12］。

为温室气体净零排放的去碳化社会，以及可选择"夫妇别姓"的家庭夫妻平权制度。① 立宪民主党力图通过上述政策承诺，提升选民的支持水平，同时推举了超过众议院额定议席半数（233 个议席）的 240 名候选人，力争大幅增加议席数量。然而事与愿违，立宪民主党最终仅获得 96 个议席，少于选举前的 110 个议席，政治影响力明显减弱。

此外，虽然立宪民主党、日本共产党、社民党、"令和新选组"等在野党在第 49 届众议院选举时达成"共通政策"，主张叫停美军机场从冲绳县宜野湾市向名护市边野古搬迁，但对于自民党在众议院竞选纲领中提出的拥有"对敌基地攻击能力"议题，各在野党的看法并不一致。立宪民主党持谨慎态度，日本共产党表示反对，日本维新会积极支持，国民民主党赞成讨论。② 这从侧面反映出在野党因立党理念迥异，难以形成与执政党抗衡的真正"统一战线"，从而无法从根本上制约日本日趋严重的政治右倾化趋势，这也是难以制衡执政党的根本原因。

三 修宪理念下的外交及安保政策的质变及取向

近年来，随着日本国内修宪势力不断壮大，日本政党格局受到严重冲击，弱势的反修宪势力几乎无法发挥政策制衡作用。自民党倡导的价值观外交、"自由开放的印太"构想及提升日本防卫能力的外交及安保政策大行其道。尤其是俄乌冲突爆发后，日本就一直与美西方一道对俄施压，并渲染"俄乌冲突"将引发"台海之变"，希望欧美关注东亚，并极力拉拢东盟国家，企图打造针对中俄的国际"包围圈"，实现其外交及安保政策的战略预期。显然，日本以"俄乌冲突"类推"台海"变局，将"台湾问题"和"乌克兰问题"相提并论，其"搅局者"的图谋已暴露无遗。

---

① 《立民党众院竞选承诺主张恢复全民中产社会》，共同社，2021 年 10 月 11 日，https：// china. kyodonews. net/news/2021/10/7275215ebe6f. html ［2021-11-11］。

② 《在美中之间找平衡对新首相岸田将成考验》，共同社，2021 年 10 月 4 日，https：// china. kyodonews. net/news/2021/10/153f193003af. html ［2021-11-10］。

第一，借维护"珍视自由、民主主义、人权、基于法治等价值观和原则的国际秩序"，强化日美同盟的"威慑力"和应对能力，推进"自由开放的印太"构想。日本认为，改变"不对等"的日美同盟关系的时机已到，力图改变过去日美安保政策中"盾与矛"的职责分工状态。在美国实力相对衰弱的背景下，日本试图通过"进一步强化日美同盟的威慑力和应对能力"[1]，以在国际事务中更加自主地发挥"主导作用"。2021 年底，岸田文雄在第 207 届国会发表施政演说时表示，要"在强化作为印太地区乃至国际社会和平与繁荣基石的日美同盟"基础上，"与东盟和欧洲等志同道合的国家携手，活用日美澳印框架"，为实现"自由开放的印太"构想而深化合作，"切实维护自由、民主主义、人权和基于法治等价值观和原则的国际秩序"。[2] 2022 年初，岸田文雄在第 208 届国会发表施政演说时解释其提出的"新时代现实主义外交"的第一支柱就是"珍视自由、民主主义、人权、基于法治等价值观和原则"。[3] 这显示出岸田政府不仅要继续深化日美同盟，而且要体现日本维护"珍视自由、民主主义、人权、基于法治等价值观和原则的国际秩序"的强烈意愿。为此，岸田指责俄对乌发动的特别军事行动"违反《联合国宪章》，动摇国际秩序根基"。可见，日本借"俄乌冲突"炒作亚太安全威胁、渲染地区紧张局势的实质是力求强化自身的防卫能力，为自卫队入宪和参与乃至主导构建新的国际秩序制造舆论。

第二，通过"价值观外交"强化同盟和"准联盟"关系，推进"自由开放的印太"构想，寻求在国际社会中发挥"自主外交"的主动性。日本借"俄乌冲突"渲染"台海问题"，企图加强与北约国家的防卫安全合作，强化日美同盟和与北约的"准联盟"关系。日本将"俄乌冲突"和"台海问题"变成自身的"重要安全关切"，其目的在于，对外借北约和日美同盟

---

① 首相官邸「第二百七回国会における岸田内閣総理大臣所信表明演説」、https：//www.kantei.go.jp/jp/101_kishida/statement/2021/1206shoshinhyomei.html［2022-01-17］。

② 首相官邸「第二百七回国会における岸田内閣総理大臣所信表明演説」、https：//www.kantei.go.jp/jp/101_kishida/statement/2021/1206shoshinhyomei.html［2022-01-17］。

③ 首相官邸「第二百八回国会における岸田内閣総理大臣施政方針演説」、https：//www.kantei.go.jp/jp/101_kishida/statement/2022/0117shiseihoshin.html［2022-02-13］。

的力量削弱俄罗斯和中国，对内突破"和平宪法"束缚，进一步提升军事实力。2022年1月，日本与澳大利亚签署《互惠准入协定》（RAA）以强化安保合作，日澳的"特殊的战略伙伴关系"得以确立；随后，日本又与英国就新防务合作《互惠准入协定》展开积极磋商。该协定一旦签署，便意味着英国的军事力量可触及亚太地区，这势必给亚太地区的安全环境带来不稳定因素。

此外，日本借口"俄乌冲突"和"台海问题"，加紧在东南亚构建所谓"自由开放的印太"构想的战略支点。岸田政府提升与东南亚国家的互动频率，与印度尼西亚就供应链安全、经济安全保障加强合作，与泰国达成新的防务协议，推进与越南的"广泛战略伙伴关系"等，试图通过加强与东南亚国家的政治、经济、安全合作，进一步充实和强化其"自由开放的印太"构想。同时，日本配合美国拉拢东南亚国家在"俄乌冲突"和"台海问题"上选边站队，鼓动东南亚国家"共同反对以武力改变现状"，力图在国际事务中发挥所谓"地区影响力"。

第三，渲染周边威胁论，借机提升日本的"防卫能力"。日本所谓"周边外交"涉及中国、俄罗斯、朝鲜和韩国等，宣称"地区的和平与稳定至关重要"，力争构筑"既具建设性又稳定"的日中关系，全面发展"在解决领土问题、缔结和平条约的方针之下"的日俄关系。① 但是，近来日本在推进其"周边外交"的过程中，除渲染"俄乌冲突"外，还不断渲染"南海、东海及台海问题"。岸田文雄出访言必称"任何地区不允许使用武力单方面改变现状"，力图将欧洲变局与亚太局势加以捆绑，刻意渲染"台海问题"，力求并将"俄乌冲突"话题延伸至亚太，借援助乌克兰之名，行提升自身军事实力、遏制中国之实。

一是以"俄乌冲突"可能波及东亚安全为由，趁机为自卫队入宪寻找借口，增强日本的"防卫能力"和对敌"反击能力"。2021年底，岸田文

---

① 首相官邸「第二百八回国会における岸田内閣総理大臣施政方針演説」、https://www.kantei.go.jp/jp/101_kishida/statement/2022/0117shiseihoshin.html［2022-02-13］。

雄在第 207 届国会发表施政演说时表示："我国所处的安全保障环境前所未有的严峻，面临经济安全保障、宇宙和网络等新领域以及岛屿防卫诸多问题。为了守护国民的生命与生活安全，要对包括所谓对敌基地攻击能力在内的任何选项进行现实性探讨，尽快彻底加强防卫能力。加快制定新的《国家安全保障战略》、《防卫计划大纲》和《中期防卫力量整备计划》。"① 在"俄乌冲突"爆发后，日本再次强调自身的安全环境愈发严峻，有必要大幅强化防卫能力，并着手修改其外交安全政策长期指针《国家安全保障战略》、《防卫计划大纲》和《中期防卫力量整备计划》等，将拥有对敌基地攻击能力等"反击能力"写入其中。在《国家安全保障战略》修改草案的讨论中，岸田政府"提议在五年内将防卫费占 GDP 的比重提高至 2%"，此举乃是日本借"俄乌冲突"加紧提升军事实力、力求"军事正常化"的具体体现。近年来，日本政坛保守势力竭力渲染周边安全紧张态势，不断为提升军事实力制造口实，使日本军备扩张愈演愈烈，而"俄乌冲突"和"台海问题"正是其梦寐以求的借口。

二是明里强调俄罗斯"不能凭实力改变现状"，暗里影射中国。在俄乌冲突爆发之初，日本自民党广报总部长河野太郎在 2022 年 2 月 27 日称：鉴于俄罗斯"进攻"乌克兰，完善日本的防卫力量以防备中国台湾出现突发事态很重要。日本国会参议院还就突发事态时营救在外侨民，有必要修改向海外派遣自卫队的必要条件进行讨论，并积极着手修改"防卫装备转移三原则"的运用指针，尝试向乌克兰提供防弹衣、头盔、防护面罩等装备，动用自卫队飞机运送物资。其名义上是援助乌克兰，实为突破自卫队行动区域限制，大有针对"台海"之意图。俄乌冲突爆发以来，岸田文雄在"穿梭外交"中必提"任何地区不允许使用武力单方面改变现状"，肆意抹黑中国常态化巡航等维权行动的正当性。岸田文雄不仅与美国进一步加强军事协调，确认"防止任何以武力改变印太地区现状的企图"，还在访问英国时称

---

① 首相官邸「第二百七回国会における岸田内閣総理大臣所信表明演説」、https：//www. kantei. go. jp/jp/101_ kishida/statement/2021/1206shoshinhyomei. htm［2022-01-17］。

"明天的东亚可能成为乌克兰",其实质是以"俄乌冲突"类推所谓"台海变局",意在造成台海紧张局势,不断暗示美西方尽快介入东亚安全事务。

总之,日本在2022年初试图通过强化日美同盟关系,借俄罗斯与乌克兰冲突,突出日本对所谓"国际秩序和规则"的维护和影响,积极推动"自由开放的印太"构想的战略性落实。为了转移疫情冲击下日本经济加剧下滑的影响,岸田政府提出了"新现实主义"外交理念,力求在对外关系方面有所作为,但在周边外交方面仍难有作为。在处理国际事务层面,作为二战始作俑者的日本仍未吸取历史教训,企图将"俄乌冲突"的祸水东引,不断渲染在东亚同样存在冲突爆发的可能性,意图制造东亚乱局,"浑水摸鱼"提升军事实力并推动自卫队入宪。"俄乌冲突"爆发后,日本加快推动自卫队"走出去"步伐、松绑武器出口,力求突破"和平宪法"的限制,谋求实质性提升军事实力。需要指出的是,日本借口"俄乌冲突"和"台海问题"试图召唤并联合美西方在东亚制造新的冲突策源地,不仅给东亚地区安全带来新的威胁,还在破坏世界和平、稳定与发展。

（审读专家：张　勇）

B.4
日本经济：疫情反复下的波动式增长

徐 梅[*]

摘 要: 2021 年，全球新冠疫情持续，百年未有之大变局加速演进，地缘
政治风险进一步上升，世界经济增长动力减弱，全年日本经济在
波动中实现正增长，但增幅明显低于年初预期。疫情反复下，供
应链紊乱超出预期，全球大宗商品、原材料、运输等价格上涨，
日本通货紧缩趋向缓解。日本政府面临的首要任务仍是防控疫情，
促进经济尽快全面复苏，并妥善应对少子老龄化、财政重建、外
部不确定性等中长期课题。新成立的岸田政府致力于推动经济增
长与收入分配的良性循环，强化经济安全保障，促进经济数字化、
低碳化转型，继续扩展和深化对外经贸关系。岸田新一轮大规模
经济刺激计划、RCEP 生效、全球经济转型加快以及对疫情的适应
性和应对能力提升等因素，在一定程度上将支撑日本经济。

关键词: 日本经济 新冠疫情 供应链 内需 外需

突如其来的新冠疫情给世界经济造成严重冲击，2020 年，日本经济下
滑 4.5%。进入 2021 年，在病毒变异、疫情持续的情况下，全球供应链紊乱
持续时间超出预期，居民消费受到抑制，国内外经济形势严峻复杂。日本实
际 GDP 在第一季度环比下降 0.4%；第二季度增长 0.6%；第三季度再次转
为负增长，下滑 0.8%，成为岸田文雄执政后出台新一轮大规模经济刺激计

---

* 徐梅，中国社会科学院日本研究所经济研究室研究员，博士生导师，主要研究方向为日本宏
观经济、日本对外经济关系等。

划的一个主要理由；第四季度，日本经济显著反弹，当季增长了 1.0%。全年日本经济增长 1.7%（见表 1），表现出低基数效应下温和增长、疫情反复下波动起伏的特点。

一 2021年日本经济形势

从国内情况来看，2021 年上半年，民间住宅、企业设备投资成为日本经济的主要支撑力，尤其第二季度东京奥运会开幕在即，拉动了民间消费需求。第三季度，新冠疫情反复，日本多地实施紧急状态措施并延长时间，民间需求环比下滑 1.2%。2021 年 7 月在紧急状态下举办的东京奥运会，使原本期待的门票、餐饮、休闲娱乐等消费落空，此次东京奥运会的意义已不是经济效应，其是特殊时期展现奥运精神的一场具有特殊意义的国际比赛，就如英国《经济学人》周刊所评价，"东京奥运会没有惨败，也不成功"。① 进入第四季度，随着日本多地解除紧急状态，餐饮、旅游等服务消费好转，民间消费支出增长 2.4%，外需有所改善，日本经济实现季度性反弹（见表 1）。由于全年疫情反复下民众减少外出和消费，储蓄相对增加，股价上涨带来资产市值上涨，日本家庭金融资产增加。截至 2021 年 9 月末，日本家庭金融资产余额同比增长 5.7%，金额达 1999.8 万亿日元，创下 2005 年以来的新高，其中股票等资产增值 28.6%。②

表 1 2021 年日本经济增长状况

单位：%

	2020 年	2021 年各季度环比增长率				2021 年
		第一季度	第二季度	第三季度	第四季度	
实际 GDP	-4.5	-0.4	0.6	-0.8	1.0	1.7
内需	-3.7	-0.5	0.9	-0.9	0.9	0.6

---

① 《英媒文章：东京奥运会"非常不寻常"》，参考消息网，2021 年 8 月 7 日，http：//www.cankaoxiaoxi.com/world/20210807/2450606.shtml［2022-03-04］。

② 日本银行調查統計局「2021 年第 3 四半期の資金循環（速報）」、2021 年 12 月 20 日、https：//www.boj.or.jp/statistics/sj/sjexp.pdf［2022-03-07］。

续表

	2020 年	2021 年各季度环比增长率				2021 年
		第一季度	第二季度	第三季度	第四季度	
民间需求	−5.8	−0.5	1.3	−1.2	1.6	0.5
民间消费支出	−5.2	−0.8	0.7	−1.0	2.4	1.3
民间住宅	−7.9	1.0	1.0	−1.7	−1.1	−1.9
民间企业设备	−6.5	0.5	2.0	−2.4	0.1	−0.7
公共需求	2.7	−0.5	−0.1	0.0	−1.1	0.9
政府最终消费支出	2.3	−0.7	0.8	1.1	−0.3	2.1
公共固定资本形成	3.9	−0.0	−3.7	−3.9	−4.7	−3.7
货物、服务净出口	(−0.8)	(0.1)	(−0.2)	(0.1)	(0.1)	(1.0)
出口	−11.7	2.6	2.8	−0.3	0.9	11.8
进口	−6.9	1.8	4.3	−0.8	0.3	5.1

注：括号内数据为对 GDP 的贡献率。

资料来源：日本内阁府「2022 年 1～3 月期四半期別 GDP 速報」（2 次速報值）、2022 年 6 月 8 日、https：//www.esri.cao.go.jp/jp/sna/data/data_list/sokuhou/gaiyou/pdf/main_1.pdf［2022-06-25］。

从外部环境来看，疫情多点暴发，全球重要制造业基地东南亚国家、印度的疫情反弹，给供应链正常运行及世界经济复苏带来压力，原材料、运输等价格上涨，"芯片荒"持续，外需疲弱，美国等国家面临通胀风险，国际货币基金组织（IMF）呼吁各国央行尽早采取措施，收紧货币政策，日本面临的外部经济环境趋紧。据 IMF 于 2022 年 1 月发布的《世界经济展望报告》，2021 年，世界经济实际增长 5.9%，其中美国经济、日本经济分别增长 5.6%、1.6%，均有所下调。[①] 日本内阁府在 2021 年末时将本年度经济实际增长预期下调至 2.6%，[②] 明显低于年初的预期值。可见，在不确定性日益增加的形势下，各国经济增长的可预测性和准确率也在下降。

在日本内需与外需动力减弱、全年经济增长率低于预期的同时，2021年，日本经济出现积极向好的一面。首先，对外进出口贸易恢复增长。2021

[①] IMF, "World Economic Outlook Update," January 2022, https：//www.imf.org/en/Publications/WEO/Issues/2022/01/25/world-economic-outlook-update-january-2022［2022-03-08］.

[②] 内阁府「令和 4 年度政府経済見通しの概要」、2021 年 12 月 23 日、https：//www5.cao.go.jp/keizai1/mitoshi/2021/r031223mitoshi-gaiyo.pdf［2022-03-04］.

年，日本对外出口增长 18.5%，进口增长 21.4%，① 其中对大洋洲、非洲、独联体等国家的贸易增加显著，其主要贸易伙伴中国、美国、东盟也在一定程度上促进了日本对外贸易回升。其次，通货紧缩状况趋向改善。疫情之下，全球供应链压力持续，天然气、粮食、原材料、海运价格攀升。受此影响，日本通货紧缩状况有所缓解。2021 年 4 月，日本核心消费者物价指数为 -0.9%，7 月为 -0.2%，9 月转为上升 0.1%，11 月和 12 月分别升至 0.5%，但由于前 7 个月均为负值，日本全年核心消费者物价指数为 -0.2%，② 低于此前预期。另外，失业率趋于稳定。2020 年，日本失业率为 2.8%，比疫情暴发前的 2019 年上升 0.4 个百分点。2021 年上半年，日本失业率有所波动，3 月降至 2.6%，5 月回升到 3.0%，之后趋降，7~9 月均为 2.8%，10~12 月徘徊在 2.7%~2.8%，全年失业率与上一年相同。③

二 2021年日本经济面临的问题

2021 年，新冠疫情仍在持续，成为世界经济复苏的最大障碍。包括日本在内的众多国家面对的首要任务依然是防控疫情，促进经济复苏。岸田文雄就任日本首相后，将应对疫情、强化危机管理机制作为政府一大要务，出台了以"克服新冠疫情，开拓新时代"为主题的新一轮经济对策，力图促进日本经济社会尽快步入有序复苏的轨道。

从中长期来看，日本经济也面临一些难题与挑战。首先，人口少子老龄化加剧。2020 年，日本 65 岁以上的老龄人口占总人口的比重超过 28%，高

① 日本貿易振興機構「ドル建て貿易概況」、https：//www.jetro.go.jp/world/japan/stats/trade [2022-03-07]。
② 総務省統計局「消費者物価指数」、http：//www.stat.go.jp/data/cpi/sokuhou/tsuki/index-z.html [2022-03-04]。
③ 総務省統計局「労働力調査」、http：//www.stat.go.jp/data/roudou/sokuhou/tsuki/index.html [2022-03-04]。

于德国（21.7%）、法国（20.8%）、英国（18.7%）、美国（16.6%），① 预计 2025 年日本 65 岁以上老龄人口的占比将上升到 30%，2040 年进一步升至 35.3%（见图 1）。同时，日本少子化形势也十分严峻，0~14 岁人口占总人口的比重不到 12.0%，② 日本已处于超少子化阶段。人口的少子老龄化趋势意味着医疗、社会保障、育儿支援等方面的支出增加，政府财政负担加重，养老服务供给难以满足不断增长的需求，也会引发劳动力供给不足、消费需求减弱、整体创新力下降、企业传承后继无人等诸多问题。

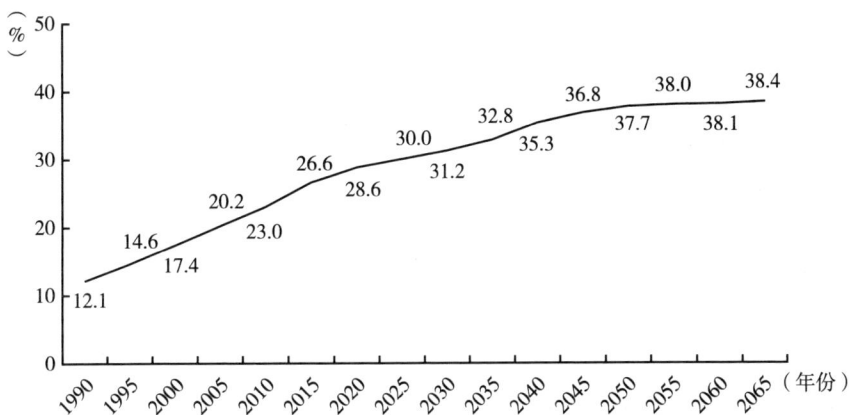

图 1　日本 65 岁以上人口占比情况

资料来源：内閣府『令和 4 年版高齢社会白書』、2022 年 6 月、https：//www8. cao. go. jp/kourei/whitepaper/w-2022/zenbun/pdf/1s1s_ 01. pdf［2022-06-25］。

其次，财政重建目标一时难以兑现。日本政府债务余额与 GDP 之比大大高于美国、英国、法国、德国等发达国家，并且财政支出仍有增无减。除了少子老龄化导致财政支出增长外，天灾和疫灾的发生、安全保障的强化等均需增加相关财政支出。2022 年度，日本财政预算再创新高，规模约为

① 内閣府『令和 3 年版高齢社会白書』、2021 年 7 月、https：//www8. cao. go. jp/kourei/whitepaper/w-2021/zenbun/03pdf_ index. html［2022-03-07］。
② 内閣府『令和 4 年版高齢社会白書』、2022 年 6 月、https：//www8. cao. go. jp/kourei/whitepaper/w-2022/zenbun/pdf/1s1s_ 01. pdf［2022-06-25］。

107.6万亿日元,其中社会保障相关开支增加4393亿日元,同比增长1.2%,是财政预算支出的一大增项,科技振兴、防卫等的预算规模增长明显,另外预留了5万亿日元用于应对新冠疫情,该预算案于2022年初提交国会审议。

2021年度,在疫情持续和反弹的情况下,日本税收减少了约6.1万亿日元,财政收支入不敷出。为弥补收支缺口,政府不得不增发国债,基础财政收支赤字从上一年度的9.6万亿日元增至20.4万亿日元,为2014年度以来的最高值,2022年度虽有所下降但仍显著高于疫情发生前水平(见表2)。根据2022年度日本财政预算案,国债增加了2.1%,从上一年度约23.8万亿日元增至约24.3万亿日元。① 据IMF估计,即使不包括岸田新一轮经济刺激计划,2021年度,日本政府债务余额也接近GDP的2.6倍。在债务负担沉重的情况下,日本促进经济增长与财政重建陷入两难境地,已被推迟到2025年度的财政重建目标仍难如期实现。

表2　2018~2022年度日本财政收支状况(一般会计)

单位:万亿日元

	2018年度	2019年度	2020年度	2021年度	2022年度(政府预算案)
一般支出	58.9	62.0	63.5	66.9	67.4
税收	59.1	62.5	63.5	57.4	65.2
基础财政收支赤字	10.7	9.5	9.6	20.4	13.0

资料来源:财务省「令和4年度予算のポイント」、https://www.mof.go.jp/policy/budget/budger_workflow/budget/fy2022/seifuan2022/01.pdf[2022-03-07]。

最后,宏观经济政策调控余地有限。2012年底安倍晋三二度就任日本首相后,开始推行"安倍经济学",其中的一项重要内容是实施量化宽松货币政策和积极财政政策,以促进日本经济增长,摆脱通货紧缩状况。随着中美贸易摩擦升级,世界经济下行压力增大,与中国和美国保持密切经贸关系

---

① 财务省「令和4年度予算のポイント」、https://www.mof.go.jp/policy/budget/budger_workflow/budget/fy2022/seifuan2022/01.pdf[2022-03-07]。

的日本，在经济上不可避免地受到波及，而新冠疫情的突发及持续使日本经济进一步承压，在此形势下，日本央行继续维持宽松的货币金融政策。疫情初期，安倍政府采取了降低金融机构贷款门槛、取消年购债规模限制、提高公司债额度等措施，他的继任者菅义伟基本延续了"安倍经济学"的政策取向，2020年12月，日本央行宣布将2021年3月底到期的企业融资优惠政策延长到9月底，这些措施旨在保持充裕的流动性，为企业及实体经济营造良好的融资环境。

在财政政策方面，安倍政府推出经济刺激计划，总额约为117万亿日元，用于应对新冠疫情，刺激国内经济。菅义伟内阁在2020年12月出台了约73.6万亿日元规模的经济刺激计划，增加年度第三次补充预算，以防止疫情扩大、促进经济结构转型、防灾减灾，如推动经济数字化转型、通过设立基金方式引导企业绿色发展等。① 2021年12月，日本国会通过了本年度补充预算案，内容包括向18岁以下未成年人发放10万日元补助金，其中一半以现金、一半以育儿相关产品及服务的优惠券形式发放，旨在确保补助金能够用于育儿等特定消费领域，促进民间消费，减轻疫情下物价上涨的影响。可见，在新冠疫情反复、日本经济复苏前景不明朗的情况下，日本量化宽松货币政策和积极财政政策一时难以退出，政府运用宏观经济政策手段刺激经济增长的空间收窄。

除此之外，外部环境的不确定性和风险日渐增加。随着全球新冠病毒奥密克戎变异毒株感染人数激增，一些国家政府收紧限制，全球运输业面临员工严重短缺问题，很多船舶运输人员和货车司机由于各种限制、交通不便、感染风险等原因辞职或拒绝续约，港口拥堵与缺芯、缺工等现象持续，供应链紧张问题并未得到有效缓解，世界经济循环不畅。同时，百年未有之大变局加速演进，全球政治经济秩序震荡调整，地缘风险上升，大宗商品价格高位波动，特别是俄乌冲突爆发后全球粮食、能源等大宗商品价格大幅上涨，

---

① NHK「政府 新たな経済対策決定 規模73兆円超 コロナ対策など3つの柱」、2020年12月8日、https://www3.nhk.or.jp/news/html/20201208/k10012753201000.html［2022-03-04］。

美国等一些国家通胀加剧，金融债务风险积聚，外部环境存在诸多不确定性，这些因素都可能造成世界经济下行，也会拉低日本经济增速。

三 岸田政府经济政策走向及日本经济走势分析

当前，科技革命日新月异，国际秩序深刻变革，经济数字化、低碳化大潮涌动，新冠疫情仍肆虐全球，产业链供应链调整加快，亚太区域经济一体化提速。在此形势下，新成立的岸田政府的经济政策出现以下主要倾向。

（一）重视经济增长与收入分配的良性循环

经济增长与分配两个方面均十分重要，经济增长是增加国民收入的前提，而完善和优化收入分配制度有助于促进社会公平，缩小贫富差距，推动经济社会持续稳定发展，就如岸田首相所指出的，"没有经济增长就没有分配，没有分配就无法拉动消费，也就没有后续的经济增长"。① 进入 21 世纪以来，日本经济一直未能真正摆脱低迷和通缩，人口少子老龄化程度不断加深，政府财政赤字居高不下，企业非正式员工增加，国内收入差距扩大。

新冠疫情的暴发和持续，使日本的贫富差距问题进一步显现。岸田文雄就任首相后，提出"新资本主义"理念，在促进经济增长的基础上强调收入分配的公平性，试图通过"令和版收入倍增计划"、调节个人所得税、援助育儿家庭住房和教育等方式，增加国民收入，保护和扩大中产阶层人群，以实现经济增长与收入分配的良性循环，缩小社会贫富差距。

（二）进一步强化经济安全保障

近几年，日本出现强化经济安全保障的趋势，如修改《外汇法》（全称《外汇及外贸管理法》）等相关法规政策、增强政府职能、收紧对敏感技术

---

① 岸田文雄「新しい日本型資本主義 —新自由主義からの転換—」、2021 年 9 月 8 日、https://kishida.gr.jp/wp-content/uploads/2021/09/20210908-02.pdf［2022-03-14］。

管控等。在高新技术、重要供应链方面，日本与美欧等具有共同价值观的国家积极加强协作。2021 年 4 月，时任首相菅义伟访美期间，日美首脑就敏感技术、半导体供应链等合作达成协议，将共同投资加强数字领域的合作。在同年 9 月举行的美日印澳"四方安全对话"首次线下峰会上，日本与其他三国在网络安全、空间技术、5G 应用、合成生物学、基因组测序和生物制造等高科技领域的合作达成一致意见。

可见，日本出现与美国等"志同道合国"共同加快发展关键技术、遏制中国高科技发展的态势，同时努力提升本国经济的"自主性"和"不可或缺性"。2021 年 10 月，岸田文雄组阁，首次设置经济安全保障担当大臣一职，加快推动"经济安全保障推进法案"的立法进程，并高调推出芯片战略，显现出重振日本半导体产业、继续强化经济安全保障的战略意向。作为国家重要安全资产的科学技术，无疑成为日本政府施策的重点对象，2022 年度日本政府财政预算案中明显增加了科技振兴费。

（三）继续推动经济数字化转型

在数字经济方面，美国有 GAFA（Google、Apple、Facebook、Amazon）、中国有 BAT（Baidu、Alibaba、Tencent）。日本急于改变数字经济发展相对滞后的现状，加大对数字化相关领域的投入力度，如加强对中小企业信息化、"后 5G"时代信息通信基础、量子研究机构、学校信息通信应用、年轻科研骨干研发等方面的支援。2021 年 9 月，日本"数字厅"正式成立，致力于推进日本经济社会数字化转型。

随着疫情下越来越多的人采取"无接触消费"方式，数字化、网络化成为支撑各国和地区经济增长及疫后经济复苏的主要动力，也成为国际经贸规则重塑的一个竞争焦点。岸田政府提出"数字田园都市国家构想"，计划在医疗养老、基础设施建设、教育、农林水产、旅游观光等领域促进数字技术的应用，提升政府在线办公水平，推动地方数字化转型，为地方经济及中小企业发展注入活力，使居民普遍享受到经济社会数字化的益处。

（四）促进经济低碳绿色发展

随着气候变暖、人类生存环境恶化，低碳环境建设成为主要国家和地区达成的重要共识。2020 年 12 月，日本经济产业省发布了"绿色增长战略"，其被视为日本 2050 年实现"碳中和"的目标和进度表，涉及能源、运输等14 个重点领域。为实现"碳中和"目标，2021 年 10 月，岸田政府颁布《第六次能源基本计划》，对发电能源结构进行调整。

《第六次能源基本计划》首次提出最优先发展可再生能源，到 2030 年，拟将日本可再生能源在发电能源中的占比从《第五次能源基本计划》中的22%~24% 提高到 36%~38%，而这一比重在 2019 年时为 18%；将天然气、煤炭的占比分别从 27%、26% 降至 20%、19%，而这一比重在 2019 年时分别为 37% 和 32%；核电占比保持不变，届时提高到 20%~22%，2019 年时这一比重为 6%。[①] 可见，《第六次能源基本计划》意在减少温室气体排放量，推进"碳中和"目标的实现。

（五）扩展和深化对外经贸关系

2021 年，日本在推进实施"经济伙伴关系协定"（EPA）战略方面取得了一些进展。1 月，日英 EPA 生效，该协定成为英国加入《全面与进步跨太平洋伙伴关系协定》（CPTPP）的"跳板"。2 月 1 日，英国正式申请加入 CPTPP，并于 6 月 22 日启动谈判。由于日英 EPA 在很多方面参照日欧EPA，它有利于促进日英关系发展以及日本与欧洲主要国家间经贸规则的融合，从而减少英国脱离欧盟对日本企业的影响。如果英国顺利加入 CPTPP，则会促使日英两国在双边 EPA 的基础上进一步深化经贸关系，这有助于日本加快开发与英国有着密切关系的印度、非洲等市场。

尤为令人关注的是，目前，全球最大的自由贸易协定《区域全面经

---

① 经済産業省資源エネルギー庁「エネルギー基本計画の概要」、2021 年 10 月、https：//www. meti. go. jp/press/2021/10/20211022005/20211022005-2. pdf［2022-03-17］。

济伙伴关系协定》（RCEP）在日本等多数成员国内完成了审批手续，自2022 年 1 月起生效。RCEP 与 CPTPP 是亚太地区已成型的两大制度性区域合作框架，日本成为同时参与这两大自由贸易协定的主要发达国家。RCEP 生效后，货物贸易零关税的商品品类比例总体将达到 91%，其中，日本对已缔结 EPA 的对象国（东盟国家、澳大利亚、新西兰）实行零关税的商品品类比例为 88%，对中国、韩国取消关税的商品品类比例分别为 86% 和 81%。东盟国家、澳大利亚、新西兰对日本实行零关税的商品品类比例为 86%~100%，中国、韩国对日本取消关税的商品品类比例分别为 86% 和 83%。[①]

岸田政府上述政策倾向的主要目的在于推动日本经济转型，提升本国经济的自主性和国际竞争力，促进社会公平及经济可持续发展。展望日本经济走势，影响日本经济复苏的最大不确定因素仍是新冠疫情，其持续时间、演化程度等尚需观察。同时，也存在促进日本经济增长的积极因素。首先，新一轮大规模经济刺激计划有助于提振日本经济。2021 年 11 月，岸田政府决定实施新一轮经济刺激计划，规模高达 78.9 万亿日元，包括财政支出 55.7 万亿日元，创下历次经济刺激计划财政支出的新高。其中，22.1 万亿日元用于防止新冠疫情扩大，19.8 万亿日元用于开拓未来"新资本主义"，9.2 万亿日元用于促进疫情下社会经济活动复苏、强化应对类似危机的能力。据日本官方预计，该计划将拉动日本实际 GDP 增长约5.6%（见表 3），但日本民间机构和国内外市场人士对其可能产生的经济效果的态度并非如此乐观。在疫情前景不明朗、日本财政赤字居高不下、日元大幅贬值以及食品、能源等价格上涨的形势下，岸田政府此轮经济刺激计划的资金来源，能否切实改善民生、提振日本经济以及兼顾收入分配与经济增长等受到质疑。

---

① 中田一良「RCEPの概要と日本への影響—日本、中国、韓国の間で進む関税削減—」、2020 年 12 月 23 日、https：//www.murc.jp/wp-content/uploads/2020/12/report_201223.pdf［2022-03-11］。

表3　岸田政府经济刺激计划规模与用途

	防止新冠疫情扩大（万亿日元）	促进疫情下社会经济活动复苏、强化应对类似危机的能力（万亿日元）	开拓未来"新资本主义"（万亿日元）	强化防灾减灾、国土韧性、确保安心、安全环境（万亿日元）	合计规模（万亿日元）	对实际GDP的支撑提振效果(%)
财政支出额	22.1	9.2	19.8	4.6	55.7	约5.6
支出总额	35.1	10.7	28.2	5.0	78.9	

资料来源：内閣府「コロナ克服・新時代開拓のための経済対策（概要）」、2021年11月19日、https：//www5.cao.go.jp/keizai1/keizaitaisaku/2021/20211119_taisaku_gaiyo.pdf［2022－03－15］。

其次，RCEP生效将给日本带来经济效益。RCEP生效后，生产要素在成员国之间自由流动，资源配置更加优化，贸易投资壁垒减少，制造业、服务业准入门槛降低，企业经营成本下降，由此产生"贸易创造"、投资扩大、生产效率提高等经济效应，进而促进自贸区内产业融合，形成稳定的区域营销网络，有利于减少外部不确定性带来的风险，也会推动跨境电商、互联网金融、在线教育、在线医疗、网上交易会等新业态、新模式发展，带动成员国疫后经济复苏。依托RCEP，日本与中国、韩国首次达成关税减让安排，是RCEP成员中获益较大的国家。据日本政府测算，RCEP将拉动日本经济增长约2.7%，按2019年度日本实际GDP计算，相当于增加15万亿日元，增加约57万人就业，[①] 经济效果明显大于CPTPP。

另外，全球经济转型加快以及对疫情的适应性和应对能力提升有利于减轻疫情影响。新冠疫情持续改变人们的生产、生活方式，世界经济转型加快，电子商务、数字经济快速发展，加之主要国家的疫苗、药物研发不断取得进展，接种范围日益扩大，使各国和地区增强了适应和应对疫情及外部市场波动的能力。据IMF在2022年1月的预测，当年世界经济实际增幅为4.4%，比此前有所下调，主要是由于奥密克戎变异毒株扩散、供应链紊乱

---

① 外務省・財務省・農林水産省・経済産業省「RCEP協定の経済効果分析」、2021年3月19日、https：//www.mofa.go.jp/mofaj/files/100162437.pdf［2022-03-11］。

持续、物价上涨幅度和波及范围超出预期，全球两大经济体美国和中国的经济增长预期分别被下调至 4.0% 和 4.8%，而鉴于经济刺激政策等因素，日本经济增长预期上调 0.1 个百分点，为 3.3%。^① 另据年初日本内阁府的预测，随着疫情下被抑制的消费需求释放、大规模经济刺激措施逐步落实，日本民间消费支出将增加，企业设备投资规模将扩大，2022 年度，日本实际 GDP 将增长 3.2%，失业率下降至 2.4%，均好于上一年度。^② 日本央行年初的预测比内阁府要乐观，预计 2022 年度日本实际 GDP 增长 3.8%，受国际能源、原材料成本上涨等因素影响，核心消费者物价指数继续向好，从 2021 年度的 0 上升为 1.1%，^③ 但距离安倍政府设定的 2% 通胀目标仍存在差距。

然而，随着 2022 年 2 月下旬俄乌冲突的爆发，全球大宗商品价格攀升，叠加美国 3 月起进入加息周期，日元大幅贬值，日本进口商品价格高企，推升了国内物价水平，也使 2021 年 8 月以来持续的货物贸易收支逆差扩大，企业收益状况恶化，消费者对未来预期减弱，日本经济面临较大下行压力。尽管俄罗斯和乌克兰在日本对外贸易中所占比重不大，乌克兰仅占 0.1%，俄罗斯也不及 2%，^④ 但鉴于俄乌两国均是全球重要的粮食产地，俄罗斯还是能源、化肥、钛、铝等的主要生产国和出口国，乌克兰则是生产芯片的重要原料氖气的主要产地，产量超过全球一半，日本对这些产品的需求在很大程度上依靠进口。譬如，在 2020 年日本原油、液化天然气、煤炭的进口中，自俄罗斯的进口量分别占 4.1%、8.2%、12.5%。^⑤ 俄乌冲突导致日俄关系紧张，相互实施经济制裁，经贸关系受到影响，日本对俄投资、一些在俄日

① IMF, "World Economic Outlook Update," January 2022, https://www.imf.org/en/Publications/WEO/Issues/2022/01/25/world-economic-outlook-update-january-2022 [2022-03-08].

② 内閣府「令和 4 年度政府経済見通しの概要」、2022 年 1 月 17 日、https://www5.cao.go.jp/keizai1/mitoshi/2021/r040117mitoshi-gaiyo.pdf [2022-03-18]。

③ 日本銀行「経済・物価情勢の展望」、2022 年 1 月 19 日、https://www.boj.or.jp/mopo/outlook/gor2201b.pdf [2022-03-18]。

④ 日本貿易振興機構「ドル建て貿易概況」、https://www.jetro.go.jp/world/japan/stats/trade [2022-03-07]。

⑤ 経済産業省資源エネルギー庁「日本のエネルギー」、2022 年 2 月、https://www.enecho.meti.go.jp/about/pamphlet/pdf/energy_in_japan2021.pdf [2022-05-19]。

企的生产运营按下"暂停键"，汽车企业"芯片荒"进一步加剧，国内大量商品价格上涨。面对这种情况，日本再次感受到保障粮食、能源、供应链安全的迫切性和重要性，今后将继续强化经济安全保障，极力降低对外部市场的依存度，提升自身在战略资源、重要供应链等方面的自主性和可控性。

总之，在当前国际秩序加快调整、地缘政治冲突加剧、俄乌战事持续、原材料价格高企、新冠疫情仍在全球流行的形势下，各国和地区越来越难以准确预测经济前景，对增长预期调整的频率和幅度趋于增多，日益增加的不确定性及突发性事件都可能对世界经济产生冲击，也会影响今后日本的物价水平及经济走势。据 IMF 在 4 月的预测，2022 年，世界经济将实际增长3.6%，其中，美国和中国经济增长预期分别为 3.7% 和 4.4%，日本经济增长 2.4%，与俄乌冲突爆发前的 1 月预测值相比，均有明显下调。① 截至2022 年 5 月，受能源、原材料、食品等价格大幅上涨的影响，日本核心消费者物价指数已持续 9 个月同比上升，并且 2022 年 4 月、5 月连续两个月达到 2.1%，通胀率正在向政府所设定的通胀目标靠近。②

（审读专家：闫　坤）

---

① IMF, "World Economic Outlook Update," April 2022, https://www.imf.org/en/Publications/WEO/Issues/2022/04/19/world-economic-outlook-april-2022［2022-06-26］.
② 総務省統計局「消費者物価指数」、https://www.stat.go.jp/data/cpi/sokuhou/tsuki/index-z.htm［2022-06-26］。

日本社会：少子化、老龄化、贫富差距日益加剧

郭 佩 胡 澎*

摘 要： 2021年，日本继续多次受到新冠疫情的冲击。一方面，日本社会诸多课题进一步凸显，少子老龄化进程加速，因孤独而自杀者数量显著增加，特别是正式员工与非正式员工之间的差距、青少年之间的教育差距进一步扩大，儿童易陷入"贫困代际传递"等"格差社会"①的特征日趋明显。另一方面，在与疫情共存的情况下，日本的经济社会活动逐步回归正常。疫情也给日本民众带来了诸多生活方式、工作方式的新变革，加速了信息技术、生物技术与传统技术相融合的进程，催生了线上诊疗、线上购物、线上教育等新业态。

关键词： 日本 东京奥运会 格差社会 新生态 数字化

2021年，日本在疫情形势严峻、经济近乎停滞、民意持续反对的艰难困境中举办了推迟一年之久的东京奥运会。这一届东京奥运会没能给日本带来预期的经济回报，相比1964年东京奥运会更是不可同日而语。1964年东京奥运会不仅向世界展示了一个意气风发、焕然一新的日本，还让日本经济

* 郭佩，文学博士，中国社会科学院日本研究所社会研究室助理研究员，主要研究方向为日本人口老龄化、少子化、社会福利；胡澎，历史学博士，中国社会科学院日本研究所社会研究室研究员、博士生导师，主要研究方向为日本社会、日本史。

① "格差社会"为日语词语，是指阶层固化、贫富差距日益扩大的社会。

借奥运赛事的东风走上了快速发展的道路。

2021年，日本社会受疫情持续影响，少子化、老龄化、贫富差距日益加剧，越来越多的非正式劳动者、个体经营者、自由职业者等处于停工停产甚至停薪的艰难困境，因孤独而自杀者数量显著增加，曾经令日本民众为之骄傲的"一亿总中流"已成为一种时过境迁的回忆。与此同时，随着新首相岸田文雄的上任，日本政府提出了包括"数字田园都市国家构想"① 在内的数字化行政改革以及全年龄层社会保障构建等"新资本主义"战略，旨在实现经济成长和分配的良性循环，以缩小不断扩大的贫富差距。

一　新冠疫情下老龄化与少子化进程加剧

持续的新冠疫情给日本社会造成了强烈的不安，不仅凸显在生计压力、照顾家庭的压力方面，还表现在对未来不确定性的心理压力上。这也使日本老龄化与少子化进程加剧程度超过预期。相较2020年，65岁及以上老年人的数量持续增加，尤其是二战后第一次"婴儿潮"出生的"团块世代"② 在2022年进入75岁，这不仅给养老服务、医疗服务的供给能力带来影响，还对社会保障的可持续发展带来重要挑战。同时，新冠疫情进一步加快了少子化进程。2020年，很大一部分日本女性因疫情不得不申请休业或减少工作量，由此带来经济上的不安感以及生活育儿的负担在很大程度上直接影响女性生育的选择。

（一）2021年日本人口老龄化状况

2021年，日本的"超高龄化"状况日趋严峻，总务省统计局数据显示，截至2021年9月15日，日本65岁及以上老年人口的数量为3640万人，占总人口的比例为29.1%，与上一年（28.8%）相比增加0.3个百分点，再次

---

① "数字田园都市国家构想"的目的是，日本政府拟从地方开始普及利用数字技术的新服务、加紧建设第五代（5G）移动通信系统等，力争缩小地方中小城市与大都市之间的发展差距。

② 日本将1947~1949年出生的人称为"团块世代"。

刷新历史纪录。其中，70 岁及以上人口为 2852 万人，占比为 22.8%；75 岁及以上人口为 1880 万人，占比为 15.0%。老龄化比例自 1950 年（4.9%）开始不断攀升，1985 年为 10%，2005 年超过 20%，2021 年为 29.1%。2021年，从性别来看，男性老年人为 1583 万人，在男性人口中占 26.0%，女性老年人为 2057 万人，在女性人口中占 32.0%；女性老年人比男性老年人多474 万人。从年龄区间看，包括"团块世代"在内的 70 岁及以上人口为2852 万人，占总人口的比例为 22.8%，与上年相比增加 61 万人。另外，75岁及以上人口为 1880 万人，80 岁及以上人口为 1206 万人，均较上年呈增加态势。① 到 2025 年，约 800 万人的"团块世代"都将步入 75 岁高龄，意味着史无前例的高龄化社会即将到来。如何应对超老龄社会成为摆在日本政府面前的重要课题。

2021 年，日本老年就业率提高，老年人之间的贫富差距不断扩大。在65~69 岁以及 70~74 岁年龄段中平均每 3 人中有 1 位老年人在工作，从整体来看，劳动力人口中老年人所占比例在逐年提高。有的老年人希望通过"终身工作"实现自己的价值，还有很多老年人由于养老金收入少，不得不选择继续工作。尤其在疫情尚未平息的背景下，选择继续坚守工作岗位的老年人不在少数。日本于 2021 年 4 月实施《改正高年龄者雇佣安定法》，明确提出用人单位要确保满足老年人到 70 岁为止享有就业机会。另外，老年人之间的经济差距也在同步扩大。领取最低生活保障的家庭中，半数以上为老年人家庭，仅靠微薄养老金或无养老金度日的老年人不在少数。65 岁以上的单身女性贫困率为 46.1%，平均每 2 人中有 1 人陷入老后贫困状态。②疫情给老年人带来更为严峻的挑战和影响，特别是在新冠疫情持续的情况下，长期居家生活，出现健康和认知机能的衰退等各种各样问题的人也不在少数。2021 年，在老龄化与疫情双重影响下，日本财政预算与社会保障费

---

① 総務省統計局「統計からみた我が国の高齢者」、2021 年 12 月 23 日、https：//www.stat.go.jp/data/topics/topi1291.html［2021-12-25］。

② 「高齢おひとりさま2 人に1 人が貧困　オンライン環境なく孤立深まる」、2021 年 9 月 22日、https：//news.yahoo.co.jp/byline/iijimayuko/20210922-00259426［2021-12-25］。

用持续攀升。日本政府于2021年12月24日公布了2022年度的财政预算，一般会计总额约为107.6万亿日元，连续10年创新高。其中因老龄化而不断增加的社会保障费以及因偿还巨额借款而增加的国债合计首次超过60万亿日元。从预算类别来看，支出规模最大的是社会保障费，为36.3万亿日元，约占支出总额的三成，与2021年预算相比增加4393亿日元，增长1.2%。[①] 从2022年开始，"团块世代"逐步进入75岁，医疗支出压力同步上升。日本政府为了维护社会保障制度的可持续性，于2022年10月开始提高75岁以上老年人的自付医疗费比例，从原来的10%提高到20%。

（二）2021年日本人口少子化进程

新冠疫情在2021年进一步加快了少子化进程，具体体现在以下两个方面。

第一，出生人口持续减少。厚生劳动省于2021年12月公布了预估的本年度出生人口数，2021年全年日本国内新生儿数量为80.5万人，与2020年的84.835万人相比减少了约4.3万人，仅为二战后"婴儿潮"时期年出生人口最多的269万人的约1/3。国立社会保障与人口问题研究所曾预测2028年新出生人口数为80.9万人，2029年为80.3万人。如此看来，少子化进程受疫情影响比原先的预测缩短了七年时间。[②] 同时，根据计算得出，15~49岁适龄人口的总和生育率仅为1.34。从地域来看，冲绳的总和生育率最高，为1.86，其次为岛根（1.69）、宫崎（1.68），而东京的总和生育率最低，仅为1.13。[③] 日本政府曾提出到2025年实现"希望出生率"为1.8，目前来看似乎较难达成目标。

---

① 「107兆円予算案、減らせぬ費用多く 社会保障・国債費60兆円超」、2021年12月25日、https://www.nikkei.com/article/DGKKZO78786120V21C21A2MM8000/？unlock=1 [2021-12-28]。

② 「今年の出生数推計、約80万5千人、少子化ペース、想定より7年早く」、『朝日新聞』、https://www.asahi.com/articles/ASPDQ6215PDQUTFL008.html [2021-12-23]。

③ 「婚姻数、戦後最少52万組 令和婚反動、コロナ影響も一出生数5年連続減・厚労省一」、『時事新聞』、https://www.jiji.com/jc/article？k=2021060400814&g=soc [2021-12-26]。

第二，结婚登记数量不断走低，进一步加剧了少子化进程。厚生劳动省于 2021 年 6 月发布结婚登记数量，2020 年日本的结婚人数为战后最少，仅有 525490 对，比 2019 年减少 73517 对，结婚人数的减少成为少子化程度加深的催化剂。其实，自 2019 年进入令和元年后，当年提交结婚登记数高于 2018 年，按照婚后 1~2 年生育进行预测，2020~2021 年本应迎来一小波生育小高峰。但 2020 年突如其来的新冠疫情不仅打破了已婚夫妻的生育计划，还对未婚人群的结婚行为造成严重影响，"疫情下不适合举办婚礼的聚集活动""对于婚后经济生活不确定的担忧"成为推迟结婚的重要理由。① 此外，受疫情影响，怀孕人数也呈下降态势。厚生劳动省发布的数据显示，日本全国地方自治体在 2021 年 1~7 月提交的"怀孕申请书"累计数量为 507075 件，比上年同期减少 0.8%。怀孕人数减少的原因同样为"希望避开疫情风险期"以及疫情期间夫妻双方收入的减少。② 无论是结婚人数还是怀孕人数的减少均表现出疫情冲击下民众对未来的不确定以及对经济收入不稳定的担忧。

日本政府为缓解少子化的压力，拟创设具有综合协调功能的行政组织——儿童家庭厅，并将设置相关事务的担当大臣，同时将修订《育儿·护理休业法》，以促进更多的男性参与育儿。但如何为儿童家庭厅提供可持续的财源仍是一个重要课题，不论是提高消费税还是减少地方自治体支出，似乎都困难重重。

二 孤独、被孤立与自杀问题的持续恶化

新冠疫情不仅给人们带来生理上的健康风险和生命威胁，还导致人际关系进一步疏离，越来越多的人被不安、焦虑等心理压力困扰。2021 年，日

---

① 「婚姻数、戦後最少 52 万組　令和婚反動、コロナ影響も—出生数 5 年連続減·厚労省一」、『時事新聞』、https：//www.jiji.com/jc/article？k＝2021060400814&g＝soc［2021-12-26］。

② 「コロナ禍の今年 1~7 月の妊娠届、前年同期比 0.8% 減」、『朝日新聞』2021 年 11 月 26 日。

本社会出现了从个人向社会层面蔓延的悲观情绪，国内自杀人数再攀新高，社会上因孤独和被孤立而侵害他人生命、财产的案件较为突出。

（一）孤独和被孤立导致的恶性事件频发

2021 年末，日本大阪市北区商业街一栋楼房发生蓄意纵火案件，造成了 26 人死亡的惨剧。大阪府警方通过调查嫌疑人的行凶动机，发现其死亡前后找不到任何与社会的接触和交集点，没有固定职业，长期独居生活，存在被社会严重孤立的可能性。事故现场的监控录像拍到嫌疑人作案后不逃跑，还把诊所的其他患者都逼到房间最里面，可以看出嫌疑人是在操控一场强迫别人一起自杀的"扩大自杀"活动。日本社会存在的这种无差别杀伤事件自 2000 年后开始变得愈加显著，例如，大阪教育大学附属池田小学儿童被杀事件（2001 年）、秋叶原事件（2008 年）、京都动画纵火杀人事件（2019 年）、小田急线和京王线乘客被迫害事件（2021 年）等。此类无差别杀伤案件的共同背景均是嫌疑人感到孤独以及对被社会孤立不满。东京未来大学出口保行教授（犯罪心理学教授）指出，"过去犯罪的主要原因是人际关系纠纷和经济贫困，而近些年则越来越多地表现在孤独和被孤立上"[1]。

因孤独和被孤立而引发的恶性事件不仅有凶杀案件，还包括盗窃案件。2017 年东京公布的有识之士研究会的调查报告指出，65 岁以上老年人盗窃案件中的嫌疑人多为"独居"（56.4%）、"没有朋友"（46.5%）。报告进一步指出，"由于身边没有帮助自己的人，缺乏社会关系会导致孤独、不满、压力等，进而发展成社会恶性事件"。如 2021 年 10 月 29 日，千叶县发生一起 74 岁便利店店员奋力制服一位到便利店偷窃的 89 岁老人的案件。[2] 诸如此类不断增加的老年人偷窃犯罪案件，都与不断加剧的社会性孤独、孤立有

---

[1] 「孤立と治安対策、表裏一体　大阪ビル放火 1 カ月」、『日本経済新聞』2022 年 1 月 17 日。
[2] 「89 歳男コンビニで 8 万円奪った疑い　70 代店員ホウキで抵抗、男性客と取り押さえ」、『千葉新聞』、2021 年 10 月 30 日、https://news.yahoo.co.jp/articles/c072fadbbb39be5b3f12e4416ddc2311379e78d1［2021-12-26］。

着密切的关联。

据调查，很多日本人长期感到孤独。美国财团于 2018 年实施的一项在日美英三国进行的调查显示，在被调查者中有孤独感"超过 10 年"的人的数量，日本最高（占比为 35%），超过美国（占比为 22%）和英国（占比为 20%）。① 随着未婚率的不断上升以及独居群体的增加，陷入孤独和被孤立的中青年的比例也在提高。特别是独居老年人已成为一个为数不少的群体，而"孤独死"现象成为一个严峻的社会问题。在新冠疫情影响下，隐形失业者增多，儿童贫困、女性贫困等现象日益加剧，造成社会性孤独与被孤立问题更加突出。

（二）自杀率再呈增长态势，女性自杀者增幅尤为显著

2021 年，日本国内自杀者为 2.1 万人，自金融危机后的 2009 年以来，自杀人数呈现从未有过的增长态势。新冠疫情使过去十年持续下降的自杀人数转为增加，对社会产生较大影响。② 相较于男性，女性在疫情中受到的影响更大，女性失业率和自杀率均高于男性。2021 年 11 月初，日本政府公布的 2021 年版《自杀对策白皮书》表明，在 2008 年金融危机后，日本自杀人数时隔 11 年出现了增加迹象，且女性自杀现象更为突出。自杀原因除抑郁症等精神性疾病以外，主要是经济压力和对生活感到绝望。按职业类别看，"被雇佣者、打工人员"最多，在自杀原因和动机中，"工作问题"所占比例最高。此外，厚生劳动省自杀对策推进室公布了 2021 年 1~6 月的自杀人数，上半年累计为 10784 人，比上年同期增加 1206 人，增幅为 13%。从性别来看，男性增幅为 7%，女性增幅高达 25%，再次表明女性自杀人数激增。

从年龄看，在疫情下自杀的女性之中，40 岁以上的中年女性占比最高且增幅最大。除对经济担忧外，来自家庭无形而繁重的压力也是重要原因。

---

① 「孤立と治安対策、表裏一体　大阪ビル放火 1 カ月」、『日本経済新聞』2022 年 1 月 17 日。
② 「孤独孤立寄り添えるのか」、2021 年 6 月 9 日、https://www.nhk.or.jp/politics/articles/feature/61791.html［2021-12-26］。

"男主外、女主内"这一根深蒂固的家庭观念没有因为家庭内部经济结构的变化而改变，新冠疫情的反复让家庭中的女性承担了经济、照料与家务的"三重"压力。此外，家庭暴力在疫情中呈现的蔓延态势也日渐显著。日本政府数次宣布"紧急状态宣言"，使居家办公成为很多公司的新主流，家人相处时间增多，矛盾也随之增加，加之失业带来的经济贫困，家庭已无法成为女性的"避风港"，不少女性因不堪忍受沉重的经济负担或家暴，到精神疾病科住院治疗或走上自杀的道路。

（三）日本政府的相关对策

针对日本社会很多人感到孤独、被孤立及由此引发的恶性事件，日本政府于 2021 年 2 月设置了"孤独大臣"，将社会性孤独与孤立作为一个社会问题进行治理。从世界范围来看，英国早在 2018 年便设置了孤独对策负责人，同时以容易陷入社会性孤独与孤立的失业者为重点扶持对象，构建了由地方自治体以及志愿者联合协助的支援体制，同时积极为民众开展活动提供场所。美国也有提供减轻孤独与被孤立服务的民间企业。如 2017 年美国某创业公司组织开展年轻人访问老年人、家务支援或上门聊天等服务。2021 年 12 月 28 日，岸田首相在首相官邸召开首次"孤独与孤立"对策推进会议，讨论了下一年度社会性孤独与孤立对策的重点计划以及预算。社会性孤独与孤立对策计划中明确提出，构建 24 小时应对的咨询体制，设立可加强人与人之间联系的"居所"，推进未来官方、民众、非营利组织（NPO）等之间紧密协作等，并决定在 2022 年投入 63 亿日元具体推进社会性孤独与孤立对策。[①] 日本政府在社会性孤独与孤立对策中同样较为重视地方政府与 NPO 以及民间团体的联系，孤独咨询机构多为 NPO。调查显示，在 2021 年第三次"紧急状态宣言"下，与之前的咨询件数相比，围绕具体生活以及金钱方面的咨询成倍增加。同时对"明天不知吃什么"

---

① 首相官邸「孤独・孤立対策推進会議」、2021 年 12 月 28 日、https：//www.kantei.go.jp/jp/101_ kishida/actions/202112/28kodokukoritsu.html［2021-12-29］。

的生活贫困咨询大幅增加。NPO将咨询的内容按照关键词和年龄进行分类，结果显示，10~20岁年龄层的咨询关键词为"父母""学校""老师"，20~30岁年龄层的咨询关键词为"金钱""精神""工作"等，30~40岁较为突出的是"夫妻关系"，老龄层较为突出的是"精神疾病"。

日本"孤独大臣"的设立以及相关对策的推进体现了日本政府想要从制度上和经济上应对社会性孤独与孤立问题的决心，但孤独并不仅是一种感觉，它还容易扩散成一种社会性情绪。近年来，应对孤独问题领先的英国通过加强孤独评估，重新设计社区空间、住房、交通等以促进人与人之间的联系，增进交流等，探索出缓解孤独的多种方法。同时，其公布的年度孤独报告里明确提出，建立包括非营利组织和志愿者在内的民间社群是缓解孤独的重要方法。因此，想真正解决孤独问题还需要政府、家庭、志愿者、专业的慈善机构等民间社会多方力量通力合作。

三 "格差社会"日益加剧

伴随新冠疫情的反复，日本社会多个层面的贫富差距显著扩大。尽管日本政府出台一系列现金补助、失业支援等应对政策，但仍然难掩经济低迷下不断暴露的各项民生之痛。2021年较为突出的问题为正式员工与非正式员工的差距进一步扩大，餐饮、旅游、制造业等部分行业的非正式员工面临失业以及生活难以为继的窘境。同时，青少年之间的教育差距逐步扩大，儿童贫困问题进一步凸显。

（一）疫情虽未致大量失业，但正式员工与非正式员工的差距更加扩大

由于疫情蔓延，日本很多公司暂停或缩减了日常业务，延后招聘计划，就业市场面临较大程度的挑战。日本总务省公布的资料显示，2021年12月，日本国内的完全失业率为2.7%，失业人口为172万人，其中非自发性离职人数为51万人，自发性离职人数为65万人。12月，日本劳动参与率（15岁以上劳动人口就业率）为60.4%，较上一年同月增加0.1个百分点，

其中 15~64 岁人口就业率为 77.9%。① 此外，2021 年月度平均完全失业率为 2.8%，与其他发达国家相比，疫情中日本的失业状况似乎没有很严重。但在完全失业率相对低下的另一方面，非劳动力人口②在悄然激增，主要集中在老年人和育儿女性群体。疫情前各项法律制度的完善促进了女性和老年人就业，但是伴随着疫情的发展，这部分人不得不选择放弃工作回归家庭生活。疫情如果可以得到一定控制，上述群体将再次进入就业市场，日本的完全失业人数可能会有所增加。此外，疫情下，日本未出现大量失业者的另一原因是雇佣调整补助金③政策的实施。在雇佣调整补助金政策的扶持下，日本增加了许多"休业者"④，"休业者"主要包括饭店和其他餐饮服务从业者，以及因疫情休业的医疗和社会福利机构人士。日本政府在疫情肆虐期间通过提高雇佣补助金、放宽申领条件等措施扶持企业，保证员工在休业状态下继续维持雇佣关系，避免出现大量失业者。

尽管日本在一定程度上避免了大量失业现象的出现，但正式员工与非正式员工之间的差距在进一步扩大。从就业形态来看，11 月，日本正式员工人数为 3546 万人，较上一年同月减少 1 万人，18 个月来首度呈现减少态势；而兼职、打工、派遣等非正式员工人数为 2087 万人，较上年同月减少 37 万人，占整体雇佣人数的比重为 37%。⑤ 从这组数字可以清楚地看到，非正式员工较正式员工减少的数量多。而受疫情冲击较为严重的也是非正式员工较多的餐饮业、制造业等。还有部分失业者是因疫情居家放弃短期工作的女性、老年人等。疫情前，随着日本劳动力的短缺，一度出现了用人需求大增、非正式员工同比激增的情况，2019 年 9 月的非

---

① 総務省統計局「労働力調査（基本集計）2021 年（令和 3 年）12 月分」、2022 年 2 月 1 日、https：//www.stat.go.jp/data/roudou/sokuhou/tsuki/index.html［2022-02-03］。
② "非劳动力人口"是指 15 岁以上未就业的人群中，不找工作或找到了工作也不马上就业的人，而"完全失业者"是指当前没有工作，但正在找工作并随时准备工作的人。
③ "雇佣调整补助金"是指在企业销售额减少的情况下，如果企业让员工停工但仍维持雇佣关系，则政府将给企业发放的部分补贴。
④ "休业者"是指有工作但因外在因素暂停工作的人。
⑤ 総務省統計局「労働力調査（基本集計）2021 年（令和 3 年）11 月分」、2021 年 12 月 28 日、https：//www.stat.go.jp/data/roudou/sokuhou/tsuki/pdf/gaiyou.pdf［2021-12-29］。

正式员工人数曾达到 2200 万人，创下历史新高。但在此之后，受疫情影响一直持续增长的非正式员工人数开始加速减少。正式员工人数虽然在疫情期间有过短暂停滞，却仍然呈现一定程度的增长态势，并重返自 2002 年经济不景气以来的 3500 万人大关。从上述数据可以看出，日本的正式员工即使在遇到疫情等冲击时也能维持一定程度的稳定，而非正式员工却面临失业和生活的不安定。此外，厚生劳动省的调查显示，全职正式员工的工资如果按时薪计算为 2021 日元，而非正式员工为 1337 日元，仅为正式员工的 2/3。① 收入的差距只是其中一方面，更多的差距来自奖金、津贴、其他福利等，非正式员工比正式员工面临更加脆弱的职业稳定性。在疫情催化作用下，正式员工与非正式员工之间的差距越来越大。疫情较为严重的 3 月，在东京都新宿区东京都厅前领取福利机构免费发放救济食品的队伍里，除了流浪汉、老年人之外，也有不少因疫情丢掉工作的年轻人。

（二）青少年之间的教育差距进一步扩大，儿童易陷入"贫困代际传递"

新冠疫情导致日本青少年获得教育机会的差距不断扩大。在疫情前原本就存在的教育差距，包括软硬件设备、教学内容和入学机会等的差距进一步扩大，教育资源原本缺乏的学生越发处于被边缘化的状态，主要表现在以下三个方面。

第一，日本公立学校在电脑使用与网络构建方面明显落后于私立学校。日本文部科学省早在 2019 年末就宣布了一项名为"GIGA School 构想"② 的政策，试图让 1000 万名全国中小学生拥有个人电脑且一人一台，为此 2019

---

① 厚生劳动省「令和元年賃金構造基本統計調査結果の概況」、https://www.mhlw.go.jp/toukei/itiran/roudou/chingin/kouzou/z2019/index.html［2021-12-29］。

② "GIGA" 的英文全称为 "Global and Innovation Gateway for All"，"GIGA School 构想"是指日本政府决定加快进程改善中小学信息化教学略为滞后的情况，全力建设网络教学系统而推出的一系列计划。

年度的补充预算专门划拨了 2300 亿日元。① 真正推进学校教学用电脑和完善无线网络等环境则是在 2021 年，因此 2021 年又被称为"GIGA 元年"。新冠疫情发生后，学校休学，学生居家隔离，需要通过电脑登录网上的软件进行云课堂的学习，但有很多家庭因不具备电脑或网络环境而无法正常上课，这部分学生大多来自公立学校。私立学校早在公立学校因为疫情停止线下教学前，已经开始在线授课，其优质的教学硬件进一步加强了家长对于私立学校的追捧。但私立学校高昂的教育费让很多家庭望而却步，其从幼儿园到大学的学费人均约为 2200 万日元，而公立学校所需的教育费约为 800 万日元。② 疫情进一步加剧了公立学校与私立学校的教育差距，而能否去私立学校学习则取决于父母的收入。

第二，家庭收入成为影响学习时间的重要因素之一。三菱 UFJ 研究咨询（MURC）和日本财团于 2021 年 8 月调查了新冠疫情停课给儿童带来的不同程度的影响。结果显示，原本就存在的学习时间不一样等差距进一步扩大，今后需要对年收入水平低的家庭和单亲家庭等的孩子进行全方位支援。由于新冠疫情临时停课，青少年一天的在学时间出现了不同程度的减少。而根据家庭年收入的不同，减少幅度也出现了较大差异。数据显示，2020 年 5 月与同年 1 月相比，年收入在 800 万日元以上的家庭孩子的学习时间减少 66 分钟，年收入为 400 万~800 万日元的家庭孩子的学习时间减少 84 分钟，而年收入不足 400 万日元的家庭孩子的学习时间减少 90 分中，可以看出年收入水平低的家庭孩子的学习时间的减少幅度最大。③ 此外，在学校停课期间，年收入水平高的家庭不仅可以通过补习班和跟随家庭教师学习，弥补孩

---

① 『GIGA 元年、2021 年の教育界を人気記事で振り返り 不登校、ブラック校則、偏差値教育、格差まで』、2021 年 12 月 31 日、https://news.yahoo.co.jp/articles/fc47ce8b8c40e52 87ba00ed780aeb3d215226e9a? page＝3 ［2022-01-10］。

② 文部科学省「平成 30 年度子供の学習費調査の結果について—教育費負担」、2018 年 12 月 18 日、https://www.mext.go.jp/b _ menu/shingi/chukyo/chukyo2/siryou/_ _ icsFiles/afieldfile/2013/01/30/1330218_ 11.pdf ［2021-12-25］。

③ 『年収や家庭事情による教育格差 コロナ下の休校で影響拡大』、2021 年 8 月 26 日、https://www.chunichi.co.jp/article/318040 ［2021-12-23］。

子减少的学校学习时间，而且在复课后能让孩子保持较多的学习时间，可见家庭收入差距进一步扩大了教育差距。

第三，贫困家庭教育经费愈发短缺。日本政策金融公库于 2021 年 12 月 20 日公布了面向高中生家庭的关于"教育费负担的实际调查"（该项调查于 2021 年 10 月实施）结果。结果显示，一个学生从高中入学到大学毕业的平均教育费为 942.5 万日元，尽管与上一年度相比减少了 22.6 万日元，但对于很多家庭来说仍然是一笔不少的费用。① 通常来讲，教育支出占家庭总支出的比例平均为 14.9%，在年收入在 800 万日元以上的家庭中教育支出仅占 11.6%，而在年收入为 200 万~400 万日元的家庭中教育支出则占 26.7%。调查询问了新冠疫情对今后教育的影响，选择"放弃升学（或退学、休学）"的人的比例比上一次调查增加了 3.3 个百分点，达到 12.0%；回答"转到其他学校"的人的比例增加了 6.9 个百分点，达到 21.5%。② 由此可见，新冠疫情导致家庭经济收入的差距扩大，以及贫困家庭教育经费短缺，这进一步加剧了贫困的"代际连锁"。

此外，内阁府于 2021 年 12 月 24 日公布了儿童贫困问题的调查结果，该调查于 2021 年 2~3 月进行，对象为中学二年级学生及其家长，共有 5000 个家庭参与。回收有效问卷 2715 份，其中年收入不足 158.5 万日元的相对贫困家庭的占比为 12.9%。回答现在的生活"艰辛"以及"非常艰辛"的家庭占全体的比例为 25.3%，占相对贫困家庭的比例高达半数以上，为 57.1%。贫困家庭购买衣服和食物都比较困难，对公共费用常拖欠不还，对子女教育投资的可能性也随之降低。调查问及对孩子未来的期望学历时，回答"大学及以上"的家庭总的占比为 50.1%，而在相对贫困家庭中这一比

---

① 『年収 158.8 万円未満世帯、子の大学進学望むのは25%　経済と学力格差、どうする?』、2022 年 1 月 6 日、https：//news.yahoo.co.jp/articles/b29589cebc16279a145546b69d7d33dde 686b86e［2021-01-07］。

② 『年収 158.8 万円未満世帯、子の大学進学望むのは25%　経済と学力格差、どうする?』、2022 年 1 月 6 日、https：//news.yahoo.co.jp/articles/b29589cebc16279a145546b69d7d33dde 686b86e［2021-01-07］。

例仅为 25.9%，单亲家庭的比例为 29.8%。^①

为缓解儿童、青少年群体中越来越多的不平等以及差距现象，2021 年 12 月 21 日，日本内阁会议决定于 2023 年创建"儿童家庭厅"，将原来分散于内阁府与厚生劳动省的相关职能进行整合。"儿童家庭厅"将全面负责与儿童相关的所有事项，如少子化对策、保育所与幼儿园管理、儿童被虐待的处理以及支援家庭贫困的儿童。目标为打破原有横向制度间的壁垒，为儿童和青少年提供一个更好的安心的成长环境。^② 然而，育儿及教育支援大多由各都道府县和市町村负责，新成立的"儿童家庭厅"能否与自治体通力合作，切实推进儿童贫困的解决尚有待观察。

四 "与疫情共存"的新常态社会

在与疫情共存的新常态下，日本的经济社会活动也逐步回归正常。同时，疫情也为日本社会、经济带来了诸多的新变革，加快了信息技术、生物技术与传统技术相融合的进程，催生了线上购物、远程娱乐、线上教育、数字诊疗等新生活与工作方式。

三菱综合研究所于 2021 年 12 月举办了名为"新冠疫情中的生活方式变化和行动变化"研讨会。该研究所从 2011 年开始每年进行生活变化的相关调查，调查对象为 20~69 岁的男性和女性（共 3 万人）。调查结果表明新冠疫情促进了老年人生活电子化和信息化。在疫情前，老年人使用智能手机的应用集中于"电话""LINE""拍照"三种，他们普遍认为"网络很可怕""个人隐私会泄露"等，几乎看不到其在网络上有购物等方面的消费。但疫情改变了老年人的这一习惯，更多的手机功能得到使用，如网上看诊预约、疫苗注射电子预约、电子购物等，这些成为减少感染风险的必要操作，由此 2021 年被称为"智能老年人元年"。同时，该研究所以 527 名 55~74 岁的

---

① 内閣府「令和 3 年子供の生活状況調査の分析報告書」、2021 年 12 月、https：// www8. cao. go. jp/kodomonohinkon/chousa/r03/pdf-index. html ［2021-01-07］。

② 「こども家庭庁 縦割り克服する体制を整えよ」、『読売新聞』2022 年 1 月 11 日。

女性为对象，进行了"关于数字和网络使用的问卷调查"（调查时间为 2021 年 6 月 15 日至 8 月 3 日）。结果表明，老年人智能手机持有率达到 92.2%，首次超过九成。总务省发布的《令和 3 年版信息通信白皮书》同样显示，60 岁以上老人的智能手机使用率达到 81%，相比 2016 年智能手机持有率仅为 35%，只经过五年时间这一比例就增长为 80.5%。① 2021 年 12 月，面向老年女性的月刊《Halmek》刊登了题为"关于 2021 年老年人新生活"的文章，其中提到了几项新趋势，如"智能化""绿色消费""居家看诊"等。诸如此类的新生活方式已逐步被更多人（包括老年群体）所接受并得到进一步发展。

尽管餐饮业、旅游观光业在疫情中受到了较大冲击，但各地也开始积极探索餐饮店在缩短营业时间状况下的新营销方式。如福冈县部分居酒屋以"每分钟 20 日元畅饮"的方式进行促销。② 秋田县横手市是当地有名的旅游胜地，为减少疫情冲击，利用自动贩卖机 365 天 24 小时销售"横手炒面""稻庭乌冬面""竹荚鱼"等美食以及秋田狗玩偶和口罩等商品，取得了一定收益。③ 埼玉县深谷市某农户主营业务是栽培无农药食用玫瑰，销售由玫瑰制作的加工食品、化妆品等。受疫情影响，订单被取消，为应对疫情，该农户开发出一款将玫瑰注入多功能消毒液的"玫瑰防护喷雾"，让玫瑰香雾带给顾客安心的感觉，使其不良情绪得到疗愈，广受好评。④疫情也加速了新业态、新商品的开发。如致力于开发在无上下水道的情况下也能淋浴、洗手的产品的东京某水循环公司，开发了只要有电源就能在任何地方安装的不用自来水的水循环型洗手台，同时该洗手台具有给智能

---

① 「22 年、シニア消費はこうなるオートミールと冷食が売れた理由」、2022 年 1 月 6 日、https://xtrend.nikkei.com/atcl/contents/18/00570/00003/［2021-01-07］。

② 「1 分 20 円飲み放題　居酒屋が新サービス」、2021 年 1 月 19 日、https://news.yahoo.co.jp/articles/57519578c5dd34f0df6862cbfc3669460574096a［2021-12-27］。

③ 日本政策金融金庫「コロナ禍に立ち向かう事業者の取組み」、https://www.jfc.go.jp/n/corona-jirei/［2021-12-27］。

④ 日本政策金融金庫「コロナ禍に立ち向かう事業者の取組み」、https://www.jfc.go.jp/n/corona-jirei/［2021-12-27］。

手机除菌的功能。这类新产品一经问世便深受顾客青睐。

自疫情以来，日本的数字健康领域受到极大关注。据富士经济预测，医疗平台市场的在线医疗规模到 2035 年将增长 3.3 倍（相比 2020 年），达到 106 亿日元，并预计未来利用可穿戴终端进行居家看诊的民众会大幅增加，数字健康市场会得到快速发展。① 在 2022 年的诊疗报酬修改中，厚生劳动省设定了使用网络或通信方式进行线上诊疗的"初诊费"和"再诊费"，同时放宽了在线诊疗的申请比例等条件，未来同时经营线上和线下诊疗的医疗机构会增加。此外，随着在线诊疗的发展，日本会出现更多支持患者在家与医生互动的软件，以及普及远程听诊器和远程生命体征监视设备。

五　结语

2021 年末，新冠病毒奥密克戎变异毒株在日本持续蔓延。为应对新冠疫情，日本在年底的修正预算中，增加了医疗体制构建、疫苗接种、新冠口服药投入以及与民众工作和生活援助相关的费用。岸田内阁大力推行的"促进地方数字化"也将正式起步，其将重振地方作为实现"新资本主义"的重要阵地，大力推进"数字田园都市国家构想"，试图通过解决地方课题来实现经济自下而上的增长。为此，日本将重整老旧基础设施、调整相关规章制度、提供数字化服务等。如在老龄化和少子化较为严重的地方，灵活运用线上诊疗、GIGA 学校、智能农林等服务；不断整合 5G、数据中心、光纤等基础设施；积极促进民间投资，完善自动驾驶、无人机等支持未来服务的装备；制定无人驾驶车辆、自动配送机器人的行车规则以及使用无人机、AI 等新技术的安全规则等。同时，日本政府鼓励更多的企业参与"故乡税"②，

---

① 「オンライン診療の市場インパクト　2035 年までに100 億円超市場に　在宅診療のIoT 機器含め更なる成長も」、2022 年 2 月 7 日、https://www.mixonline.jp/tabid55.html？artid=72525［2022-02-08］。

② "故乡税"不同于国税或地方税，是一个非强制性征收的税种，可向自己想要支援的某个/某些市、町、村（日本地方自治团体，类似于市、镇、村）进行捐助。

支援地方建设卫星办公设施，加速企业和个人从城市向地方流动。日本还要在 2024 年前，推进驾照和"MY number"卡一体化。在现实与网络密切不可分割的情况下，政府同时需要致力于强化企业的安全性，直面数字社会的风险。

综上所述，2021 年，日本社会在新冠疫情下发生了诸多变化。疫情使日本潜在的社会问题进一步发展，如加快了少子老龄化进程，扩大了不同家庭、不同行业、不同身份民众之间的贫富差距，加深了人们的孤独与被孤立感，"格差社会"状况进一步加剧。与此同时，疫情又像一个变革助推器，加快了日本社会不同业态、不同领域的变革之路，改变了人们习以为常的生活方式。展望新的一年，受新冠疫情影响，日本社会重新焕发活力仍然面临诸多挑战，少子老龄化对社会的影响将持续加深。同时，日本也会有许多新的变化，如为了缓解少子老龄化带来的部分行业劳动力不足的问题，日本政府计划从 2022 年起放宽 14 种"特定技能"在留资格外国劳动者的居留期限，使之能无期限地在日本居住生活。为此，日本将进一步整顿社会生活的方方面面以使之成为适合外国人工作、生活的"友好型共生社会"；同时随着疫情对生活、工作方式的改变，"智能科技""绿色消费""数字生态"将成为后疫情时代的新关键词。

（审读专家：张建立）

B.6
日本文化：日本民粹主义的新动向

张建立*

摘　要： 民粹主义是一个颇具争议性的概念。近年来，日本社会倾向于将一味迎合大众但往往口惠而实不至的政治手法等称作民粹主义。日本的民粹主义者在攻击其敌对方时虽然仍存在使用语言暴力的倾向，但类似欧美国家民粹主义那种激进的社会行为已很少见。2021年，民粹主义在日本的表现虽然比较温和，但不论左翼还是右翼各党派均将民粹主义作为提振自身人气的政治工具。尤其值得高度警惕的是，民粹主义在日本地方自治体层面的死灰复燃。要努力避免日本社会被民粹主义再度引入歧途。探讨日本民粹主义的成因，除了要关注新自由主义的影响之外，还有必要关注来自日本人身份认同危机的影响。

关键词： 日本文化　社会思潮　新自由主义　民粹主义

　　"民粹主义"是对英语"populism"的中文翻译。近年来，无论是在学术讨论还是在公共舆论中，"民粹主义"都成为一个关注度高、争议性也非常大的议题。人们大多是基于对欧美国家民粹主义的认知而展开的，所以无论关于民粹主义的争论如何激烈、意见如何分歧，人们对原本字面上没有明确褒贬含义的"民粹主义"形成的一个基本共识是，民粹主义是一个极具破坏性的负面反动的极端化意识形态和社会政治思潮，其最基本的特征是反权威、

* 张建立，文学博士，中国社会科学院日本研究所文化研究室主任、中日社会文化研究中心副主任、研究员，主要研究方向为日本文化、社会思潮、国民性。

反体制①。有学者正是基于这样一种认知，认为日本的民粹主义相对"薄弱"，或者干脆认为日本不存在民粹主义。② 显然，这种观点是值得商榷的。根据东京财团首席研究员、日本近现代史专家筒井清忠的研究，按照上述对民粹主义的界定来考察日本民粹主义，则会发现其形成与发展的阶段性特点还是很明显的。日本民粹主义可以溯源至 1905 年 9 月东京日比谷纵火打砸抢事件，也就是说初期的日本民粹主义也是具备当代欧美国家民粹主义的基本特征的。③ 日本人对"populism"一词有两种翻译方式，一种是直接使用片假名称为"ポピュリズム"，这种音译处理外来语的翻译方式看不出褒贬的感情色彩；另一种则是将其翻译成汉字词语"大众迎合主义"，译成汉字词语后，该词不仅表达出负面的感情色彩，而且一目了然地表达出当下日本民粹主义的特点，即其核心的表现就是对大众的迎合。如果按照这个含义来考察近年来的日本社会思潮，那么日本民粹主义已经很少如初期那样表现出类似欧美国家民粹主义的激进行为，而是作为表达民意的一种形式，成为无论是体制内还是体制外反对力量以及执政当局都会积极使用的迎合大众的政治工具。因此，如果仅仅囿于学界对当前欧美国家民粹主义的认知来理解日本民粹主义的现状，显然是难以获得准确理解的。而参照日文语境下的民粹主义含义，再密切结合日本社会思潮发展现状来梳理世界民粹主义潮流大背景下的 2021 年日本民粹主义新动向，剖析日本民粹主义的政治、历史文化、社会心理的根源，具有重要现实意义。

一 工具层面上的民粹主义大行其道

何谓民粹主义？学界对此尚未达成共识。在不同的语境下，学者们或者

---

① 房宁、涂锋：《当前西方民粹主义辨析：兴起、影响与实质》，《探索》2018 年第 6 期，第 66 页。
② 「日本でなぜポピュリズムが台頭しないのかを中東メディアが分析」、https：//courrier. jp/news/archives/254101［2021-08-21］；庄司将晃「ポピュリズムが日本ではまだ流行らないのはなぜか？静かに迫る『民主主義の危機』」、https：//www. businessinsider. jp/post-197741［2019-08-30］。
③ 筒井清忠『戦前日本のポピュリズム―日米戦争への道―』、中央公論社、2018 年、3 頁。

将民粹主义作为一种社会政治思潮来理解，或者将民粹主义视为一种社会运动，或者仅仅作为一种政治策略或一种政治心态来理解，众说纷纭，至今仍难以对其下一个较为全面且能够获得普遍认可的定义。① 虽然对于民粹主义的概念，学界存在很大的争议，但是研究者们大都认同缺乏自己的核心价值理念是民粹主义的一个特点。例如，英国政治学者塔格特认为民粹主义就是一种可以被任何政治力量所驱使的工具，因而提出了民粹主义"空心化"的观点。塔格特指出："民粹主义已成为进步的工具，但也是保守的工具；是民主主义者的工具，也是独裁者的工具；是左派政党的工具，也是右翼势力的工具。这种适应性源于民粹主义的'空心化'：民粹主义缺乏一种能为之献身的价值。其他思想意识，含蓄的也好，明了的也罢，在一定程度上都关注一个或更多的价值，如平等、自由和社会公正，然而民粹主义却没有这样的核心价值。这就是为什么民粹主义适用于各种不同的政治立场，又可依附于其他意识形态的原因。民粹主义的本来位置是作为一个形容词依附于其他意识形态之上，以此来填充自身的空洞无物。"② 简言之，民粹主义之所以能够很容易就变成左中右派各类政治力量均可随意驱使的政治工具，正是因为民粹主义所具有的这种"空心化"特点。所不同的是，各类政治力量迎合大众的手段会因国情而变，或激进或温和。2021 年日本民粹主义这种"空心化"的特点，也表现得非常明显。

考察 2021 年日本的社会思潮，如果仅依凭学界对欧美国家近年来激进、具有暴力破坏性的民粹主义行为的认知，或者可以说日本社会的确不存在具有这类特征的民粹主义。但是，如果结合 2021 年日本社会思潮的状况，从"大众迎合主义"这个层面来考察 2021 年的日本社会状况则会发现，自民党总裁选举，其实就如同日本野村综合研究所首席经济专家木

---

① 〔英〕保罗·塔格特：《民粹主义》，袁明旭译，吉林人民出版社，2005，第 2 页。
② 〔英〕保罗·塔格特：《民粹主义》，袁明旭译，吉林人民出版社，2005，第 5 页。

内登英所指出的那样，是一场不负责任的、民粹主义性质的选举。① 2021年是日本社会不同层面的政治选举格外频繁、集中的一年。从 2021 年 9 月开始至 2021 年底，自民党总裁选举（9 月 29 日）、日本内阁首相指名选举（10 月 4 日）、日本众议院大选（10 月 31 日）、立宪民主党党代表选举（11月 30 日）等中央层面重量级选举的集中举行，为"大众迎合主义"这个层面的民粹主义在日本社会的不断滋生和蔓延提供了机遇和活跃的舞台。在每一次选举中，无论是极左还是极右的政治势力，为了赢得选举胜利，都会处心积虑地迎合日本大众，导致工具层面的民粹主义在 2021 年日本社会思潮中表现得格外突出。

对此，日本的主要新闻媒体都有过不同程度的批判。例如，《朝日新闻》2021 年 10 月 6 日朝刊发表评论文章称，无论是此前自民党总裁选举时各位候选人的竞选公约，还是众议院大选时执政党以及旨在抗衡自民党的在野党公布的选举公约的民粹主义性质均极为明显，都极其不负责任地迎合大众宣称要大规模增加预算、减免税收和向国民发放救济金等，这种景象着实令人担忧。② 2021 年 10 月 31 日众议院大选后，日本政府对各政党竞选公约进行了内部分析，《周刊朝日》2021 年 11 月 12 日发表独家报道文章称，该杂志编辑部从政府相关人员那里弄到了这份内部资料，该资料认为各政党的竞选公约都是民粹主义公约，而且漏洞百出。③ 学界对日本民粹主义的关注，往往也仅停留在一些右翼政党、新兴小微政党或政治团体的竞选策略上，鲜见有关注岸田文雄竞选策略中所体现的民粹主义特点的研究，本报告拟将其作为典型案例，来解析工具层面的民粹主义在 2021 年日本社会的突出表现。

近年来，日本社会贫富差距不断扩大，很多人认为新自由主义改革是造

---

① 「衆院選にらみ、財政再建を語らぬ4 氏　自民党総裁選、識者『ポピュリズムで無責任』」、https：//news. yahoo. co. jp/articles/9810fc8b5781cfe07bf674888cd0ff386cd02246 ［2021-09-25］。

② 「ポピュリズム公約を憂う」、『朝日新聞』朝刊 2021 年 10 月 6 日、7 頁。

③ 「各党公約は『穴だらけだった』ワイド特集」、『週刊朝日』2021 年 11 月 12 日、109 頁。

成这一社会问题的主要原因。新冠疫情肆虐全球，使日本经济受到严重影响，从而使日本新自由主义改革措施的弊端更加凸显。新自由主义改革也就越发受到日本社会很多有识之士的关注和批判，被视为新自由主义标志性人物、作为自小渊内阁以来的日本自民党政权智囊的竹中平藏，不仅受到很多学者的严厉批判，而且遭到日本网民可谓口不择言的谩骂。也许是迫于这种来自有识之士与普通国民的批判压力，竹中平藏于 2021 年 12 月 17 日通过电话参加日本广播协会（NHK）早间广播节目"三宅民夫的每天早上！"之时辩解称："我不是新自由主义者，日本也根本不是新自由主义国家。"① 从网络评论来看，日本社会很多人完全无视竹中平藏的辩解，依然将其视为在日本推进新自由主义改革的罪魁祸首予以口诛笔伐，在日本这种近乎举国批判新自由主义的氛围下，第一大在野党立宪民主党及日本共产党等纷纷主张，无论在世界其他国家还是在日本，新冠疫情危机下新自由主义的种种弊端日益凸显，日本的当务之急就是要从根本上转换既往的新自由主义路线，呼吁日本要建设取代新自由主义的新社会，追求实现政府可以负责任地发挥相互扶助作用的共生社会，呼吁要把是否坚持新自由主义作为 2021 年众议院大选的焦点。虽然在日本政府内部，乃至在最大的执政党自民党内部，对于新自由主义改革方案也不乏反对批判之声，但将新自由主义路线明确作为众议院选举时政党政策理念抉择的焦点尚属首次。本来在野党以为找到了一个最能迎合民意，有利于与自民党在众议院大选时一较高下的理念，但令在野党失落的是，岸田文雄无论是在自民党总裁竞选时，还是在日本众议院选举公约中，都积极迎合日本社会民众的呼声，主张用"新资本主义"取代新自由主义使日本摆脱当前的困境，承诺要进行分配改革，实现更多的利润共享，缩小日本社会的贫富差距。从日本众议院大选结果来看，自民党依旧维持了绝对多数的议席。与之相对的，在野党立宪民主党获得的议席却大幅减少，其民众支持程度明显下降。日本众议院大选中执政党与在野党的选举

---

① 竹中平藏「私は新自由主義者でない」、https：//news. yahoo. co. jp/articles/00587b0510f5 03ca3f7913807d4ba260f3fd968d［2021-12-17］。

行为和结果，充分展现了民粹主义的工具性特点，同时也说明虽然任何一种政治力量都可以使用它，但只有经年积累的政治实力才有望将其工具性特点发挥到极致。

岸田文雄是第一个承认新自由主义是造成日本社会贫富差距原因的自民党总裁、首相。他在竞选自民党总裁时以及就任首相以后都一直非常明确地表示，日本采用新自由主义虽然也曾发挥过一定的作用，但其对日本社会造成的负面影响更大、更严重，必须在日本推行"新资本主义"来摆脱新自由主义。如何通过实现经济增长与公平分配二者的良性循环，来有效消除多年来新自由主义造成的贫富差距扩大化问题，是岸田新资本主义政策的核心内容。毋庸讳言，2021年众议院选举是在岸田刚刚就任首相无任何可评价的业绩的情况下举行的，虽然结果是岸田领导的自民党获得大胜，但是，这并不意味着日本民众对岸田文雄所谓"新资本主义"已经真正完全接纳和认同了。事实上，至今仍如很多日本人批评的那样，岸田所倡导的"新资本主义"还仅仅是一个空洞无物的政治口号。岸田内阁于2021年10月15日设立"实现新资本主义本部"后，截至2021年11月26日，仅一个多月内就连续召开三次例会，提出了一系列政策设想充实新资本主义的内容。岸田文雄在杂志《文艺春秋》2022年第2期还发表了专门文章，回应"新资本主义空洞无物"的批判，该文对新资本主义构想的主要内容做了进一步的阐述。① 遗憾的是，岸田的新资本主义专论文章不仅未收到预期效果，反倒引发一些经济评论家和学者的批评。如山崎元就很辛辣地批评说，岸田首相所倡导的"新资本主义"空洞无物，他根本就没搞明白什么是资本主义的本质。② 经济学家高桥洋一对岸田的文章进行了更详细的批评，指出岸田的文章在开篇就未能准确界定何谓新资本主义，基于错误

---

① 岸田文雄「私が目指す新しい資本主義のグランドデザイン」、『文藝春秋』2022 年 2 月号、94-106 頁。

② 山崎元「空っぽの『新しい資本主義』を掲げる岸田首相は『資本主義の本質』をわかっていない」、https://news.yahoo.co.jp/articles/1f98075bc0596db262d2fdbb1545bbbd5e c27af7［2022-01-15］。

的定义来撰写文章，也就谈不上有什么值得阅读之处了。① 恰如许多专家所指出的那样，岸田的"新资本主义"政策设想大多还只是一种政治愿景，欲将其付诸实践还面临很多难题。但不管怎样，从 2021 年 10 月日本众议院大选的结果来看，岸田文雄与在野党痛批新自由主义来迎合日本社会大众呼声的民粹主义竞选策略，无疑安抚了很多日本民众，令很多日本人对岸田内阁心存期待，这无疑非常有助于自民党俘获民心，赢得众议院大选。如果仅仅参照欧美国家近年来民粹主义的表现来考量，将一些人眼里善解人意、温文尔雅的岸田文雄界定为民粹主义者，恐怕很多人会一时难以接受，但是，如果是从"populism"的日语译词"大众迎合主义"的含义来解析其竞选公约的话，那么岸田文雄的诸多承诺可谓在不折不扣地迎合日本大众，即使不能认定岸田文雄为民粹主义者，但至少可以说岸田文雄将民粹主义作为一种政治策略，将其工具性特点发挥得淋漓尽致。

从岸田文雄的竞选公约的内容来看，其对民粹主义工具性特点的发挥主要体现在两个方面：一个体现在民众最为关心的经济发展等内政层面，另一个突出体现在对外政策方面。作为一种政治策略，从其针对的主体来看，岸田文雄既着眼于普通大众层面，积极迎合日本民众，亦煞费苦心地迎合自民党内议员，以期维持政权运营的稳定。这一点突出表现在其对华态度上。在自民党内，一般认为，岸田文雄作为宏池会派系的议员，属于温和派。但是，在自民党总裁选举和众议院大选时，岸田文雄为迎合党内右翼保守势力，多次发表强硬言论，向自民党党内的右翼保守势力示好，宣扬日本的安全环境正在变得日益严峻，承诺如能当选将推动修改国家安全和防卫战略，以加强应对日益增长的"地区威胁"等。赢得日本众议院大选后，在对极右翼保守政客高市早苗以及岸信夫等的人事任用方面，可以说也都是其出于避免被日本国内舆论批评为对华"示弱"的考虑，体现了非常浓重的民粹主义色彩。因此，从岸田文雄的竞选及当选过程来看，无一不昭示自民党内温和派意识

---

① 髙橋洋一「一行目から馬脚をあらわした 岸田首相の『文藝春秋』寄稿の笑止」、https：//news. yahoo. co. jp/articles/0a2cf33c74e40ae817711b1ba035cb28b90e31ff［2022 - 01 - 31］。

形态的式微。目前，一些舆论调查数据显示，日本国民对华情感有很大的波动，岸田政府为迎合日本国内对华舆论氛围，在军事安全、领土及海洋权益等方面一改此前相对稳健的对华政策，不时释放对立信号，明显地展示出强硬姿态。① 民粹主义所具有的强烈排外性特点在岸田的言行上可谓有了充分体现。岸田文雄对其这种迎合大众、迎合右翼政治势力的做法，如果不加以反省，最终恐将导致日本再度被右翼民粹主义引入万劫不复的歧途。

二 地方自治体层面的民粹主义有死灰复燃之势

日本国家层面的"民粹主义"因"小泉剧场政治"而受到关注，直至今天，虽然其表现形式有所变化，但实质上依旧存在，甚至无论左翼还是右翼的民粹主义都有增强的趋势。另外，近年来，东京、大阪与名古屋等地方自治体层面的民粹主义也受到关注。石原慎太郎、桥下彻、小池百合子、河村隆之作为既往及现任的行政首脑，是最具影响力的核心人物。这些人最初掀起民粹主义的主要意图是希望通过向公众发出煽情呼吁，在强化或提升个人及地方自治体的政治地位方面获得相对于老牌政客和其他既得利益者的优势。随着日本国内外政治形势的变化，石原慎太郎、桥下彻、小池百合子、河村隆之等开始探索如何联合起来，从地方政治中心逐步进入国家中央政治的中心以发挥更大的影响力。石原慎太郎与桥下彻合作建立的"日本维新会"是一个民粹主义色彩浓厚的政党，其在2021年日本众议院大选中再度高调复出，是日本地方自治体层面的民粹主义死灰复燃的征兆。

虽然日本维新会早已成为国会政党，但是，其地方色彩格外浓厚。实质上，很多日本人依然将"日本维新会"视为大阪这个地方自治体层面的民粹主义政党。日本维新会所属国会议员在2021年10月31日众议院大选前仅有25人，其中仅有的10位众议院议员中来自大阪的就有7人。2021年10月众议院大选使日本维新会众议院议员一下子飙升至41人，日本维新会再度高调

① 吴怀中：《从选举看日本政治生态流变与特性》，《当代世界》2021年第11期，第49~50页。

复出，令人感到日本地方自治体层面的民粹主义大有死灰复燃之势。不过，回顾日本维新会的发展历程则会发现，虽然在这次众议院选举中日本维新会取得了很好的成绩，但与在 2012 年的日本众议院大选获得 54 个议席时的巅峰状态相比，其作为第三极政治势力牵引者的力量依旧未能得到完全恢复。此次众议院大选后，一些日本维新会的负面新闻不时被报道出来，难免给其未来的发展埋下隐患。日本维新会的发展可谓大起大落，从每次大选的比例得票情况来看，2012 年众议院大选达到其发展的最高峰，在众议院选举中获得 1226 万张选票，随后就开始一路下滑，2014 年众议院选举减至 838 万张选票，等到 2017 年众议院选举时作为一个异军突起的所谓"第三极势力"已经衰退得令人惨不忍睹，仅获得 339 万张选票。① 作为在野党，日本维新会并未能发展成可以与自民党等老牌政党相抗衡的政治力量，恰恰相反，日本维新会与自民党的主要政治人物安倍晋三、菅义伟等联系密切，其他在野党常常因此讥讽日本维新会是自民党的补充势力。日本维新会在安倍晋三再次担任自民党总裁之前，还讨论过邀请安倍晋三担任日本维新会代表，日本维新会与安倍晋三的亲密程度由此可见一般。因此，有学者早在日本维新会成立之初就指出，"日本维新会，可以说其本质作用是促使日本政治右倾化，并以极端的主张冲击日本政治，进而成为牵引日本右倾化的'突击队'"。②

从日本维新会的发展态势看，其在 2021 年 10 月 31 日众议院大选前就已经式微，③ 很多人以为大起大落的日本维新会也极有可能与那些现代日本政治史上曾红极一时的新党一样昙花一现，④ 但其在 2021 年众议院选举再度高调复出，历史逆流的阴云笼罩日本政治的危险性再度引发人们的关注。

---

① 冨田宏治「維新政治の本質：その支持層についての一考察」、『住民と自治』2018 年 11 月号、19-22 頁。
② 〔日〕绪方靖夫：《"日本维新会"所产生的日本政治状况及其政治立场——作为右倾化"突击队"的作用》，《东北亚学刊》2013 年第 1 期，第 43 页。
③ 「結党 9 年、悩める日本維新　都構想は頓挫、『蜜月』菅政権は退陣」、『朝日新聞』2021 年 10 月 13 日朝刊「4 総合」、4 頁。
④ 〔日〕绪方靖夫：《"日本维新会"所产生的日本政治状况及其政治立场——作为右倾化"突击队"的作用》，《东北亚学刊》2013 年第 1 期，第 45 页。

随着日本国内外政治形势的变化，地方自治体层面的民粹主义并不满足于将其影响局限于地方自治体层面，而是一直在探索各种形式的联合，图谋进军国会。例如，早些年有备受关注的石原慎太郎与桥下彻的合作，而今现任地域政党"减税日本"党的代表、名古屋市市长的河村隆之又在蠢蠢欲动，2021 年 12 月 22 日，其在接受《朝日新闻》采访时称，准备在 2022 年初与日本维新会讨论合作之事，以整合地方民粹主义力量，使其对中央及地方政治发挥更大的影响。① 在世界民粹主义思潮泛滥的背景下，日本地方自治体层面的民粹主义表现出的死灰复燃态势值得人们高度警惕。

三　日本民粹主义新动向的成因

关于当今世界此起彼伏、涌动不息的民粹主义潮流的成因，很多研究将其归因于经济收入差距造成的贫富分化。既有研究亦表明，支持民粹主义政党的选民大都拥有相似的收入与教育背景，但因国家和地区不同存在差异。在欧洲和美国，支持右翼民粹政党的选民往往都是收入和受教育程度较低的男性，但这一研究发现这未必适用于其他地区。比如在拉丁美洲，民粹主义政党的选民也有来自许多其他领域的经济成功人士。此外，甚至"许多调查显示，一个人的社会经济状况与其对右翼民粹政党的支持之间通常完全没有相关性"②。这一对欧美等西方国家民粹主义成因的研究，对思考日本民粹主义的成因具有很重要的参考意义。日本学界、政界乃至普通大众，大多认为造成日本社会贫富差距的罪魁祸首是新自由主义，岸田更是意识到新自由主义是日本民粹主义的主要成因之一，并从重视分配入手纠正"安倍经济学"造成的贫富分化加剧。因此，笔者认为需要就新自由主义对日本社会造成的影响进行更加深入细致的剖析。

① 「維新と連携協議『年明けてから』河村氏が意向、参院選見据え」、『朝日新聞』朝刊 2021 年 12 月 23 日「2 社会」、28 頁。
② 〔德〕扬—维尔纳·米勒：《什么是民粹主义?》，钱静远译，译林出版社，2020，第 18～19 页。

　　首先，新自由主义政策造成日本贫富分化并导致民粹主义发展是不争的事实，但日本不同于欧洲和美国的是，支持右翼民粹政党的选民并不都是收入和受教育程度较低的人。日本前首相菅直人认为支持日本维新会的人都是被以桥下彻为首的日本维新会巧舌如簧蛊惑的低收入阶层者，① 但日本学者富田宏治通过对大阪府内支持日本维新会选民的详尽分析发现，日本维新会的支持者主要是经济收入位于中上层的所谓"人生赢家"，而非所谓"年迈者""穷人""病人"等社会弱者。② 日本学者川上哲通过对 2021 年 10 月众议院大选支持日本维新会的大都市选民的数据分析也发现，在东京都等大城市地区的日本维新会支持者也绝非低收入阶层者，而多是经济收入位于上层者。③

　　其次，新自由主义政治改革使首相处于主导地位，提升了首相个人权威，对于推动国家政治层面的民粹主义起到推波助澜的作用。日本民粹主义研究专家大岳秀夫在其于 2003 年出版的著作《日本型民粹主义》中称小泉纯一郎的民粹主义即"新自由主义型民粹主义"，④ 他还在 2006 年出版的著作《小泉纯一郎民粹主义的研究——战略与方法》中将日本民粹主义分为两类：一类是如田中角荣那种利益诱导型民粹主义；另一类是小泉纯一郎的改革型民粹主义。⑤ 由此可知，大岳秀夫主要是依据小泉纯一郎推行的新自由主义改革内容来概括其民粹主义特点的。其实，小泉纯一郎这种民粹主义色彩较重的首相的诞生，也正是推进新自由主义政治改革的结果。

　　新自由主义政治改革主要通过对选举制度的改革等极大地改变了"五五体制"时代的政治框架，自民党派阀分权体制、以执政党事前审查制度

① 「維新、立民・菅氏と応酬『低所得者層が支持』に反発」、『東京新聞』、https：//www.tokyo-np. co. jp/article/156756 ［2022-01-27］。

② 冨田宏治「維新政治の本質：その支持層についての一考察」、『住民と自治』2018 年 11 月号、19-22 頁。

③ 川上哲「2021 衆議院議員総選挙から何を読み取るか：今後の展望に向けて」、『住民と自治』2022 年 1 月号、30-33 頁。

④ 大嶽秀夫『日本型ポピュリズム：政治への期待と幻滅』、中央公論新社、2003 年、123 頁。

⑤ 大嶽秀夫『小泉純一郎ポピュリズムの研究：その戦略と手法』、東洋経済新報社、2006 年、6 頁。

为基础的强大执政党体制被极大削弱，与此同时强化了以首相为主导的顶层领导体制，这令日本的政治生态更有利于民粹主义政治家执政。当然，其弊端也是很明显的。恰如塔格特在其著作《民粹主义》中指出的那样，个人魅力型领导是民粹主义的一个发展方向，结果是制度和规则往往很容易被个人魅力型领导者的意志所代替，民粹主义者甚至不必去苦心构建制度层面的东西。民粹主义者喜欢"煽动大众"，正是源于他们对代议制政治中固化制度的抵制。因此，民粹主义者总是希望能够以一种避免复杂制度结构的方式来行事，他们对政治和制度的简单直接的向往，则会使其逐渐倾向于个人魅力型领导方式。① 近年来的日本政治生态，特别是安倍晋三内阁时期出现的森友学园问题等，可谓对塔格特上述观点的最好注脚。因此，也恰如日本政治学者野中尚人所指出的那样："以前的机制无论是好是坏，政府内部的议事规则都非常清楚。但官邸主导名义下若允许任何无规则情况，那就过头了。首相秘书官与辅佐官如何定位、内阁官房与内阁府内部以及各省的磋商机制使用什么规则建立起来、公文管理体制具体如何、政府决策能够在多大程度上对民众负责，这些问题不仅限于近年来的日本，对平成政治改革所造成的冲击与混乱也是巨大的。应该说，通过政治主导口号所开启的改革并未给执政制度带来新的体系。尤其值得一提的是，除非建立一种考量政治责任意义并切实确保的机制，否则普遍存在的政治不信任的根源将继续存在。"② 而推进新自由主义政治改革所导致的制度缺陷造成的政治不信任，正是催生日本民粹主义的真正根源。③

四　结语

通过对民粹主义潮流在世界各地涌现这个大背景下的 2021 年日本民粹

---

① 〔英〕保罗·塔格特：《民粹主义》，袁明旭译，吉林人民出版社，2005，第 137～138 页。
② 〔日〕吉见俊哉编著《平成史讲义》，奚伶译，东方出版中心，2021，第 62 页。
③ 大嶽秀夫『日本型ポピュリズム：政治への期待と幻滅』、「まえがき」、中央公論新社、2003 年、1—6 頁。

主义新动向及其成因进行简要分析，可以看到，2021 年，日本民粹主义并没有像欧美国家民粹主义表现得那样激进，但作为日本朝野各类政治势力迎合大众的政治策略，在 2021 年日本政坛的各类选举中表现得非常突出。2021 年，日本各地方自治体首长选举、国会议员补充选举等相对小型的选举不断，以及各个中央层级选举——从 2021 年 9 月开始至年底相继举行的自民党总裁选举、内阁首相指名选举、众议院选举、立宪民主党党代表选举，就已为民粹主义提供了大展身手的舞台。从极左到极右的各类政治力量纷纷利用民粹主义，在国家以及地方自治体层面跨越政治图谱同台竞演，凸显了 2021 年日本民粹主义的工具性特点。其中格外需要警惕的是，右翼民粹主义色彩较浓厚的日本维新会的强势复出，以及原本温和稳健的岸田文雄为了赢得选举而被右翼民粹主义裹挟所带来的负面影响。如果这仅是岸田为应对国会选举而采取的迎合日本大众、迎合右翼政治势力的暂时性政治策略，虽然其危害也很大但尚有补救措施。但是，如果岸田作为执政者优柔寡断而不知所止，结果完全被右翼民粹主义一路裹挟下去，那么这恐将进一步误导大众舆论，使中日两国国民感情不断恶化，日本社会亦会逐渐被引入歧途。

2021 年是日本偷袭珍珠港导致日美开战 80 周年。京都大学教授、东京财团首席研究员、日本近现代史专家筒井清忠在其著作《战前日本的民粹主义——奔向日美战争之路》中指出，当年日本在明知与美国国力悬殊获胜无望的情况下依然选择发动战争，就是当时的决策者被民粹主义裹挟导致的恶果。而且，筒井清忠还指出，在当代日本政治生态中亦可见战前民粹主义的阴影，他自 2018 年以来连续撰文呼吁不应再让民粹主义将日本社会引入歧途。[1] 面对百年未有之大变局，不同层面的认同危机亦正在逐渐成为民粹主义蔓延的原因，在今后推进中日两国互动的过程中，我们要注意把握时机和节奏，努力避免身份认同危机演变成日本民粹主义的重要推手。

（审读专家：胡澎、吴怀中）

---

① 筒井清忠『戦前日本のポピュリズム—日米戦争への道』、中央公論新社、2018 年。

B.7
中日关系：内外变局加剧下的范式调整

摘　要： 2021 年的中日关系总体呈现低开低走及震荡态势，拉起动力及行稳要素欠缺明显。菅义伟及岸田文雄内阁围绕人权外交、军事转型、经济安全、台湾问题、"岛海"争端等的涉华政策，进一步激化了双方的矛盾，增加了摩擦。除了个人执政与党派因素外，这种变化的深层背景及成因缘于结构性作用力，即日本对华政策及中日关系正发生深刻的"范式之变"。当然，同时也要看到，两国关系在逆势困境之下亦缓慢恢复及发展，双方经济合作逆势增强，外交领域对话不断，经济文化交流和多边合作也在持续开展。中日应珍惜和维护两国关系来之不易的改善发展大局，不受国际形势变化干扰，共建契合新时代要求的健康稳定关系。

关键词： 中日关系　日本外交　政权更替　战略竞争　范式变化

　　2021 年的中日关系在挑战与困境中艰难缓步前行，全年呈现低开低走、震荡难稳的基本态势。一方面，日本不断炒作和激化两国"岛争"矛盾，介入南海事务，渲染所谓"中国威胁"并在地区和国际上构筑对华包围圈，在涉港、涉疆特别是在台湾问题上干涉中国内政，挑战中国底线，对中日关系造成很大的负面影响。另一方面，两国贸易投资合作在疫情下

---

* 吴怀中，法学博士，中国社会科学院日本研究所副所长，研究员，主要研究方向为日本政治、外交及安全防卫、中日关系等。

逆势增长，文体交流和多边合作亦有所恢复或推进，日本也不断表示中日关系是"最重要的双边关系之一"。这种两面性凸显了当前日本对华政策的矛盾性与复杂性。

菅义伟政府主导了2021年四分之三时期的日本外交政策，这期间中日关系持续下跌震荡，退步较为明显。岸田新政府上台后，尽管中日关系出现一些互动契机，却面临更大的艰巨挑战。尤其在百年未有之大变局深刻演进、中美关系恶化加剧背景下，受疫情因素驱动，日本战略上倒向美国趋向明显，在重大敏感问题上消极动向频仍，对华转用对抗性策略的一面显著企高。当然，岸田在延续前任政策的同时，也试图展现自主特色和彼我温差，力图选择一种多向对冲的混合政策。但遗憾的是，至少到2021年结束之时，岸田不但在改善中日关系上缺少担当和作为，而且在恶化两国关系上推波助澜、日显激昂。在当今全球形势深刻复杂变动下，中日应珍惜和维护两国关系来之不易的改善发展大局，妥善处理分歧和矛盾，增进互信与合作，努力共建契合新时代要求的中日关系。

一　全年关系呈现低开低走及不稳态势

由于菅义伟面临"党高政低"的政治局面，政策行动受"亲美派"官僚及党内强硬派牵引擎肘，放任国内右翼保守势力鼓噪"中国威胁"，因而其在对外关系上缺乏平衡性，紧随美国步伐加大对华制衡力度，缺乏主动与中国高层开展积极互动的意愿，围绕人权外交、"岛海"争端、台湾问题等更是频频发难，阻碍中日关系的发展。中日关系在日本对华负面政策的影响下不断面临滑坡危险。

岸田数年前在外务大臣任上曾赢得"鸽派"名声，但上台执政后一改之前"温和"做法，调整昔日立场，加入日本对华"鹰派"合唱行列，对华采取更加自信的强硬政策。岸田上台执政不久即提出由三大支柱构成的"新时代现实主义外交"，即"珍视自由、民主主义、人权、基于法治等价值观和原则"，"积极应对包括气候变化和实现全民健康在内的全球性课题"，"坚决守护国民生命与生活的努力"。其核心内容实际上就是致力于实现"自由与开放的印太"，以日美同盟为基石，进一步加强日美印澳合作，并努力与欧洲、东盟等伙伴携手，应对中国的快速发展。[①]

总体上，菅义伟与岸田在 2021 年是继续沿着安倍设定的道路即"安倍路线"前行，与此前的日本对华政策旧原则保持明显的连续性。这体现在针对中国的人权外交、国防军事转型、经济安全保障、敏感争端处理等几个方面，其结果是使中日关系的"新时代"意涵变成了一个很大的疑问。

（一）突出对华"人权外交"

美欧对华"人权外交"的沉渣泛起，使日本嗅到可用之机。为增加对中国的博弈筹码，达到关系"再平衡"，日本把价值观外交与意识形态工具作为对抗手段，强化对所谓"威权国家"的舆论攻击，树立自身在国际社会的道义高位与正面形象。为此，日本着力将价值观打造成身份标签，推动建立"民主国家同盟"，扮演亚洲的人权与民主旗手，在涉港、涉疆问题上干涉中国内政，打造对华外交包围圈。

菅义伟政府强调要基于共同"民主价值观"与美澳印、欧盟、东盟等开展涉华合作。2021 年 3 月以来，日本通过日美印澳"四边机制"（QUAD）及日美外长、防长"2+2"会谈共同声明，不断就涉港、涉疆"人权状况"表达"严重担忧"。4 月，日美首脑会谈发表的联合声明对涉港、涉疆"人权状况"表示"严重关切"，承诺推进共同价值观合作。4 月 5 日，在中日外长会谈中，茂木敏充就涉疆、涉港问题表达"深刻担忧"，强烈要求中国采取具体措施。5 月，日本通过 G7 外长会，重申对华"人权状况"关切。

2021 年秋，在宣布竞选自民党总裁后，岸田呼吁开展更有力的对华人权外交，并表示支持采取国家政策层面的行动。9 月，其就任首相后，作为

---

① 首相官邸「第二百五回国会における岸田内閣総理大臣所信表明演説」、https：//www. kantei. go. jp/jp/100_ kishida/statement/2021/1008shoshinhyomei. html［2021-12-30］。

"新时代现实主义外交"的核心，一再强调"决心全面捍卫自由、民主、人权和法治等价值观"的承诺，并坚定"履行"竞选承诺，增设人权问题首相助理一职，由前防卫大臣中谷元担任。这是日本涉华"人权政治"取得的一项突破性发展，表明日本将持续关注涉华人权议题并采取强硬立场。岸田还指示中谷要与外务大臣和经济产业大臣密切合作，与美国等其他同盟国一起在国际上"增强人权意识"。中谷曾在4月牵头成立"跨党派人权外交联盟"并担任会长，积极主张有必要制定所谓日本版"马格尼茨基法案"。10月27日，在东亚峰会上，岸田又以涉港、涉疆"人权"问题为由提及中国。① 岸田内阁与美国拜登政府在人权问题上密切配合，在涉华"人权"问题上已比其前任走得更远。事实是，2022年2月1日（中国农历大年初一），日本众议院就踩点通过一项诋毁中国人权的"涉华决议案"。②

（二）加速军事安全政策转型

在美国的强烈要求及自身需求的推动下，后安倍时代的日本安全政策很难发生方向性的变化，并在菅义伟和岸田的推动下加速前行。

安倍内阁在2020年出人意料地取消了陆基"宙斯盾"系统部署计划，引发了日本是否应该通过获得对敌攻击能力来增强其防卫力量的激烈辩论。其结论是进一步推进军事领域的"正常化"与"攻击转型"，形成新形势下的有效威慑和反击军力。2020年12月，菅义伟主导做出日本自主研制防区外发射导弹（stand-off missile）的内阁决议，③ 明确了谋求更进一步的远程攻击能力的方针。

其中，尤其令人关注的是，以军事发展路线转变为集中体现的日本国家

---

① 「首相『経済的威圧に強く反対』　中国念頭、EASで言及』、日経電子版、https：//www.nikkei.com/article/DGXZQOUA27DUA0X21C21A0000000/ ［2021-12-30］。

② 《外交部发言人赵立坚就日本国会众议院通过涉华决议答记者问》，中国外交部网站，http：//newyork.fmprc.gov.cn/web/fyrbt_673021/dhdw_673027/202202/t20220201_10638099.shtml ［2021-12-30］。

③ 首相官邸『新たなミサイル防衛システムの整備等及びスタンド・オフ防衛能力の強化について』、https：//www.kantei.go.jp/jp/content/000075220.pdf ［2021-12-20］。

战略的蜕变。日本的国家发展路线以安全战略的调整为先导，正在加速蜕变，而安全战略的转型又以渲染和利用"中国威胁"为突破口。当前日本的军事发展及其力量——高新军力建设、新型战力生成、军事部署调整等，基本都针对中国而来。2021 年 7 月日本发布的《防卫白皮书》就包含了涉华议题及干涉中国内政的内容。①

岸田政府正领导一场关于改变日本国防态势的积极讨论。作为施政报告的第二要务，岸田表示：将大胆增强日本的防卫能力，承诺将考虑所有选项，包括获得攻击敌人基地的能力，以在严峻的安全环境中保护日本。② 岸田政府还在推动日本重新审视防卫态势，包括公开争取获得远程导弹打击能力等进攻性战争工具，以及大幅增加防卫预算，例如 2021 年 11 月批准了68 亿美元的创纪录的补充防卫预算等。

（三）力推经济安全保障政策

这种政策取向早在安倍执政时期就已开启。日本政府的担忧来自日本经济实力和技术优势的下降，"经济安全"在东京政坛已成为一个流行词，但目前在日本国内的相关辩论中"政治正确"先行，很少关注国家安全的模糊性和争议性。菅义伟内阁加大重视力度并提出讨论日本的经济安全保障议题，例如高科技交流设限、战略产业转移、规则和标准竞争等。在高科技领域追随美国加强对中国的阻隔与壁垒，在一定程度上加快脱钩趋势，在菅义伟执政时代已成为保守政治集团的一种政策共识。2021 年 9 月 5 日，菅义伟在接受采访时强调"要重新认识依存于特定国家的产业链体制"，以国家安全保障局为中心继续研究相关对策。③ 这也意味着，菅在继承并发扬安倍内阁推进的包括产业链重组等在内的经济安全保障方针与思路。

---

① 防衛省・自衛隊『令和 2 年版防衛白書』、http：//www. clearing. mod. go. jp/hakusho_ data/2020/pdf/index. html ［2021-12-20］。
② 首相官邸「第二百五回国会における岸田内閣総理大臣所信表明演説」、https：//www. kantei. go. jp/jp/100_ kishida/statement/2021/1008shoshinhyomei. html ［2021-12-20］。
③ 「菅首相　最後のインタビュー『国家安全保障戦略や防衛大綱、中期防の見直しに着手する』」、文春オンライン、https：//bunshun. jp/articles/-/48567 ［2021-12-20］。

岸田认为保障日本经济安全是其执政的关键优先事项，在竞选自民党总裁期间，其表示要制定"经济安全保障推进法"；在首次施政演说中，岸田重申要推进经济安全保障等新时代的课题，并在内阁中新设经济安全保障担当大臣一职。其执政后，经济安全成为政策性招牌并加速落地走实。在接受《日经亚洲》采访时，岸田表示会在聚焦经济的同时保护日本的地缘政治利益。① 2021 年 11 月 19 日，岸田内阁成立"经济安全保障法制准备室"。岸田政府的经济安全保障主要内容包括强化国家对尖端技术研究开发上的支持，在供应链上强化半导体及稀土等重要物资在国内的生产，不准许使用对国家安全有风险的某些国家的产品，重要发明内容在申请专利的时候可以不公开等。

岸田上任后推动的三大重要举措是：首先，快速设立经济安全保障担当大臣这一新的内阁职位，负责解决从网络安全到供应链和芯片等相关的问题，协调政府减少对华依赖以及保护关键基础设施；其次，引导自民党和政府内部探讨并推动国会通过"经济安全保障推进法"；最后，寻求日美联手打造"新巴统"机制，聚焦技术投资、供应链合作以及对华科技产品出口限制等事项，此即体现在 2022 年 1 月日美首脑会谈宣布新建经济"2+2"会议机制——"日美经济政策磋商委员会"这一动向上。岸田的"经济安保牌"显然主要针对中国而来。在中美战略竞争之际，通过经济安全保障战略，岸田政府在为经济上的"抗华"做出更具体的规划。在日本，推动涉华经济安全政策的支持者并不一定主张与中国经济脱钩，但这种想法及思路已严重削弱其国内主流政治势力全面均衡思考中日关系的能力。

（四）挑动台湾问题成为突出矛盾

在配合美国联合应对中国的战略规划下，中国台湾问题成为日本的重要政策抓手。菅义伟内阁在涉台问题上不断出格越线，不但通过"打擦边球"方式发展对台关系，还触碰"安全""军事介入"等敏感事项，对台海局势

---

① "Countering China Is Top Priority for Japan PM Contender Kishida," *Nikkei Asia*, https：//asia. nikkei. com/Editor－s－Picks/Interview/Countering－China－is－top－priority－for－Japan－PM－contender－Kishida［2021－12－30］.

公开表示所谓"关切"。日本公开发布的政府文件，例如 2021 年版《外交蓝皮书》将中国台湾定位为"极为重要的伙伴"①；2021 年版《防卫白皮书》首次将台湾从"中国章节"抽离，放入新设的"美中关系"章节中单独加以介绍，公然提出"台湾局势对日本的安全和国际社会的稳定十分重要"②，把台海纳入了日本安全保障的关注范围。

2021 年 3 月 16 日，日美举行外交、防务"2+2"会议，会后，双方将台海情势相关内容纳入联合声明，宣称要提升"台海和平与稳定的重要性"，实际上就是尝试将台海问题国际化。4 月 16 日，日美首脑会谈后发表的联合声明也提到台湾海峡和平稳定的重要性、促进两岸问题的和平解决，打破 52 年来日本在台湾问题上的"传统"，导致菅义伟政府在中日关系上留下了特殊的负面资产。③ 5 月 6 日，G7 外长会发表的联合声明强调"台湾海峡和平稳定的重要性""促进两岸问题和平解决"，④ 基本沿用了 4 月日美首脑联合声明的内容。5 月 27 日，日欧领导人峰会发布的联合声明也着力强调台海和平稳定的重要性，这是日欧领导人首次在联合声明中提及中国台湾问题。

日本高官政要频繁就台湾问题发表负面言论。2021 年 4 月 7 日，菅义伟首相在接受富士电视台采访时，就台湾问题公开表示，要在日美携手不断提升威慑力的背景下创造和平解决台湾问题的环境。7 月 5 日，日本副首相麻生太郎宣称，如果中国大陆武统台湾，日本可视之为"新安保法"规定的"存亡危机事态"，将行使集体自卫权。防卫大臣岸信夫则表示台海两岸

---

① 外务省「令和 3 年版外交青書」、https：//www.mofa.go.jp/mofaj/files/100181433.pdf［2021-12-30］。

② 防衛省「令和 3 年版防衛白書」、https：//www.mod.go.jp/j/publication/wp/wp2021/pdf/wp2021_JP_Full_01.pdf［2021-12-30］。

③ 「日米首脳会談 『台湾』明記の意義は重い 同盟の抑止力高める行動を」、産経新聞電子版、https：//www.sankei.com/article/20210418-T6PMCSEZ4JPBXFMIIQ5B34SEZA［2021-12-20］。菅义伟也意识到台湾问题在中日关系上的重要性，日美首脑联合声明发表后的 4 月 20 日，菅义伟在接受议员质询时强调日本不会军事介入台海冲突，但日本并未采取止损措施。

④ 「G7 外相、『台湾海峡の平和と安定』強調 日米に同調」、日経電子版、https：//www.nikkei.com/article/DGXZQOGR053X90V00C21A5000000/［2021-12-14］。

的军事平衡大幅向中国大陆倾斜，差距每年都在扩大，日本对台湾问题持续密切关注。日本还试图迂回发展与中国台湾的关系，菅义伟在内外多个场合表示支持中国台湾以观察员身份参与世界卫生大会。日本还积极推动中国台湾参加国际组织。①

岸田政府登台后并未停止或放缓在台湾问题上干涉介入的步伐。10月11日，岸田在众议院代表质询中表示，将在维持非官方的关系基础上进一步深化"日台"合作和交流，表示将关心、关注台湾的局势。11月13日，日本外务大臣林芳正与美国国务卿布林肯举行首次电话会谈，就台湾海峡和平与稳定的重要性达成所谓共识。

（五）刺激海洋及领土争端持续发酵

日本全年不断炒作、渲染所谓的中国"海洋威胁"等，制造钓鱼岛争端紧张氛围，利用大国战略竞争将中日涉岛涉海争端进行国际化和多边化，同时积极介入南海问题，对华进行地缘政治多向牵制。

2021年1月28日，菅义伟与上台后的拜登举行首次电话会谈，拜登允诺向日本提供包括核保护伞在内的"延伸威慑"，表示《美日安保条约》适用于钓鱼岛。3月16日，美日外交、防务"2+2"会议联合声明及4月17日菅义伟访美期间发布的美日首脑联合声明更是将承诺落实到书面上。日本政府在国际多边场合谈及中国议题时几乎言必称钓鱼岛或东海，并特别注重利用"四边机制"框架争抢国际话语权。在两次四国首脑峰会上，日本均强调在东海、南海问题上强烈反对单方面尝试改变现状，推动会议各方在联合声明中强调通过合作应对所谓"东海、南海以规则为基础的海洋秩序面临的挑战"。2021年4月，日本2021年版《外交蓝皮书》将中国在东海、南海正常巡航等涉海行动表述为"已成为包括日本在内的地区和国际社会

---

① 《日本高官称"保卫台湾"！台海问题上，日本不再局限于"动嘴"？》，搜狐网，2021年7月6日，https：//www.sohu.com/a/475864122_120504280［2021-12-10］。

在安全保障上的强烈关切（事项）"①，而 2020 年版《外交蓝皮书》的相关表述则是地区和国际社会共同的关切事项。7 月 13 日，日本发布 2021 年版《防卫白皮书》，继续就中国军力发展等议题发表负面言论，并在多个场合呼吁联合盟友对中国军队进行防范和遏制。② 从 2021 年 5 月开始，日本与美国、法国、英国、德国等国家在西南群岛方向不断举行联合军演，演习科目除了所谓"巡航执法"外，还罕见地包括城市巷战、登陆作战等。

2021 年 2 月，中国颁布施行海警法后，日本对此不断炒作和攻击。2 月 8 日，菅义伟在众议院预算委员会会议上表示无法接受"中国在东海和南海海域加剧紧张局势"。日本海上保安厅长官奥岛表示为应对钓鱼岛海域形势，在国际法允许的范围内不排除使用武器。日本政府随后扩大解释《海上保安厅法》，称对于以登陆为目的而"侵入"的外国公务船和军舰可实施"危害射击"。防卫相岸信夫在预算委员会会议上表示，自卫队将在海上保安厅难以应对的情况下进行应对。

岸田政府在领土争端上依然保持强硬姿态。2021 年 10 月 20 日，在中国海警局公务船在钓鱼岛海域正常巡航后，日本政府立即将首相官邸危机管理中心的情报联络室升格为官邸对策室。在 10 月举行的东亚峰会及东盟峰会上，岸田也发表了不少不利于发展中日关系的言论。③

二　背景及成因：日本对华关系"范式之变"

决定日本近年来对华政策的结构性作用力，并非出自个人、党派或哪届政府这样的单独因素。事实上，菅义伟和岸田上任初期在对华关系上曾做出不同程度的理性表态，发出温和信号。在中美竞争趋势尚未缓和的大背景

① 外務省「令和 3 年版外交青書」、https：//www. mofa. go. jp/mofaj/files/100181433. pdf［2021-12-30］。

② 防衛省「令和 3 年版防衛白書」、https：//www. mod. go. jp/j/publication/wp/wp2021/pdf/wp2021_ JP_ Full_ 01. pdf［2021-12-30］。

③ 「東シナ海での日本の主権を侵害する行為が継続している＝岸田首相」、ロイター、https：//www. reuters. com/article/asean-summit-japan-china-idJPKBN2HH2IR［2021-12-30］。

下，菅义伟和岸田政府仍试图在外交和安保方面保持甚至强化对"安麻路线"的延续。因而，要看清菅义伟和岸田内阁对华外交的特质和深层规范，还需将其置于时代背景加以观察分析。

以宏观视野观察，可以发现更大的结构性原因及其规范作用，即日本对华认知及政策在近几年发生了难以逆转的范式变化，双方的基本相处之道、过去公认的共识基础正发生某种深刻的变化，日本在对华战略性上有了明显偏离过去的表现。这不会因为政府换届、领导人（执政团队）更替而发生根本性的变化，其目的实现程度和做法会有差别，但方向难以产生颠覆性改变。这体现在军事、经济与政治三大方面，并对中日关系造成巨大冲击。

第一，日本涉华军事安全政策与中日安全关系之变。这集中体现在日本加速国防战略转型、疾步迈向军事现实主义方面。（1）盯瞄军事前沿与高新边疆，小步疾走，进行跨域多维军事力量建设。（2）发展远程打击能力尤其是导弹攻击力量，军力转型逐步就位。（3）对西南岛链逐步实施"军事要塞"化，无缝围堵中国海空力量前往大洋。（4）日美举行外交、防务"2+2"会议，启动协商"台湾有事"应对举措，制订军事应变计划。（5）以上各点正被日本官方讨论并将直接或间接地体现在新的政府战略文件中，尤其集中反映在 2022 年底修订出台的"安保三文件"里。

第二，日本经济安全政策与中日经贸关系之变。面对中国日益增强的经济影响力和日本相对下降的产业竞争力，日本对华经济安全策略已在大幅改变，日渐倾向于从国家安全乃至泛安全化的角度看待中国的经济竞争及中日经贸关系。在此问题上，日本有自己的认识及危机感，也面临美国的相关压力。近年来，日本政府将经济安全保障列为治国理政的优先目标，岸田内阁继承前任路线并将维护国家经济利益作为执政的首要事项，着力推动国会通过"经济安全保障推进法"。日本政府此举与其着力推进的地缘经济竞争即"印太"构想的经济组成部分紧密挂钩，还伴有寻求建立日美"新巴统"、日美欧三边共谋世界新经贸格局和秩序的意图。这些举措的最重要目标是通过"小院高墙"及对华广泛竞争，保护高新技术、产业链供应链以及关键基础设施。20 世纪 80 年代以来正向互补的中日经贸关系，由此可能面临大幅变化，对其处理不当则有造成中日关系根基发生动摇的可能。

第三，重大敏感问题政策及中日政治关系之变。随着对华博弈加剧、烈度上升，日本打开了之前基本禁用或顾忌的"工具箱"，公然干涉中国内政，从内部进行对华反制。这意味日本的国内政治或"政争"将对中日关系产生越来越大的直接影响或干扰。这集中体现在日本处理人权外交与台湾问题上的姿态变化。（1）日本在人权问题上长期以来持比较谨慎的态度，不愿对华采取过于强硬的立场。但从2020年"涉港"开始，日本渐趋采取强硬立场，令本已艰难的中日关系再度降温。岸田执政后在政府层面更进一步，2021年在内阁系统内设立了人权顾问新职位。（2）2021年4月，日美首脑会谈首次在冷战后提及台湾问题，日美开始酝酿军事介入台海对策，日本对华政策更具对抗色彩。

以上局面形成的主要缘由，盖因日本的对华认知出现了如下四点重要偏差。目前来看，这些结构性的因素在中短期内很难发生根本变化，因而，从菅义伟到岸田执政，日本政府即便换届或交替，日本对华政策却不太可能发生重大改变。

第一，中国作为"崛起国"损害了"守成国"日本的利益和安全。日本近年的诸多官方文件，例如《外交蓝皮书》《防卫白皮书》以及政府各部门拟定的形势分析报告等，每年都在持续高调反复渲染地区安全环境险峻，尤其将中国的快速发展作为"风险"与"威胁"加以高度戒备。其中，既有价值观、意识形态等的认同方面的原因，也有安全与经济利益等实际问题在发挥作用。

第二，需要依靠日美同盟并运用"日美+X"合作形式，联合广泛力量应对中国的快速发展。2021年拜登就任后，菅义伟和岸田内阁对其积极主动拉拢塑造，促推美方调整政策，将双方的同盟打造为对华制衡的"硬核基础设施"。将美国"拴留"在亚太，使美国深度介入地区事务，是日本对外大战略的核心要义和关键"构件"。为此，日本谋划利用形势甚至创造条件，包括激化台海局势、配合美国经济安全战略及价值观外交等，主动创造条件"留美用美"等。

第三，从全球形势、中美关系看，2030年之前被认为是对华压制的窗口期与机遇期。根据对各种信息及材料的研判可知，日本政府认为，中美战略竞争已呈现长期化、尖锐化、全面化的总体趋势，中美之间存在难以逆转的结构性矛盾。同时，大约在2030年之前，日美或日美欧即西方整体对华具有较大的综合优势，联手协调将能应对中国快速发展造成的巨大冲击和困难局面。

第四，根据经验，对华博弈的经济代价大体可以预计并承受。近年来，日本政府一直在"安全关切"与"经济联系"之间寻找平衡，不断表示要维持正常的中日经贸关系。新冠疫情暴发以来，中日政治紧张关系，并没有导致这种微妙的平衡态势被（大幅）打破，两国贸易额或日本对华出口规模均呈现稳中有升甚至再攀新高的局面。

三 逆势困境下双边关系亦有缓步发展

中日关系尽管总体上在2021年处于下滑通道，但仍可以看到，双方之间的经济合作逆势增强，外交领域对话不断，经济文化交流和多边合作也在持续恢复开展。两国关系中的韧性因素仍然存续并在发挥作用。

2021年1月18日，菅义伟在第204届国会上的施政演说中表示："稳定的日中关系不仅对两国，而且对地区和国际社会都非常重要。尽管两国之间存在各种各样悬而未决的问题，但我将充分利用高级别往来的机会，在切实表明我国意见的同时，力求对方采取具体行动。在此基础上，将为解决各类共同的问题开展合作。"[1] 菅义伟还多次表示"不会构建对华包围圈""和中国建立稳定的关系至关重要"。[2]

岸田继9月赢得日本自民党总裁选举后，在10月4日当选日本第100

---

[1] 『第二百四回国会における菅内閣総理大臣施政方針演説』、首相官邸ホームページ、http://www.kantei.go.jp/jp/99_suga/statement/2021/0118shoshinhyomei.html［2021-12-20］。

[2] 「首相『対中包囲網作らず』」、日経電子版、https://www.nikkei.com/article/DGXZQOUA17D5E0X10C21A6000000/［2021-12-20］。

任首相。习近平主席在 4 日致电祝贺岸田当选，强调"双方应该恪守中日四个政治文件确立的各项原则，加强对话沟通，增进互信合作，努力构建契合新时代要求的中日关系"。同日，李克强总理也致电祝贺岸田当选，表示"双方应该维护政治共识，加强交流合作，推动两国关系沿着正确轨道健康稳定发展，共同迎接明年中日邦交正常化 50 周年"①。8 日，习近平主席应约与岸田通话，双方认为"此次对话十分及时、十分重要，同意继续通过各种方式保持互动沟通，为两国关系正确发展指引方向"。岸田强调，日中关系正在迈入新时代，日方愿同中国一道，共同努力构建契合新时代要求的建设性的、稳定的日中关系，通过对话管控分歧，继续加强经济合作和民间交流，就抗击新冠疫情、气候变化等重要国际地区问题密切沟通合作，并期待北京冬奥会顺利召开。② 可以说，中日高层的此次互动比较顺畅。11 月 18 日，日本新任外务大臣林芳正与中国国务委员兼外长王毅举行电话会谈，表示为解决悬而未决的问题展开对话与磋商，并就迎来日中邦交正常化 50 周年借机推动经济和人员交流达成一致，双方还商定在经济领域推进对话和工作层面的合作。③

岸田当选后的部分公开言论也在一定程度上发出缓和中日关系的信号。其提出，与中国打交道要遵照三个原则：说该说的话（直言不讳），敦促中国采取负责任的行动，在共同关心的问题上进行合作。其还多次表示，中国在经济、安全方面正成为"全世界的重要存在"，必须以"现实主义"与中国打交道，继续摸索稳定的对话接触与关系构建。④

岸田作为日本战后任期最长的外务大臣，具有较多对华外交经验，上任

---

① 《习近平致电祝贺岸田文雄当选日本首相　李克强向岸田文雄致贺电》，环球网，2021 年 10 月 4 日，https：//china. huanqiu. com/article/452F2Cqnnzx［2021-12-20］。

② 《习近平同日本首相岸田文雄通电话》，央广网，2021 年 10 月 8 日，http：//china. cnr. cn/gdgg/20211008/t20211008_ 525627021. shtml［2021-12-20］。

③ 《王毅同日本外相林芳正通电话》，中国政府网，2021 年 11 月 19 日，http：//www. gov. cn/guowuyuan/2021-11/19/content_ 5651792. htm［2021-12-20］。

④ 「岸田首相、中国に『主張すべきは主張』『共通課題は協力』…参院代表質問」、読売新聞オンライン、https：//www. yomiuri. co. jp/politics/20220120-OYT1T50113/［2021-12-10］。

后多次表明重视中日高层沟通对话。岸田的政治盟友林芳正一度被日媒贴标为"亲华派"人士，其在担任外务大臣后亦多次强调对华构筑稳定关系的重要性，表示日中关系对两国以及地区与国际社会的和平与繁荣都日显重要。岸田对改善对华关系显得动力不足，但其意识到中日之间需要维持基本稳定和沟通渠道，为此也不时与安倍等右翼保守派的反华施压展开微妙的政治博弈。考虑到日本国内外的环境与挑战，岸田选择的是一种混合策略，将威慑和对话结合起来，在对华抗衡、对峙的同时，保持对话渠道的存在。比如，岸田并不想以"人权"的名义与中国彻底闹翻，上任以来对推动制定日本版"马格尼茨基法案"并不热心，表示其政府不会采纳任何重要的新人权立法。又如，针对美欧国家以人权为由对北京冬奥会进行外交抵制，岸田政府派遣奥运官员而非政府官员参加的做法，也意在安抚美国并在日美中三方关系中取得基本外交平衡。

同时，最基本的是，菅义伟和岸田的外交政策议程首先需要服务于内政优先事项和"民意"工程，两人须在他们的经济振兴抱负和地缘政治志向之间取得平衡，采取务实姿态与策略应对"中国的挑战"。中国作为日本的最大贸易伙伴，对日本经济的复苏与发展至关重要，至少短期内日方不太可能找到关键替代者。例如，如果不对华采取促进稳定和贸易发展的务实方式，避免不必要的冲突，就很难想象岸田能兑现标榜促进更公平的增长与再分配的日式"新资本主义"这一承诺。因而，菅义伟和岸田即使甚为重视经济安全保障，也不得不认识到维护对华正常经贸往来的重要性，认为应该实施与美国有所区别的相关政策。

菅义伟和岸田面前展现的是不争的强大现实，即中日经济深度融合，联系密切，长期以来，双方互为重要的经济伙伴，日本在中短期内很难摆脱对中国市场的依赖。中国经济较早摆脱疫情影响并实现快速恢复和稳步增长，中日经贸合作在疫情之下逆势增长，并加深了两国相互依存的经济关系，这表明双方经济关系具有强大的弹性和韧性。2021 年，日本疫情反复不定，多地多次进入紧急状态，经济受到严重冲击，内需疲软乏力，其国内生产总值（GDP）在 2020 年萎缩了 4.8%，2021 年 GDP 增长率也仅为 1.7%。然而，即便在疫情期间，日本对华贸易额也并未出现明显降长，两国贸易额占日本贸易总额的比重甚至创下历史新高。正是得益于中国市场的拉动，日本出口快速恢复，出现了连续增长的好势头，对提振日本经济发挥了很大的作用。对华出口方面，日本的汽车及汽车零配件产业、半导体制造设备及相关零部件等的出口出现了明显的增长。① 数据表明，日本对华贸易依存度不断提高。日本财务省在8月18日发表的数据显示，7月，日本对华出口额同比增长18.9%，达到1.58万亿日元。8月的数据则显示，日本对华出口额同比增长12.6%，达到1.42万亿日元。截至9月，日本对中国出口额连续15个月保持同比增长，中国继续保持日本最大出口市场地位。中国商务部统计数据表明，2021年1~12月，中日贸易总额达到3714亿美元，同比增长17.1%。其中，中国对日本的出口额为1658.5亿美元，同比增长16.3%；中国自日本的进口额为2055.5亿美元，同比增长17.7%。②

中日政治、外交层面的工作交流也在逐步恢复。双方定期就海洋事务进行沟通，有助于管控分歧、防止战略误判，共同维护区域的和平与稳定。2021年，中日海洋事务对话继续得以举行。1月20日，中日通过视频方式举行海洋事务高级别磋商团长会谈，讨论了包括钓鱼岛问题在内的东海局势。双方强调，全面落实领导人共识和四点原则共识，加强中日海洋事务高级别磋商等双边渠道的沟通，积极推进海洋领域的务实合作，把东海建设成为和平、合作、友好之海。③ 在团长会谈的基础上，2021年2月3日，第十二轮中日海洋事务高级别磋商以视频方式举行，设置机制全体会议和海上防务、海上执法与安全、海洋经济三个工作组会议，双方广

① 《中国继续保持日本最大出口市场地位》，中国驻日本国大使馆经济商务处网站，2021年8月19日，http://jp.mofcom.gov.cn/article/ztdy/202108/20210803189571.shtml［2021-12-10］。
② 《2021年1-12月中国与亚洲国家（地区）贸易统计》，中国商务部网站，2022年3月15日，http://yzs.mofcom.gov.cn/article/date/202203/20220303285584.shtml［2022-03-15］。
③ 《中日举行海洋事务高级别磋商团长会谈》，中国外交部网站，2021年1月20日，https://www.fmprc.gov.cn/web/wjbxw_673019/202101/t20210120_391182.shtml［2021-12-20］。

泛交换了意见。双方确认，全面落实中日领导人达成的共识和四点原则共识，通过对话妥善处理矛盾分歧，务实推进海洋领域合作。双方强调维护东海和平稳定的重要性，同意尽快召开防务部门海空联络机制年度会议和专门会议，加快推动该机制下直通电话建设进程，还就涉海具体合作达成五点共识。①

4月5日，中国国务委员兼外交部长王毅同日本外务大臣茂木敏充举行电话会晤。6月3日，外交部边界与海洋事务司司长洪亮同日本外务省亚洲大洋洲局局长船越健裕以视频方式共同主持中日海洋事务高级别磋商团长会谈。双方围绕涉海问题坦诚深入交换意见，强调维护东海和平稳定的重要性，一致认为应全面落实两国领导人共识和四点原则共识，继续通过对话协商妥善管控矛盾分歧，加强双方涉海部门之间的人员交流，务实推进在防务、搜救、渔业等领域的合作，为维护东海局势稳定做出建设性努力。

中日的文体交流和多边合作也在有序开展。3月12日，中日代表出席了第六届东盟—中日韩（10+3）新闻部长会议，就媒体务实合作、促进区域繁荣发展进行了探讨，并对《促进东盟—中日韩（10+3）新闻媒体合作工作计划》进行磋商。7月23日，第32届夏季奥运会在东京举行。相互支持对方成功举办奥运会是中日两国领导人达成的重要共识，中国一直与东京奥组委及日本相关部门保持密切沟通和协调，多次表示期待东京奥运会安全、安心举办，表示愿为日本提供力所能及的支持。东京奥运会是中国体育代表团境外参赛规模最大的一届夏季奥运会。中国代表团共派出777人，参加了除冲浪、棒球、垒球和手球之外的30个大项、225个小项的比赛，这是中国在境外参赛小项最多的一届夏季奥运会。8月底，日本文部科学大臣萩生田光一、中国文化和旅游部部长胡和平、韩国文化体育观光部长官黄熙出席了在北九州市召开的第十二次日中韩文化部长会议并通过《北九州宣

---

① 《中日举行第十二轮海洋事务高级别磋商》，中国外交部网站，2021年2月4日，https：//www.fmprc.gov.cn/web/wjbxw_ 673019/202102/t20210204_ 391239.shtml［2021-12-20］。

言》，三国就继续发展文艺产业、促进文化交流、向世界传播中日韩文化魅力和价值达成一致意见。

四 结语与展望

总体而言，2021 年的中日关系并未呈现良好稳定发展态势。在敏感及争端问题上，日本一再触碰两国之间的政治原则，引发中方强烈不满和坚决反对。中国外交部、国防部及国台办发言人对此屡次进行坚决反对和严厉批驳，敦促日方以实际行动恪守一个中国原则和中日四个政治文件精神，立即停止干涉中国内政，[①] 指出日本通过人权等价值观工具，强化日美欧"民主同盟"，深化印太战略，加强对华软遏制更不利于发展良好的中日关系。同时，亦要看到，中日关系发展具有很强的韧性和现实性。2021 年 10 月，日本言论 NPO 和中国国际出版集团公布的中日两国联合民意调查结果显示，即使在中日关系处于下行的情况下，两国公众均高度认同两国关系的重要性；70.9% 的中方受访者认为中日关系"重要（或比较重要）"，66.4% 的日方受访者持同样观点；两国受访者都强调双方应加强相互协调及合作；82.1% 的中国受访者和 76.2% 的日本受访者认为后疫情时代应更加重视国际合作。[②]

2022 年是中日邦交正常化 50 周年，当前，日本将处理对华关系作为主要外交挑战。岸田政府正在并将要面临一系列影响两国关系基调及走向的重大决策。中国正在审慎观察其涉华言行，希望双边关系修复在其任内有所进展。这一点，正如 2021 年 10 月习近平主席与岸田首相通话时表示的："当前，中日关系机遇和挑战并存……明年是中日邦交正常化 50 周年，希望双方重温初心，相向而行，共同迎接这一重要历史节点，开辟两

---

① 《中方驳斥日美涉华消极动向：中国内部事务不容任何外部势力干涉》，中国新闻网，2021 年 7 月 22 日，https://www.chinanews.com.cn/gn/2021/07-22/9525989.shtml［2021-12-30］。

② 《2021 年中日关系舆论调查结果发布 两国公众认同中日关系重要性》，中国网，2021 年 10 月 20 日，http://news.china.com.cn/2021-10/20/content_77822084.html［2021-12-30］。

国关系新的发展前景。"岸田应当在对外战略及对华外交上体现大局观和平衡意识，保持理性，崇尚经济民生与务实合作，以中日邦交正常化 50 周年为契机，展现政治勇气与担当，拿出实际行动，致力于发展其自诩的对华"建设性的稳定关系"。

百年未有之大变局在深刻演进，在全球性挑战不断出现的当下，肩负重要责任的中日双方更需合作应对各种变局，通过对话妥善处理两国各种分歧和矛盾，增进了解，建立互信，落实"互为合作伙伴、互不构成威胁"的重要共识，筑牢、夯实有利于两国关系行稳致远的基础设施。为此，中日应充分把握国际战略形势剧变以及后疫情时代全球经济体系调整之机，在区域融合与一体化的多边主义潮流中处理两国关系，不断加强双方经济贸易联系，在区域经济合作中加强规则塑造、供应链维稳的务实协作，加强 RCEP 及中日韩合作下的区域经济融合与命运共同体建设；以邦交正常化 50 周年为契机，稳妥创造契机与岸田政府增进高层互动，推动民间友好交往和"二轨"外交；同时，双方应妥善管控涉岛、涉海争端，推进安全防卫交流与对外战略磋商。

（审读专家：卢　昊）

日本政治与政策调整

Japan's Political and Policy Adjustment

B.8

菅义伟内阁"一年而终"的政治原因分析

孟明铭*

摘　要： 2021年9月，时任日本首相菅义伟执政刚满一年即被迫下台。究其原因，其执政期间虽有功绩，但存在三个方面的弊病，即在政务领域缺少相应的治理能力，延续"安倍式"治理模式有心无力；在党务领域难以有效控局，备受党内派阀的掣肘；在选举领域缺乏号召力，无法带领自民党赢得众议院选举。菅义伟的辞职说明其难以适应疫情下的日本对于首相领导能力所提出的新要求，其所倚靠的"首相主导"集权体制也存在局限。但日本政治不会因此而发生根本变化，仍将按照安倍晋三时代设定的路线继续发展。

关键词： 日本政治　菅义伟　自由民主党　首相主导　选举政治

---

* 孟明铭，历史学博士，中国社会科学院日本研究所政治研究室助理研究员，主要研究方向为日本政治。

2021 年，在进入"后安倍时代"的第二年，日本政局跌宕起伏。9 月 3 日，时任首相菅义伟突然宣布不会参加于月底举行的自民党总裁选举，这也意味着其执政生涯刚满一年即戛然而止。联想到安倍晋三的超长执政时间，以及菅义伟在 2020 年上台时曾得到日本民众的高度拥戴和期待，政治形势逆转之迅速令人惊讶。尽管菅义伟内阁已成"过去式"，但探究其下台的原因及对日本政治和政局的影响，仍具有重要意义。

一 延续"安倍式"治理模式"有心无力"

菅义伟自 2020 年 9 月担任日本首相后，依然想从整体上保留和延续安倍执政时期的"首相官邸主导"① 政治框架，并在此基础上微调打造更适于自身的决策机制。然而由于其本人在执政能力、风格等方面与前任有较大差距，无法适应疫情背景，政府行政效率下降，弊病丛生。

（一）菅义伟意图延续和强化安倍时代"首相官邸主导"的政治路线

从 20 世纪 90 年代初开始，日本统治阶层为应对时代发展，不断提高首相在决策中的地位，持续推动"首相官邸主导"政治决策的集权化进程。2012 年安倍晋三第二次上台执政后，先后采取了设立日本国家安全保障会议（NSC）、重大国事由"四相会议"（首相、内阁官房长官、外务大臣、防卫大臣）决定、扩充并重用首相官邸官僚和政务官（首相秘书和首相助理）队伍、统一掌控中央政府人事权力、改革自民党决策机制等集权手段，有效增强了首相权威，提高了政府的施政效率和效果。

安倍内阁在疫情冲击下黯然下台，继任的菅义伟仍打算延续前者的

---

① "首相官邸主导"政治是近年来日本政治发展过程中所呈现的一个特点，即日本政府通过不断提高首相在决策机制中的地位，强化首相官邸的职权和辅佐能力、变革政官关系等一系列的制度改革措施，促使日本的决策过程呈现"首相主导"的发展趋势，有效强化了首相权力，使其能够自主地执掌政权与制定政策。参见徐万胜《安倍内阁的"强首相"决策过程分析》，《日本学刊》2014 年第 5 期。

"首相官邸主导"决策模式。菅上台初期鉴于安倍的执政得失，采取了一定的反思回调举措。其认为安倍执政末期政治权力高度集中于首相官邸，导致防疫过程中一线人员所受束缚较多、积极性不高，信息流通不畅，进而影响防疫效果。有鉴于此，菅上台后有意进行纠偏，尝试将部分事务的决策权下放至"阁僚"层面（日媒将之渲染为"阁僚主导"），以激发各省部门的主动性。例如其将作为自己施政主要特色的"数字化"工作交付给"数字改革担当大臣"平井卓也；将推进疫苗注射工作交付给"行政改革担当大臣"河野太郎。特别是后者的工作，对于日本在 2021 年秋季平息第五波疫情起到关键作用，说明菅义伟的这一改革措施确实起到了一定效果。

但从本质上讲，意外成为首相的菅义伟希望自己在日本面对"关键时刻"时能有所作为，不受掣肘。不仅如此，而且由于他长期担任内阁官房长官，习惯于安倍的执政风格并希望效仿之。因此他在安倍"首相官邸主导"模式的基础之上，通过政府重要岗位的人事调整，进一步采取了面向其个人的集权化改革①。其虽然对于外交（茂木敏充）、安全防卫（岸信夫）、经济财政（麻生太郎）等外界关注度较高的阁僚并未做出调整，但将处理各领域具体事务的 7 名特命担当大臣更换了 5 名，8 名内阁府大臣更换了 6 名，负责首相官邸实务工作的首相助理和首相秘书群体也有近一半得到调整。菅义伟对于安倍过往重用的以今井尚哉为代表的、经济产业省出身的官邸官僚进行了大量撤换，代之以长期追随自己的国土交通省出身的和泉洋人等人。②

（二）菅义伟欠缺相应的政治能力，难以有效引领政府

尽管菅义伟上任后打算有所作为，但其个人执政能力或风格难以驾驭安倍留下的治理体制，严重影响政策效果。

---

① 「菅首相が『居抜き内閣』に仕込んだ『安倍切り』と長期政権への布石」、『週刊朝日』2020 年 10 月 2 日号、https：//dot.asahi.com/wa/2020091800056.html？ page = 1 ［2021 - 12-10］。
② 待鳥聡史「菅内閣は『官邸の力』を何に使うのか」、『Voice』2021 年 1 月号。

首先，决策信息来源匮乏，误判风险较高。自民党高层政治人物一般都拥有自己的势力团体（一般表现为派系、盟友、门生等），这些群体既是其力量来源，也是其获取决策信息的重要渠道。例如，前首相安倍执政时任命的亲近议员（如麻生太郎、甘利明等）和官僚（今井尚哉等）就对安倍的决策提供了诸多佐助。然而，菅义伟在党内属于无派系群体，"朋友圈"较窄，其上台后又延续了自己任内阁官房长官时期的工作方式，对于政事的处理，习惯于"单对单"寻找该领域的个别人士进行商谈，随后在最高层圈子内简单商议即做出决定。这也就意味着党内大部分成员的意见很难有效传达至其跟前，同时使决策基准完全依赖首相的个人判断，这非常容易产生决策失误，而且出现失误后也缺少"劝谏"声音。

其次，过于专注细节、缺乏全局眼光。菅义伟执政期间，在有效发挥首相职能和领导作用方面存在欠缺，经常"抓点丢面"，为解决具体问题而失去了对全局工作的统一领导。例如，其虽有设立内阁府直属的数字厅、出台"go to campaign"观光业补助计划、下调手机话费等政绩"闪光点"，但在疫情防治、中美博弈等重大问题上，较难看出明确的全局性思考或整体规划思路。在防疫方面，2021年3月新冠病毒德尔塔变异毒株在日本出现后，菅义伟将解决路径完全押注于疫苗接种上。尽管事后接种疫苗确实在日本抗疫中起到重要作用，但政府在这一过程中对同样重要的隔离管控、病患收治等工作表现被动，致使疫情迅速扩散，引起民众强烈不满。在外交方面，他也只知迎合美方需要，屡次做出恶化中日关系的举动。总体而言，菅义伟任内阁官房长官时作为执行者所体现出的"专注"的优点，在成为首相这一最高决策者时却转化成缺乏宏观视野、拘泥细节的短板。

再次，过度干涉决策流程，加剧官僚"劣化"。在安倍执政中后期，持续构建的"首相官邸主导"政治虽然有效摒除了以往官僚群体的专业壁垒对政府决策的干扰，但过度强调首相集权，也将官僚"挤出"了正常的决策流程，降低了他们的参政积极性和政策专业性，最终导致官僚集体唯仰上命的怠政现象丛生。菅义伟上台后进一步加剧了官僚系统的这种"劣化"趋势：其在处理政务时，经常绕过分管此事的阁僚，直接向相关省厅的中下层干部下达指示。这一行为破坏了传统的决策流程，让下属各部门愈发无所适从，只能原地"待机"，等待"指令"，进一步削弱了行政效率和实际效果。①

最后，顾虑首相形象，影响抗疫形势。例如在日本第三、四波疫情高峰时，面对东京都知事小池百合子要求发布"紧急状态宣言"的要求，菅义伟明显受到媒体炒作影响，将之视为政治挑战，为彰显自己掌握"抗疫主动权"，在发布时间上拖延，浪费了不少时间，耽误了防治时机，引发各方不满，反而进一步损害了首相的形象。②

二　党内基础薄弱，备受派阀掣肘

同安倍相比，菅义伟作为自民党总裁在资历、声望和政治资源上皆存在明显弱点，面对党内派阀势力缺少足够定力，难以有效控局。

（一）菅义伟接任首相前后的党内政治格局

从整体上看，自民党是一个面向大众、选举至上和利益诉求多元的政党。党内组织并不严密，公开存在诸如派阀这样具有较大政治影响力的非正式组织。派阀的存在具有两面性：一方面，各派阀犹如"党中党"，其相互博弈在很大程度上替代了在野党的外部竞争作用，在自民党内营造出"多党制"的氛围，刺激自民党不断自我变革；另一方面，派阀对于执政党决策有较大的影响力，容易导致政出多门、政客扯皮、利益集团横行等政治负面现象。③ 自冷战结束以来，日本执政层通过选举制度、政治资金、党内人

---

① 「菅首相の機能不全。『軍師不在』で『裸の王様』」、Huff Post Japan、https：//www.huffingtonpost.jp/entry/story_ jp_ 5ff7f222c5b66f3f795c7ee9 ［2021-12-30］。

② 「4 知事要請、小池氏主導…『政府に責任』印象付け」、読売新聞オンライン、https：//www.yomiuri.co.jp/politics/20210221-OYT1T50198/；「『小池知事が主導権を…』宣言延長『先手』取った政府」、朝日新聞デジタル、https：//www.asahi.com/articles/ASP345GJMP34UTIL01X.html；「西村担当相『誰の手柄ではなく』小池都知事の動きに苦言」、『産経新聞』、https：//www.sankei.com/article/20210308-DR4XZDKKYBLYXKJH MX2 DDGAYXQ/ ［2021-12-20］。

③ 张伯玉：《论自民党的中央集权化》，《日本问题研究》2018 年第 3 期。

事任命等方面的举措，持续削弱派阀在政治决策、财政分配，人事安排等方面的影响力，强化以党总裁为中心的执行部的权力。在安倍晋三执政中后期，派阀一度得到有效遏制，形成"安倍一强"格局。

安倍在 2020 年 8 月辞职前后，担心原本设想的继任者岸田文雄在党内威望不足以战胜自己的老对手石破茂，于是在党干事长二阶俊博的斡旋劝说下，选定了自己较为信任、在国民中名声尚可的菅义伟作为最终人选。① 在安倍、二阶等党内重要人物及其派阀（细田派、二阶派）的全力支持下，其他派系（竹下派、麻生派）也纷纷跟进，菅义伟以较大优势战胜岸田文雄和石破茂等对手当选首相。但是，这一事实也说明，菅义伟能够上台执政，完全是党内各方势力相持博弈特别是二阶俊博权谋操作后的"戏剧性"结果。同安倍首相在任期内完全主导两次总裁选举相比，此次党内派阀深度参与总裁人选的产生过程，本身就表明其力量和影响力卷土重来。这也为菅义伟日后执政埋下了深刻隐患。

（二）菅义伟接班后难以控局，党内形势混乱

从菅义伟执政一年期间的自民党内局势来看，在安倍时期首相（党总裁）显现出的"一强"格局，在很大程度上与个人的政治手腕和影响力所绑定，继任者较难通过制度顺利延续。更何况，菅义伟是党内较稀少的无派阀议员，背景和后援力量都很薄弱，这一先天不足的条件与其所面对的党内派阀力量相比是不对称的。菅义伟内阁的权力基础是十分脆弱的。

菅义伟上台后很快即面对棘手困局。一方面，为"报答"安倍的推选，其在党总裁选举时就明确表示将全力继承安倍的内政、外交遗产，推动"安倍经济学"未完成的改革，组阁人选也多向安倍所在的"细田派"倾斜，菅义伟内阁堪称"没有安倍的安倍内阁"。而安倍也同样

---

① 「ポスト安倍、『石破潰し最優先で菅』のあざとさ」、東洋経済オンライン、https：// toyokeizai.net/articles/-/372828［2021-12-20］。

"退而不休",仍利用自己的政坛威望和派阀领导人的身份经常向菅义伟发出"劝告"。另一方面,党内"二阶派"首领的二阶俊博同样因"拥立"有功而得以留任重要的党干事长职位,并与菅义伟结成政治同盟,权势大涨。安倍与二阶之间的暗斗,成为菅义伟内阁执政期间自民党内部政治活动的一条主要隐线。双方围绕重要岗位的人选、2021年秋季举行的众议院选举候选人的正式提名推举等问题矛盾日趋尖锐,加之麻生派、竹下派、岸田派等其他派阀也参与博弈,党内秩序逐渐失控。

(三)派阀争斗掣肘政府决策,引发严重后果

尽管菅义伟不断强调其作为首相和党总裁,应在党务、政务方面占据主导地位,但政治基础薄弱的他在重大问题上不得不兼顾"二阶""安倍"两方势力的诉求,并因此在最为紧要的新冠防疫决策上形成误判,这对其政治生命产生致命影响。

在2020年10~11月日本第三波疫情开始蔓延之时,菅义伟政府就因为考虑到二阶俊博背后的主要支持团体——日本旅游观光业的利益诉求而犹豫不决,直至12月底才暂停引发人员大量流动的政府"go to campaign"旅游补贴项目,这加剧了第三波疫情的扩散,引发民众强烈不满,其支持率从最初的70%骤降至约40%。①

进入2021年上半年,日本抗疫形势在持续震荡中仍能保持稳定,菅义伟政权的支持率也勉强维持在40%左右。然而进入夏季前,随着新冠病毒德尔塔变异毒株在世界范围内的传播,日本社会普遍担心已经延期一年召开的"2020年东京奥运会"极可能导致出现大量输入病例和群体聚集性感染,就是否应如期于7月下旬举办展开了激烈讨论。舆论希望政府能够酌情再次推迟或取消奥运会的呼声日渐增高。但是以安倍为代表的自民党内右翼保守势力将奥运会视作重振日本民族自信、向世界展示日本"绝不做二流国家"决心的

---

① 「菅首相、二階氏に忖度?『後手』批判浴びるコロナ対策」、時事ドットコムニュース、https://www.jiji.com/jc/article?k=2021011100303&g=pol〔2021-12-30〕。

重要机会和舞台。安倍本人更公然声称，反对举办奥运会的人是"反日分子"，① 并以此敦促政府。在内外压力之下，菅义伟最终决定以"空场"方式如期举行奥运会。在奥运会举办期间，正值新冠病毒德尔塔变异毒株在日本引发第五波疫情高峰。许多民众愤怒地认为，菅义伟为了挽回形象、维系政治生命才举行奥运会，因此其支持率再次暴跌至 20% 左右，政权已摇摇欲坠。

三 选举能力欠佳，遭到全党质疑

菅义伟在政务、党务领域的表现不佳招致诸多不满，政治稳定度持续下降，其中，致使菅内阁倒台的关键因素在于选举方面。

（一）菅义伟支持率持续下跌

菅义伟在执政初始阶段曾备受国民期待，内阁支持率一度高涨至 70% 左右，然而受到上述政务、党务短板的影响，其在内政、外交做出的政绩不多。加之其执政后在关键的防疫问题上屡次失误，任期内日本新冠疫情先后形成数波高峰，给日本国民的生命安全造成了严重威胁。这也导致菅义伟的支持率在进入 2021 年后，始终在 30%~40% 的"警戒水位"徘徊。特别是 6 月、7 月，新冠病毒德尔塔变异毒株引发第五波疫情高峰，因其具有较高的致死率引发举国忧虑，这对菅内阁的支持率造成致命打击。日本主流媒体发布的 2021 年 1~7 月菅义伟内阁支持率见图 1。

菅内阁支持率下滑的影响不仅局限于其个人。2021 年，日本政治共有两项重要议程：一是 9 月举行的自民党总裁选举；二是 10 月众议院议员任期即将结束，日本将举行第 49 届众议院选举。尤其是后者，其是日本在新冠疫情冲击下举行的首次全国性选举活动。面对举国民众对政府抗疫不力的抱怨与不满，在此次选举中继续维持多数统治地位，成为自民党本年度最为

---

① 「安倍前首相『反日的な人が五輪開催に強く反対』月刊誌の対談に」、毎日新聞ニュースサイト、https://mainichi.jp/articles/20210703/k00/00m/010/034000c［2021-12-12］。

首要且紧迫的政治任务。

在当代日本的选举活动中，政党领袖起到的作用日渐重要。党首的行为表现被大众舆论所关注、传播和放大，越来越被等同于政党的标签，其"人气值"可能直接决定政党选举成绩。前首相安倍晋三能在党内形成"一强"格局的一个重要原因，就在于其政治形象鲜明，且善于设置选举话题，把握选举节奏，有效提高选民的关注度。然而，菅义伟不仅支持率逐渐走低，而且因长期位居幕后，缺乏表现力和号召力。这一弱点在与大众媒体的互动过程中进一步暴露和放大：一位在镜头前单调刻板、对疫情下的公众诉求缺乏"温度"的首相，较难产生较为正面、鲜明的政治形象。菅义伟在选举领域所存在的短板，对自民党的选举前景产生不良影响。

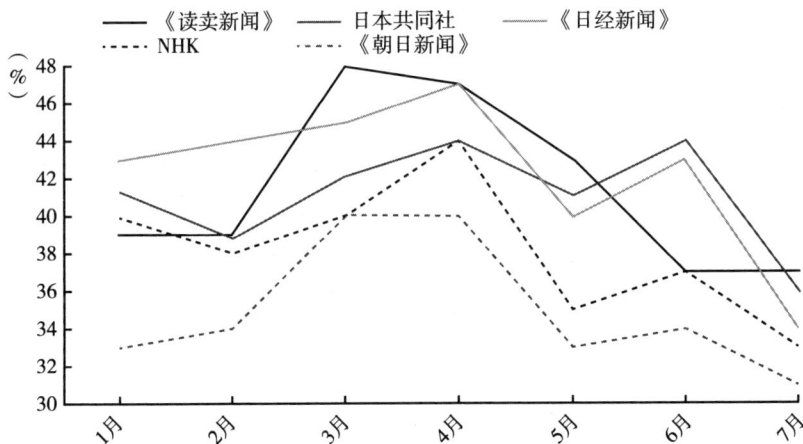

图 1　日本主流媒体发布的 2021 年 1~7 月菅义伟内阁支持率

资料来源：「内閣支持率『危険水域』近づく　報道各社の7月世論調査」、日本経済新聞、https：//www.nikkei.com/article/DGXZQOUA250BB0V20C21A7000000/［2021-12-02］。

（二）自民党在众议院选举"前哨战"的表现惨淡

1.国会参众两院补选

2021 年 4 月，日本在长野县、广岛县和北海道举行众、参两院空缺席位的补选。这也是预测众议院选情的重要"风向标"，但结果是自民党三战尽墨。

广岛县参议院选举区是这一轮选战的焦点。广岛县号称"保守王国"，长期以来都是自民党的传统势力范围。该选区前任参议员河井案里在竞选时，与其丈夫、时任安倍内阁法务大臣的众议员河井克行（其选区也在广岛县）向当地选民发放现金寻求选票。河井夫妇贿选丑闻曝光后遭到逮捕，其在参议院获得的议席也重新进行选举。以立宪民主党为首的在野党观察到自民党在这一选区的声望、形象正遭遇毁灭性打击，联合起来推荐新人宫口治子；自民党方面也将赢得广岛选区作为此轮选战的底线，菅义伟、二阶俊博以及广岛出身的岸田文雄等人轮番为候选人西田英范助阵。双方竞争激烈，最终宫口（约37万张选票）战胜西田（约33万张选票）。菅义伟领导下的自民党的选举前景开始备受质疑。

2. 东京都议会选举

2021年7月4日，东京都议会举行换届选举。由于东京是日本的政治、经济中心和最大的人口聚集地，其选举结果对于全国政治风向和政党声势有着巨大的影响力。自民党自认为在此次选举中具有较大胜算：其主要竞争对手、由东京都知事小池百合子组织的"都民第一会"的支持率明显下滑；自民党方面不仅在民意调查中保持领先，还得到了公明党的援助。可是从选举结果来看，东京都议会的127个议席中，自民党从选举前的25席仅增至33席，与选举前自民党至少拿到45席的估测相差极大，其成为都议会执政党的梦想破灭。因此有日媒一针见血地指出，从选举前后情势的落差看，自民党更像是遭遇了一场意外的惨败。①

此次选举后，舆论界乃至自民党内都有人将失利原因归咎于菅义伟的"失政"。他们认为，由于首相防疫不力，选举日前后正逢新冠病毒德尔塔变异毒株在东京地区扩散，令当地民众陷入恐慌。在此背景下，菅义伟政府又坚决如期举办东京奥运会，也令竞选对手抓住了自民党"无视民众生命

---

① 「『このまま行くと、衆院選は危ない』東京都議選で自民党が惨敗した"本当の理由"」、文春オンライン、https://bunshun.jp/articles/-/46636［2021-12-12］。

安全"的口实，有效激发了选民对自民党的不满情绪，出现了"报复式投票"。然而，菅义伟意识到自身成为东京市民宣泄情绪的对象后，采取在竞选期间减少露面的"逃避"做法，又进一步"坐实"外界对其的指责，顿挫己方阵营的声势。因此，自民党内部有人在选举后抱怨，首相无法成为"选举的门面"，如何带领全党迎接秋季的大选？①

3. 横滨市长选举

2021 年 8 月 22 日，神奈川县首府横滨市举行市长选举。这场选举主要在自民党阵营的前国家公安委员长小此木八郎和立宪民主党等在野党推荐的原横滨市立大学教授山中竹春之间展开，最终山中竹春以明显优势击败小此木当选。

这场选举失利对于菅义伟声望的打击是致命的。这不仅是因为菅义伟与小此木之间关系密切，其为后者积极开展助选活动，而且，更为重要的是，二人在横滨市一直拥有很强的影响力②。菅义伟曾任横滨市议员长达 10 年，随后又连续八次在这里当选众议院议员。然而，即便在堪称自己政治大本营的横滨，菅义伟却依然无法为自民党带来一场胜利。这无疑是对其选举能力的空前讽刺。日媒分析认为，人气低迷（8 月内阁支持率已经跌至 20% 左右）的菅义伟已经成为饱受疫情肆虐的日本民众发泄怨气的对象，甚至进而迁怒于其应援的候选人。在这场选举过后，从举国舆论到自民党内部，都近乎断定菅义伟竞选的"副作用"明显，其已不具备带领自民党赢得众议院选举的能力。③

（三）自民党内"逼宫"四起，菅义伟黯然下台

尽管面临诸多内忧外患，但菅义伟始终坚称要在 9 月举行的自民党总裁

---

① 「東京都議選　自民、想定外の失速　菅義偉首相『選挙の顔』不安視」、毎日新聞ニュースサイト、https：//mainichi.jp/articles/20210704/k00/00m/010/217000c［2021-12-12］。

② 小此木八郎的父亲为中曾根康弘内阁的通商产业大臣小此木彦三郎，在横滨经营多年，也是菅义伟的政界引路人。

③ 「横浜市長選、菅首相を襲った『最側近惨敗』の痛撃」、東洋経済オンライン、https：//toyokeizai.net/articles/-/450280［2021-12-10］。

选举中竞选连任。自民党内的派阀领袖（安倍晋三、麻生太郎、二阶俊博等）虽内斗不断，但此前一直在公开场合依旧表态支持首相的举动，给予了菅义伟一定的信心。

然而，眼见众议院选举前景黯淡，自民党内对于首相的公开质疑愈发明显。率先打破局面的是党内少壮派议员。在自民党众议院议员中，已有近一半人属于该群体（100人左右），在党内各主要派阀的人数的平均比例也接近1/3。这一群体成员的来历较为复杂：有些是党高层长老的亲属子弟或门生随从；有些是长期在自民党地方基层议会经营耕耘数年而"晋升"的国会议员；有些原为行政官员、律师、医生、记者等专业人士，因志于从政，并和自民党有各种因缘得到推举而当选。他们当选议员的届数较少（三届或以下），相对比较年轻（40~60岁），政界资历浅，除了小部分背景深厚的"世袭议员"外，大部分人的首要政治目的是在历次选举中保住自身的国会席位。

面对即将于秋季举行的众议院选举，党内少壮派议员普遍陷入焦虑，担心如果仍由饱受舆论诟病、形象受损的菅义伟继续担任总裁带领全党进行此次大选，自身在选区内的政治基盘、人望、影响力恐受牵连，落选概率会空前提升。因此，该群体议员纷纷在党内发出"倒菅"呼声，迫使所属派阀的高层逐渐撤回对菅内阁的明确支持。①

2021年9月1日，岸田文雄率先正式宣布参加总裁选举，很快得到了党内"倒菅"势力的支持呼应。菅义伟为迎合反对派诉求，打算撤换二阶的干事长职务，但这也使其失去了党内唯一的可靠盟友。他又试图提前解散众议院举行大选以拖延总裁选举时间，更激怒了原本态度暧昧的安倍、麻生等人。② 左右为难之下，菅义伟于9月3日宣布退出总裁选举，标志着其首相生涯走向终结。

---

① 「『選挙の顔、務まらない』 渦巻く『菅離れ』若手・中堅が不安視」、西日本新聞、https：//www.nishinippon.co.jp/item/n/792045/［2021-12-11］。
② 「菅首相が退陣へ…唐突な人事に党内の反発強まり、再選は困難と判断」、読売新聞オンライン、https：//www.yomiuri.co.jp/politics/20210903-OYT1T50180/［2021-12-30］。

四 菅义伟内阁兴衰的启示和影响

尽管菅义伟内阁如同日本政治史上其他诸多短命内阁一样"一年而终",但从日本政治的发展趋势看,出现这一现象仍属反常。冷战结束后,尽管历经波折,但日本政治体制从大体结构上看,始终朝着"首相主导"的集权化方向稳步推进。新冠疫情的突袭而至,本应成为首相再次发挥强大指导力的又一次证明机会,但在疫情处理的实际过程中,菅义伟并没有真正发挥核心领导作用,这成为其下台的关键因素。结合菅义伟内阁的一年兴衰历程,日本政治出现的新情况值得思考。

第一,新冠疫情下的日本选举政治对于政治人物的领导能力和执政形象提出更高要求。疫情使日本民众陷入处在"危机时期"的恐慌状态之中,而菅义伟在2020年上台时能获得70%的较高支持率,其"实干勤勉"的形象增分不少——选民们渴望政治家能够采取务实有效的措施,为公众指明方向和带来希望,带领整个国家走出困境。然而,从菅义伟的实际执政成绩来看,其虽有"苦劳",但在领导能力方面显然未能达到民众的期待。换言之,类似菅义伟这样的政治家仍习惯于"和平年代"的执政思维和方式,对于危机下的决策、施策并不适应,从而导致执政时举步维艰。菅义伟的这一劣势,又因为当下的日本政治的特征而进一步放大。随着日本选举政治愈发强调政党领导人的作用,选民们对于参选各方阵营的领袖级人物在应对新冠疫情时的表现及形象的评价,成为决定选举结果的关键性因素。选举是西式代议制政党的生命线,政党领导人若是影响到了政党的生存,被政党抛弃也是理所应当的。

第二,"首相官邸主导"政治仍存在局限性。通过安倍等人的多年改革实践,日本的政治决策格局日趋中心化。首相对于行政官僚和执政党内部的干涉、影响力达到了新高度。然而,"首相官邸主导"政治日益凸显出局限性。一是决策权力过分朝着首相集中,缺乏有效的纠偏机制,很容易导致"偏听则暗",一旦处于顶点的决策者做出错误决策,就很难挽回。这也是菅义伟在短短一年执政生涯中引发各方诟病、黯然下台的主要原因之一。二是自民党内部派阀领袖仍能对首相执政产生掣肘。尽管该党认识到这一弊端，自冷战结束后在党内同样开启了集权化的进程，将人事、财政等权力集中到领导层，且在安倍长期执政期间，确实对各派阀势力进行了有效统制，但结合菅义伟接班后的表现来看，这一格局是不稳定的。至少在党务领域，安倍仍可通过其个人能力或素质（其本身即为党内最大派阀的领导者）以及高超的政治手腕来支配政局。安倍离开首相位置后，缺乏同样能力的继任者就会立马"显出原形"，即便是首相和党总裁也只能被迫"退缩"回党内的弱势地位。

第三，日本的国家发展道路和战略走向并未因政权更迭而发生明显改变。菅义伟内阁"一年而终"虽然让日本政局出现不稳定迹象，但从根本上讲主要是菅义伟的个人能力已无法适应新时代对于领导人的要求，日本政治的走向并未产生根本变化。2021 年 10 月继任首相一职的岸田文雄，无论是在内阁还是自民党高层人事的安排上，仍然带有浓重的"安倍路线"色彩，政权中枢和要职基本被安倍晋三所属的"细田派"及其盟友麻生太郎的"麻生派"所把持。例如，岸田文雄将党政最重要的职位即内阁官房长官和自民党干事长分别给了"细田派"和"麻生派"；其他重要党政职位，例如经济产业大臣、财务大臣，以及自民党政调会长和总务会长等也基本如此。这在某种程度上重现了"没有安倍的安倍政权"局面。特别是在日美、日中关系等问题上，岸田明确表示将继续沿袭"安倍—菅路线"①。自民党内外各股力量虽围绕权力分配时有矛盾，但在日本面临国内外巨大不确定性的危机感驱动下，对于延续安倍时代定下的国家道路仍然抱有足够的共识。

第四，日本政府强化"首相官邸主导"政治的路线仍将延续。尽管菅义伟内阁的终结说明自民党内派阀势力有所抬头，但从整体上看，日本政治精英仍具有足够的危机感和凝聚力，呼吁进一步强化和完善"首相主导"

① 「岸田氏、外交は安倍・菅路線を踏襲　G20で日米会談探る」、日経電子版、https：//www.nikkei.com/article/DGXZQOUA2892A0Y1A920C2000000/［2021-12-30］。

的集权化趋势没有明显改变。在 2021 年 9 月举行的自民党总裁选举中，候选人河野太郎就批判政局出现"党高政低"的现象，自民党内部势力对政府的干涉过多，影响施策效果。① 随后当选新一任首相的岸田文雄在竞选纲领中也以"推动党内年轻化"，提出要将除总裁之外的党内高级职务任期缩短至一年且连任不得超过 3 次，意在削弱党内其他高层领导的影响力。在理论界也同样有人附和，著名学者田中明彦就指出此次新冠疫情暴露出日本政府在国家动员能力上存在体制性缺陷，未来为应对各种可能类似的紧急事态，应该有条件地效仿二战前的战时动员体制，提高国家行动力。② 这些都表明，促使"首相官邸主导"政治继续发展的外部有利条件，在后安倍时代仍然存在。

（审读专家：张伯玉）

---

① 「河野氏『政高党低でないと困る』 若手と意見交換」、『産経新聞』、https：//www.sankei. com/article/20210921-YR4BIJTO5BMJ7LE7KIGHUPIN64/ ［2021-12-12］。
② 田中明彦「遅れたコロナ対応 日本、非常時体制に不備」、読売新聞オンライン、https：//www.yomiuri. co.jp/serial/earth/20210530-OYT8T50004/ ［2021-12-12］。

B.9
日本第49届众议院选举分析

——修宪势力进一步增强

何晓松*

摘　要： 在日本第49届众议院选举中，自民党和公明党共获得293个议席，超过了"绝对稳定多数"的261个议席。此次选举主要具有两个特点。一是选举前执政的自民党举行了总裁换届选举，党内派阀"宏池会"（岸田派）会长岸田文雄在经过一番政治博弈后胜选。自民党利用此次总裁选举活动的曝光度和话题性，有效提高了政党支持率。二是5个在野党采取"共同斗争"的联合策略，在全国213个小选举区推选统一候选人。该策略虽然取得了一定成绩，但各在野党之间在政策和组织上缺乏统合，导致在比例代表区落败。在众议院选举后，支持修宪的各政党的席位进一步扩张，已超过2/3多数。预计在2022年参议院选举后，日本政府将加速修宪议程。

关键词： 众议院选举　岸田文雄　在野党　政党支持率　修宪

2021年10月4日，第一次岸田文雄内阁成立；10月14日，岸田解散众议院，进行第49届众议院选举，10月31日进行投票和开票。议员任期结束日是2021年10月21日，本次选举是根据现行宪法首次举行的议员任

---

* 何晓松，法学博士，中国社会科学院日本研究所政治研究室副研究员，主要研究方向是国际政治理论、日本政治、日本国家发展战略。

期结束后投票和开票的选举，也是首次在内阁成立后 10 日内解散众议院。总议席数为 465 席，选举结果是自民党减少 12 个议席，获得绝对稳定多数的 261 个议席；公明党增加 3 个议席，获得 32 个议席；立宪民主党减少 14 个议席，获得 96 个议席；共产党减少 2 个议席，获得 10 个议席；日本维新会增加 30 个议席，获得 41 个议席；国民民主党增加 3 个议席，获得 11 个议席；令和新选组增加 2 个议席，获得 3 个议席；社民党维持 1 个议席；无所属减少 1 个议席，获得 10 个议席。

一 众议院选举前各党选举战略和政策公约

第 49 届众议院选举是在新冠疫情下举行的选举，因自民党两届政权应对疫情失败，在野党认为可以趁机增加议席。但是，自民党凭借丰富的政治经验，于 2021 年 9 月举行自民党总裁选举，党内具有自由主义色彩的岸田派会长岸田文雄当选总裁，实现党内权力交替。在野党推动"共同斗争"，但因政策纲领不同，组织上又缺乏有效的整合，最终立宪民主党和共产党未能撼动自民党的执政地位。

（一）自民党党内权力交替

日本首相菅义伟应对新冠疫情失败，内阁支持率和自民党支持率下跌，陷入政治危机。2021 年 8 月 22 日，菅义伟又在自身地盘横滨市的市长选举中支持前国家公安委员长小此木八郎遭遇惨败。自民党内对选情的研判显示，如果继续由菅义伟率领自民党参加众议院选举，将损失 50 个议席左右。[①] 2012 年自民党重新上台后，连续发生过森友学园问题、加计学园问题、赏樱会事件、河井夫妇选举舞弊等政治丑闻，如果自民党因此下台，则将面临重新审理政治丑闻，届时遭到打击的将不限于安倍晋三本人，因此

---

① 安積明子「内閣支持率がまた下落！自民党は菅首相とともに沈むのか」、https://news. yahoo. co. jp/byline/azumiakiko/20210829-00255601［2022-01-11］。

2021 年众议院选举对自民党而言至关重要。2021 年 9 月 3 日，菅义伟宣布不参加 29 日举行的下任自民党总裁改选，自民党通过党内权力交替，改选新的总裁，重新争取选民支持。在自民党历史上曾上演过类似的权力交替来化解政治危机，田中角荣因涉嫌金权丑闻辞职，更换为政治清廉的三木武夫；2001 年，小泉纯一郎打着"毁灭自民党"旗帜，当选总裁。① 对此，麻生太郎认为，"在我还是学生的时代，两大政党实施政权更迭是民主主义最正确的姿态，但是自民党内两大政策集团相互切磋，取代政权更迭，则会让政治更加安定，更有利于政策执行"②。宏池会曾是自民党内强大且有声望的派系，后分裂为三个派阀：岸田派（42 人）、麻生派（也称"志公会"，53人）、古垣集团（也称"有邻会"，21 人）。如果三派再次合作甚至合并，将与自民党最大派阀的安倍派（也称"清和政策研究会"，93 人）势力相当。③麻生太郎认为"在野党衰落，两党制向自民党两大派阀体制靠拢"。

岸田文雄在总裁选举中提出与安倍晋三、菅义伟不同的政治路线，尤其是针对"安倍经济学"造成贫富差距扩大、政府财务状况恶化、财政负担加重等负面影响，岸田否定"安倍经济学"和新自由主义路线，要建立相互扶助社会，这接近立宪民主党的政策主张，并且岸田提出重新调查森友学园问题。报纸、电视台对自民党总裁选举进行了大量报道，岸田文雄的"新资本主义"政策引起广泛争论，岸田在媒体出现的频率提升，民众对其认知度也得以提高，推动自民党支持率上升。社会调查研究中心在 9 月 18日进行的调查显示，自民党支持率与总裁选举前相比提高了 10 个百分点，达到 37%，④ 自民党从垮台危机中解脱出来。

---

① 白井聡「安倍一強体制拒絶するのか許すのか」、『サンデー毎日』2021 年 11 月 7 日、33 頁。

② 「麻生太郎氏、『大宏池会』へ意欲　総裁戦後、岸田派に触手も　『党内で政策競争を』と 2 大派閥化狙 う」、https：//www.iza.ne.jp/article/20180726 - HTHSFHVLH5L5TDB U4PZV3RSPJU/2/ ［2022-01-13］。

③ 林芳正「次の総理はこの私」、『文芸春秋』2021 年 11 月、144 頁。

④ 社会調査研究センター「2021 年 9 月 18 日実施 全国世論調査の分析と結果」、https：//ssrc.jp/blog_ articles/20210918.html ［2022-01-11］。

每日新闻社在 10 月 4 日和 5 日进行的调查显示,岸田内阁的支持率为 49%,低于 2020 年 9 月菅义伟内阁成立时的 64%。共同通信社在同一时间进行的舆论调查显示,岸田内阁的支持率为 55.7%,低于菅义伟内阁成立时的 66.4%;自民党支持率为 50.8%,比菅义伟辞职前的 8 月的调查提高了 11.3 个百分点;在野党第一大党立宪民主党的支持率为 11.6%,没有增加;日本维新会为 5%,公明党为 4.7%,共产党为 2.5%,国民民主党为 1.4%,令和新选组为 1.3%,社民党为 0.8%。由于无党派阶层减少,被调查民众回答没有支持政党的为 17.6%,比 8 月的调查减少 9.7 个百分点。明治大学政治经济学部教授井田政道对此指出,岸田内阁支持率较菅义伟内阁提高 10 个百分点以上,内阁不支持率只有 20% 左右,一般内阁支持率为 50%,不支持率在 40% 左右。鉴于调查中回答"不知道的"有 20% 多,表明国民尚未了解岸田内阁而无法做出判断,未来岸田内阁支持率可能进一步走高。①

(二)在野党的"共同斗争"

选举制度是决定政党体制的重要因素,小选举区制容易产生两党制,比例代表区制易产生多极多党制。自 20 世纪 90 年代以来,许多国家改革选举制度,采用小选举区制和比例代表区制混合的选举制度。小选举区和比例代表区并立制往往形成两大政党集团相互竞争的"两极政党集团型多党制",采用小选举区和比例代表区并立制的意大利、日本、匈牙利因此都曾形成过竞争性的两大政党集团。

中选举区制下,自民党"一党优位"体制是"多极多党制"演变的结果,而实施小选举区和比例代表区并立制后,自民党"一党优位"则基于"两极政党集团型多党制"演变而来。因此,在 1994 年政治改革后,自民党"一党优位"的"多极多党制"没有转变为两党制,而是逐渐转变为"一党优位"的"两极政党集团型多党制"。反观在野党的选举合作,还停

---

① 三浦博史「10.31 総選挙全予測 倒れ岸田 自民 19 減」、『サンデー毎日』2021 年 10 月 24 日、15 頁。

留在低水平上，难以撼动自民党和公明党的执政地位。因此，"两极政党集团型多党制"是自民党"一党优位"的非对称型政党体制。[1]

小选举区制是"简单多数决定制"（Majoritarian Model），是"赢者通吃"的选举制度，一个选区只选出一名候选人，竞争激烈。[2] 如果在野党分别推举候选人，选票分散，在野党很难与自公两党进行竞争。2017 年众议院选举投票结果显示，在 63 个小选举区，各在野党候选人获得的选票相加，超过当选的执政党候选人的选票。如东京 22 区各在野党候选人选票相加为 14 万张，当选的自民党候选人获得 11 万张；京都 4 区在野党选票为 10 万张，自民党选票为 8 万张；京都 6 区在野党选票为 13 万张，自民党选票为 10 万张；奈良 1 区在野党选票为 10 万张，自民党选票为 9 万张；福冈 4 区在野党选票为 11 万张，自民党选票为 8 万张。针对这种选举现象，在野党在本次众议院选举前，推动"共同斗争"，采取推举统一候选人的方式，意在形成对立的两大政党集团。

在野党选举合作的最大困难是立宪民主党和共产党之间的协调。岸田文雄担任首相后，内阁支持率和自民党支持率上升，立宪民主党和共产党转向现实主义路线，立宪民主党国会对策委员长安住淳、原外务大臣玄叶光一郎，以及小泽一郎等人积极活动，推动在野党联合对抗执政党。令和新选组党首山本太郎在 2021 年夏天称，希望成为在野党统一候选人，但在野党之间的协调极为困难，山本太郎甚至提出在野党如能建立选举合作机制，可以解散令和新选组。

立宪民主党党首枝野幸男在 9 月 8 日立宪民主党大会上表示，立宪民主党、日本工会总联合会和国民民主党已经缔结政策协议，进行"共同斗争"的选举合作，不在同一选举区内互相竞争。除日本维新会外的其他在野党立宪民主党、共产党、社民党、令和新选组则通过市民团体"废除安保法制违宪部分"，于 9 月 8 日缔结政策协议。但是，国民民主党拒绝参加协议，

---

① 中北浩爾『自公政権は何か』、筑摩書房、2019 年、99 頁。
② 川人禎史『議院内閣制』、東京大学出版会、2015 年、127 頁。

只推举统一候选人。于是，国民民主党党首玉木雄一郎于 9 月 14 日提出，共产党否定日美同盟和自卫队，不能与其组成联合政权。本次众议院选举中，在野党五党共同合作，在 213 个小选举区推举统一候选人。

为牵制在野党的"共同斗争"，9 月 14 日，自民党官房长官加藤胜信在记者会上指出，日本共产党并没有放弃暴力革命方针。自民党副总裁麻生太郎在街头演说中提出，立宪民主党已经变成"立宪共产党"，"不能让它们掌握日本未来"①。干事长甘利明提出，"在政府决定中加入共产党政策，在日本政治史上从来没有发生过"。② 枝野幸男在众议院选举期间，也试图与共产党保持距离，他提出如果立宪民主党取得政权，立宪民主党与共产党的合作将是"来自内阁外"的合作，政权运营不会征求其他四个在野党意见。

（三）两大政党集团施政政策的针锋相对

本次众议院选举，两大政党集团围绕政策展开激烈争论。"自民党政策公约"的第一条是新冠疫情对策，强调在疫情中保护国民生命和保持正常生活，政府要强化早期检测，完善早期治疗体制，扩大病毒检测范围，推进口服药开发、普及。在法律范围内最大限度利用政府公权力，增加公立医院应对新冠疫情专用病床，将来私立医院也要确保专用病床。自民党提出，修改法律，增加行政权力，强化医疗体制，并向企业提供补助金以及无利息、无担保融资，向经济困难家庭提供现金补助。第二条是实现"增长和分配的良性循环"的"新资本主义"，重新构筑强大的中产阶层。具体措施包括推进全世代型社会保障体制改革，在各都道府县设立支援生产和育儿中心，实施免费教育；促进新技术、节能技术研发，建立碳中和社会。第三条是保护农林水产业。第四条是提高地方经济活力。第五条是强化经济安全保障，

① 「（衆院選）麻生太郎氏が痛烈『あちらは立憲共産党』応援演説で野党共闘批判」、日刊スポーツ、https：//www.nikkansports.com/general/nikkan/news/202110220001103.html［2022-01-12］。

② 「『立・共』協力に危機感　甘利明自民党幹事長」、時事ドットコム、https：//www.jiji.com/article？k＝2021101501057&g＝pol［2021-11-01］。

确保重要物资供应链稳定，完善半导体、稀土等国内供应链，在 2022 年通常国会上提出"经济安全保障推进法案"。第六条是国家安全保障战略，2022 年以后增强防卫力量，尽早修订《国家安全保障战略》《防卫计划大纲》《中期防卫力量整备计划》。保护人民生命和生活，"将建立包括拥有阻止对方领域内弹道导弹等能力在内的提高威慑力的新系统"，增加海上保安厅巡视船和人员，增强应对能力。第七条是增加教育投入，设立 10 万亿日元大学基金，充实研究经费。第八条是修改宪法。①

本次众议院选举是 2017 年众议院选举以来，对自公联合政权的一次评判。"自民党政策公约"表明日本普通民众最关心的是新冠疫情对策，以及危机过后社会面临的问题。此外，一向以温和路线示人的岸田文雄，为赢得选举整体转向了"鹰派"政策，不仅间接主张拥有攻击敌方基地的能力，还在公约中提出在自民党总裁任期的三年间要争取修改宪法。②

"公明党政策公约"强调基于"大众福祉主义"，把生产、育儿、教育作为国家战略方向，提出全力支援"担负日本未来的儿童、青少年"。在新冠疫情中，因为缺少足够的食品费、水电费、取暖费、通信费，儿童、青少年的休学率和自杀率都刷新最高纪录。其具体政策主张是发放"未来支援补助金"，向 18 岁以下未成年人每人发放 10 万日元；向受疫情影响企业提供经营补贴，无利息、无担保贷款，设立清洁能源和数字信息化补助金；培养 10 万名女性数字信息工程师，设立 2 万亿日元环保创业基金，推进节能环保技术开发，建立碳中和社会；设立"儿童家庭厅"，制定"儿童基本法"（假定）。③

"立宪民主党政策公约"的第一条是疫情对策，主张建立 PCR 检测体制，推进疫苗国产化，加快疫苗接种。第二条是复活"一亿总中流"社会，针对"安倍经济学"导致收入差距扩大、贫困问题加重，立宪民主党提出重新分配国民收入，建立相互扶助的社会，向大企业和富裕阶层征税；主张

---

① 「令和 3 年政権公約」、https：//jimin-hy.jp/1175/［2021-11-11］。
② 渡辺豪「分配　ばらまき　ノンセンスだ」、『AREA』2021 年 11 月 8 日、62 頁。
③ 公明党「2021 衆院選重点政策」、https：//www.komei.or.jp/special/shuin49/wp-content/uploads/manifesto2021_s.pdf［2021-12-11］。

免除收入在 1000 万日元以下的家庭的个人所得税，向低所得家庭发放 12 万日元补助金，下调消费税率至 5% 直到疫情结束；作为紧急对策财源，增加金融所得税，实行法人税累进税率制；增加医疗看护、子女抚养、教育等支出，提高新冠疫情中发挥重要作用的医生、护士、保育士等的收入水平。第三条是促进社会多样性，推进男女平等，提出同性婚姻合法化，夫妻别姓制度。第四条是外交和安全保障政策，坚持日美同盟，慎重讨论"对敌基地攻击能力"。在钓鱼岛问题上，如果海上保安厅要求，就将向国会提出"允许海上保安厅以最小限度武力，行使海上警备准备活动"法案。① 此外，立宪民主党还与共产党等在野党的步调一致，提出终止美军普天间机场向名护市边古野迁移。第五条是建立透明和值得信赖的政府，成立调查森友学园、加计学园、赏樱会事件的调查组。

"共产党政策公约"提出终结自公联合政权，指出只有实现政权更迭才能建立听取国民意见的新政权。具体包括四个改变：第一，否定弱肉强食的新自由主义，重视国民生命和生活，消费税率减到 5%；第二，打破气候危机僵局，倡导保护地球未来，立刻关闭全部核电站，力争在 2030 年关闭火力发电站，支持可再生能源，实现碳中和；第三，促进男女平等，消除男女工资差别，实施可自行选择的夫妻别姓制度，实现同性婚姻合法化；第四，依据宪法第九条进行和平外交，签署禁止核武器条约，阻止美军基地向名护市边古野迁移。②

"日本维新会政策公约"第一条是疫情对策，主张建立大型临时医疗设施，大规模接种疫苗，两年时间内减少消费税率至 5%，不再缴纳社会年金保险费，向企业和个人提供现金补助。第二条是推进规制缓和，主张从优先支持企业转变为优先关照消费者，减少对新创企业的限制，制定破产清算和重组的规则。改革社会保障体制，提升其可持续性。第三条是建立国民信赖

---

① 立憲民主党「立憲民主 政権政策 2021」、https：//change2021. cdp-japan. jp/seisaku/ ［2021-12-11］。
② 日本共産党「2021 総選挙政策 なにより、いのち。ぶれずに、つらぬく」、2021 年 10 月 11 日、https：//www. jcp. or. jp/web_ download/2021/10/2021-1. html ［2021-12-11］。

的政府,国会议员数量和议员工资削减 30%,设立文书院保管政府文书,防止篡改。第四条是修改宪法,推行免费教育,进行政府机构改革,设立宪法法院。日本维新会党首松井一郎还提出,针对部分在野党妨碍众参两院宪法审查会的运作,应积极推进讨论。①

"国民民主党政策公约"主张实施积极财政,制定 50 万亿日元新冠紧急对策,在未来 10 年再投入 50 万亿日元用于数字化建设,并发行 50 万亿日元教育国债,用于充实教育、科学技术经费,共计进行 150 万亿日元新投资,提高经济活力,发展新经济。② 党首玉木雄一郎提出"在政策辩论中,要提出问题的解决方案,不是为了反对而反对,坚持中道和改革政党姿态"。

"令和新选组政策公约"强调日本政府新冠疫情对策基本失败,自公政权危机管理能力弱化,导致日本国民为此付出生命代价,应尽早实现政权更迭,还主张立刻废除消费税,实施积极财政政策。该党认为政府提出消费税充实社会保障财源,其实是填补法人税减税空缺,所以一定要废除消费税。

执政党和在野党均提出"撒钱"的对策,而这只能依靠赤字国债增发,最终加剧年轻世代负担。许多在野党在主张下调消费税的同时,提出的解决办法依然是靠赤字国债填补。在本次众议院选举中,它们没有充分讨论日本面临的中长期问题,如经济低迷、贫富差距、财政赤字、少子高龄化、气候变化、地方创生、数字化、预防大型灾害、安全保障等。相比新自由主义主张减税、经济自由化、效率化、减少政府干预而言,岸田文雄提出的新资本主义则以收入分配为出发点,实现增长和分配的良性循环,率先提高护士、老年看护者和保育士等的工资水平。在此次众议院选举的政策争论中,过去 20 多年来在日本经济体系中居于主导意识形态的新自由主义饱受质疑。

---

① 日本維新の会「衆院選マニフェスト 2021」,https://o‐ishin.jp/shuin2021/ishin_manifesto.pdf〔2021‐12‐11〕。

② 国民民主党「『積極財政』に転換」,https://new‐kokumin.jp/policies/policy01〔2022‐02‐11〕。

二 执政党和在野党的激烈竞争

不包括日本维新会的五个在野党在 213 个小选举区推举统一候选人，其中立宪民主党 160 名，共产党 39 名。由于在 213 个选区中的 141 个选区，日本维新会没有推举候选人，执政党和五个在野党的统一候选人进行一对一竞选。然而，在野党的支持率持续低迷，很难撼动自公联合执政。《读卖新闻》在 10 月 14~15 日进行的全国舆论调查显示，立宪民主党的支持率为 6%，国民民主党为 1%；选民在比例代表区投票支持的政党，自民党占 44%，立宪民主党占 12%，公明党占 6%，共产党占 5%，日本维新会占 5%。① 相比 2009 年 7 月众议院解散之后而言，当时的民主党的支持率是 31%，选民在比例代表区支持民主党的比例达 42%，支持自民党的比例仅为 21%，因此才实现政权更迭。基于选情分析，自民党干部直接提出"没有政权更迭的现实性"。

本次众议院选举中，全国最为瞩目的选区之一是香川 1 区，在日本行政区划中，1 区是各县主要城市以及县厅所在地，对其他选区的选情往往产生多米诺骨牌效应，在各县 1 区获胜有利于政党在其他区获胜。立宪民主党国会对策副委员长小川纯也对阵原数字厅大臣平井卓也，共产党香川县委员长中谷浩一与小川频繁联系，积极支援小川竞选，而对香川 2 区候选人国民民主党党首玉木雄一郎采取自主投票政策。平井被称为高松市的"王国之主"，祖父曾任邮政大臣，父亲曾任劳动大臣，三代世袭，知名度极高，在过去 6 次选举中，小川在该选举区只获胜过一次。世袭议员平井，代表自民党保守、一成不变的形象，而小川正相反，是平民出身，平井阵营"出现了以前没有过的焦躁"。日本维新会拒绝参加在野党"共同斗争"，推举町川顺子参加竞选。小川最终获得 9 万张选票，顺利当选；平井获得 7 万张选

---

① 「比例選の投票先、自民4ポイント低下の44%・立民ほぼ横ばい12%」、『読売新聞』2021 年 10 月 16 日、https：//www.yomiuri.co.jp/election/shugiin/20211016-OYT1T50038/［2021-11-11］。

票，在比例代表区复活；町川获得 1.5 万张选票落选。相比而言，2017 年平井获得 8.1 万张选票当选，小川只获得 7.9 万张选票在比例代表区复活。可见，此次众议院选举中，在野党通过"共同斗争"推举统一候选人，在有些小选举区还是取得了局部优势。

在神奈川 13 区，在野党的"共同斗争"在小选举区竞选取得标志性胜利，在野党统一候选人太荣志对阵自民党干事长甘利明。甘利明曾在 2017 年众议院选举中获得 12.7 万张选票当选，太荣志获得 6.2 万张选票落选，日本共产党的岗崎裕获得 3.6 万张选票落选。本次众议院选举，共产党撤下候选人，统一推举太荣志为候选人。太荣志在草根阶层扩大支持群体，坚持在 13 个地点，在每个地点连续进行 13 个小时的竞选演讲，打造"能够听取不同阶层意见、与众不同"的亲民形象。在选战后期，媒体报道太荣志取得优势，在全国引发关注，这进一步有利于太荣志吸引无党派阶层选票。加之太荣志的政策主张是帮助在疫情中受影响的民众和养育孩子的父母，因此获得选民认可并最终获胜，取得 13 万张选票，而甘利明只获得 12.4 万张选票，不得不在比例代表区复活，作为负责选举事务的干事长在选举区落选，这在自民党历史上是第一次。①

此外，曾经担任大臣的自民党候选人也因在野党"共同斗争"而被拉下马，东京 8 区候选人石原伸晃历任国土交通大臣和环境大臣，曾在东京 8 区连续获胜。此次选举中，在野党共同推举 2017 年与石原对阵的吉田晴美为统一候选人。东京 8 区市民团体组织者指出，立宪民主党、共产党、令和新选组曾决定各推举一名候选人，协商后推举统一候选人，在野党能够形成选举合力。共产党原候选人转而帮助吉田发放宣传册，并在竞选演说中指出，"有人说不同政党集中推举候选人不好，但是学习别人，依靠多样性的、不同的力量，才能取得胜利"。得益于各在野党的支持，吉田晴美最终获得 13.7 万张选票，顺利当选，石原只获得 10.5 万张选票落选，日本维新会的笠谷圭司仅获得 4 万张选票落选。

---

① 福井しほ「立憲は一方的だった」、『AREA』2021 年 11 月 15 日、67 頁。

　　"共同斗争"巩固了在野党在一些关键选区的优势，东京18区包括武藏野市和府中市，立宪民主党候选人菅直人和自民党候选人长岛昭久展开竞争。此前的东京18区是菅直人和自民党候选人土屋正忠展开竞争，2017年，菅直人以1000票微弱优势获胜。2017年众议院选举，长岛昭久是东京21区候选人，自民党要求长岛昭久在此次众议院选举转换到东京18区。自民党干事长甘利明、前首相安倍晋三前来支援长岛昭久。但是，东京都武藏野市是自由主义大本营，早在2021年夏天，在众议院选举"前哨"东京都议会选举中，菅直人全面支持的新人五十岚惠里在武藏野市选区顺利当选。在10月3日投票和开票的武藏野市长选举中，立宪民主党等在野党支持的现任市长松下玲子顺利当选。东京18区的选举结果是菅直人获得12.2万张选票当选，长岛昭久获得11.5万选票，不得不在比例代表区复活。

　　据日本经济新闻社统计，本次众议院选举共计465个议席，分别有小选举区289个议席、比例代表区176个议席。自民党获得261个议席，公明党获得32个议席，执政党在国会取得绝对稳定多数（261个）议席，即在17个众议院常设委员会中每个委员会所获议席均过半数，并取得委员长职位。立宪民主党获得96个议席，日本维新会的议席数增至41个，成为排在自民党和立宪民主党之后的日本第三大政党。在小选举区，自民党获得189个议席，占全部议席的65%，比2017年众议院选举减少26个议席；公明党获得9个议席，使执政党议席数占到69%；立宪民主党、共产党、国民民主党、社民党和令和新选组5个在野党获得65个议席，占22%；日本维新会获得16个议席，在大阪府的15个选区获胜；无所属候选人获得10个议席。在比例代表区，执政党获得95个议席，在野党获得81个议席。5个在野党在289个小选区中的213个选区推举统一候选人，在213个选区中获得59个议席，获胜率是28%，执政党获得137个议席，获胜率是64%。在213个小选举区中，相差1万张选票以内落选的5个在野党统一候选人共31名，其中选票相差1000票以内的选区有4个，在野党"共同斗争"在小选举区取得显著效果。如果这些选区全部获胜，5个在野党的统一候选人就能在213个选区获得 90 个议席，获胜率将超过 40%。

5 个在野党在 76 个选举区推举两名以上候选人，5 个在野党候选人获得 6 个议席，获胜率为 8%，选票进一步分散对执政党有利。如果 5 个在野党在 76 个选举区都能贯彻推举统一候选人，或可多获得 6 个议席（以 5 个在野党候选人获得的合计选票计算），包括东京两个选区，琦玉、爱知、京都、大阪各一个选区。5 个在野党推举统一候选人，形成在野党和执政党一对一对决的选区是 141 个，最终执政党获得 98 个议席，5 个在野党获得 40 个议席。执政党、5 个在野党和日本维新会分别推选候选人的三极对立选区是 69 个，执政党获得 38 个议席，5 个在野党统一候选人获得 21 个议席。执政党在 2017 年获胜而本次选举中失败的选区共 40 个，其中 5 个在野党获得 29 个议席，日本维新会获得 11 个议席。5 个在野党获胜的选举区中约 90% 采取推举统一候选人方式，如北海道 2 区、9 区，宫城 2 区，秋田 2 区，福岛 4 区，东京 3 区、5 区、8 区、9 区、19 区，神奈川 1 区、13 区、16 区，京都 6 区，千叶 1 区、8 区、9 区，琦玉 12 区，静冈 3 区、8 区等。

立宪民主党在选战中失败，议席数为 96 个，比解散前减少 14 个。在小选举区有 57 名候选人当选，比解散前增加 9 人，但比例代表区获得 39 个议席，比解散前的 62 个议席大幅减少 23 个议席。立宪民主党失败的主要原因，首先是立宪民主党和日本共产党之间政策相左，枝野幸男提出以日美同盟为基轴的现实主义外交、安全保障政策，而日本共产党提出废弃《日美安保条约》，撤销美军驻日基地、取消自卫队。针对朝鲜发射新型弹道导弹、俄罗斯海军舰艇绕行日本一周，日本右翼保守势力借机煽动日本国民恐怖情绪，对立宪民主党和共产党"共同斗争"形成不利影响。其次，立宪民主党主要支持团体"联合"反对立宪民主党与共产党等在野党"共同斗争"，除"官公劳"之外的"联合"旗下的工会都由经团联旗下企业的工会组成，这些工会明确反对日本共产党。对此，"联合"会长芳野友子批评称，就这次选举结果而言，没有工会会员投票的政党。立宪民主党内部也有人提出，"共同斗争"导致支持立宪民主党的稳健保守阶层放弃支持立宪民主党。此外，日本共产党攻击公明党和创价学会，创价学会担心日本共产党得势之后，会限制宗教团体政治活动，因此创价学会会员坚决反对共产党候选人或 5 个在野党统一候选人，全力支持自民党候选人，增强了自公两党在选举中的合作凝聚力。

日本维新会没有参加在野党"共同斗争"，其在大阪 19 个小选举区中取得 15 个选举区的胜利，并在兵库县赢得 1 个议席，甚至出现了从解散前的 11 个议席增长到 41 个议席的现象。日本共产党获得 10 个议席，没有达到解散前的 12 个议席；国民民主党取得 11 个议席；超过解散前的 8 个议席；令和新选组获得 3 个议席，超过解散前的 1 个议席；社民党仅获得 1 个议席。

自民党在小选举区获得的选票数共计 2762 万张，与 2009 年造成自民党下台的众议院选举获得的选票数相当。但是，本次选举的投票率只有55.93%，而 2009 年的投票率是 69.28%。2012 年众议院选举中，自民党在小选举区获得 239 个议席，占全部议席的 79%，得票数是 2564 万张，当时的投票率是 59.65%，比 2009 年众议院选举低 10 个百分点。在小选举区自民党固定票约占总票数的 1/4，所以就形成了投票率越低则取得议席数就越多，投票率越高则取得议席数就越少的现象。

《读卖新闻》在 11 月 1 日、2 日进行的紧急全国舆论调查显示，认可立宪民主党与共产党"共同斗争"的为 57%，不认可的为 30%；立宪民主党支持层认可与共产党"共同斗争"的为 50%，不认可的为 43%；无党派阶层认可立宪民主党与共产党"共同斗争"的为 28%，不认可的为 52%。针对执政党取得半数以上议席，认为是好的为 55%，认为是不好的为 28%，认为执政党和在野党议席比例正好的为 41%，认为在野党应该取得更多议席的为 40%。对于今后岸田内阁优先课题（多选项），91% 的受访者选择经济景气和就业政策，80% 的受访者选择年金等社会保障政策，79% 的受访者选择新冠疫情对策，74% 的受访者选择环境和能源政策。岸田内阁支持率为56%，不支持率为 29%；对于政党支持率，自民党为 39%，立宪民主党为11%，日本维新会为 10%，回答没有支持政党的为 26%。

三 日本政坛保守修宪势力的扩张

此次众议院选举，以立宪民主党为代表的左派势力削弱，自民党和政治光谱上位于自民党右侧、并不重视传统价值观的日本维新会取得胜利。日本维新会主张增加国防经费，废除防卫费不超过国内生产总值1%的惯例，强化网络安全，主张以日美同盟为基轴，组成日、美、英、印、澳的联盟体制，提高日本防卫力，修改宪法。日本维新会代表松井一郎甚至提出"核共有"政策，并将其写入2022年参议院政策公约，要求美军在日本部署核武器，日美两国共同使用核武器。① 立宪民主党的原首相菅直人批评日本维新会是比自民党还要右倾的政党。但是，日本维新会提出的改革政策，得到了普通民众的认可，其可能从大阪地区性政党发展为全国性政党，其动向及影响值得关注，本次众议院选举可能成为日本政治发展的一个转折点。②

2021年众议院选举另一个值得关注的动向是，自民党、公明党和日本维新会等赞同修改宪法的议员数量从解散前的324个增加到选举后的334个，超过国会发出修宪动议所需的众议院2/3（310个议席）。2021年11月1日，岸田文雄对记者表示要推进修宪讨论，"修改宪法是自民党政治纲领，要超越执政党和在野党界限展开深入讨论，争取获得2/3以上赞成"，还提出"举办各种活动，取得国民理解和赞同"。自民党内的宏池会在政治理念上是反对修宪的，岸田文雄曾在2015年10月岸田派研修会上称，"我不赞同修宪，这是我们的立场"。③ 在自民党总裁选举中，岸田为争取安倍的支持，明确表示"在总裁任期中实现修宪"，但岸田在众议院选战中又几乎没

① 「『維新は自民より右翼的』 立民・菅直人氏、松井氏に質問状」、『あなたの静岡新聞』2022 年 5 月 16 日、https://www.at-s.com/news/article/national/1066874.html［2022-05-17］。

② 待鳥聡史「衆院選後の政治はどう変わるか」、『Voters』No. 65、2022 年 1 月、15 頁。

③ 半田滋「3 年以内に憲法改正…？改憲勢力の勝利で、これから起こる『恐ろしい事態』」、現代ビジネス、2021 年 11 月 4 日、https://gendai.ismedia.jp/articles/-/88928［2022-01-17］。

有提及修改宪法。①

  自民党修宪方案计划修改四个条款。第一，在宪法中明确自卫队地位，消除自卫队违宪论。维持现行宪法第九条第一项和第二项，增加第三项，明确自卫队地位，谈及自卫举措，行使"自卫权"。第二，强化国会和内阁权力，以应对紧急事态。发生紧急事态时，维持国会正常机能，如果不能维持国会正常机能，则强化内阁权限，计划在宪法中规定快速应对紧急事态的计划和构想。第三，消除参议院合区。由于日本地方人口急剧减少，2013 年参议院选举，一张选票背后代表的人口差距达到 4.77 倍，最高法院判决违宪并将鸟取县和岛根县、德岛县和高知县分别合并为 1 个选举区，此举遭到当地居民反对，德岛县在 2018 年参议院选举中创下 38% 的历史最低投票率。在东京等大城市，选区又经常变更区划，导致选民在每次选举之际不知道所属选区。自民党修宪方案是平衡地方和大城市的意见，主张地方在选举中具有特殊意义，应维持以都道府县为单位的选举制度，以集中反映当地的民意。第四，充实教育环境。现行宪法虽然主张义务教育应无偿化，但日本国宪法第八十九条规定政府不能用公共资金支持非公事业，此条文被解读为不能向私立学校支付补助金。自民党认为日本是一个人口减少的社会，需要培育人才，应将教育放在重要位置，每个公民都享有教育机会，需变更对私立学校的助学规定。

  日本维新会党首松井一郎在 11 月 2 日记者会上表示，应在 2022 年参议院选举前完成修宪法案，并与参议院选举同时提交国民投票。日本维新会修宪方案是设立宪法法院，由于现行宪法中没有规定设立宪法法院，违反宪法的法律很难成为废案，政府和法院随意对政治和行政进行宪法解释，这项修改易于获得国民赞同。日本维新会针对宪法第九条，提出在坚持和平主义、放弃战争基础上，明确自卫队的地位；针对紧急事项条款，日本维新会主张参考日本各种危机状况，制定条款。这与自民党修宪方案基本一致，其中关

---

① 「改憲勢力、議席伸ばす　躍進の維新、議論進展要求」、時事ドットコム、https://www.jiji.com/jc/article? k = 2021110300567&g = pol ［2022-01-13］。

于紧急事态条款受到国民强烈批评，反对在灾难或战争时，首相可以宣布紧急事态，因为此举将令政府获得极大权限，甚至可以制定与法律效力相同的政令，迫使国民必须服从。

公明党在众议院选举公约中提出坚持宪法第九条第一项、第二项，主张宪法第九条规定的专守防卫理念为日本国家做出过巨大贡献，并称"有修宪方案在第九条第三项中明确自卫队地位，但很多国民理解和支持现在自卫队活动，并不认为自卫队违反宪法"，因此，不需要在宪法中明确自卫队地位。针对紧急事态条款，山口那津男提出国家有各种紧急事态，可以在各危机管理的法规中完备对私权的一定制约、手续和必要的赔偿规定，没有必要在宪法中设立紧急事态条款。

启动修宪程序需要获得参议院 2/3 以上议席的支持，自民党、公明党、日本维新会三党合计为 164 个议席，距 2/3 议席还差 10 个议席。因此，自民党与公明党需在 2022 年参议院选举中合作，维持在参议院中的过半数议席，才能在参议院选举后正式启动修改宪法程序。国民民主党曾在 2020 年12 月整理修宪论点，讨论包括行使集体自卫权在内的三个行使自卫权的案例，预计自民党等修宪势力将拉拢国民民主党共同推进修宪。就修宪条款，自公执政联盟之间存在一定分歧，而日本维新会与自民党的意见相近，岸田政权在选举上借助公明党力量，在政策面上与日本维新会协调，造成公明党的立场动摇。然而，在国会和地方选举中，公明党需要与自民党展开合作，在修宪问题上可能不得不配合自民党的政策。另外，岸田文雄成功修宪，还需要巧妙地利用政坛第三极力量的日本维新会。与修宪势力呈现集结的态势相比，反对修宪的在野党的势力趋于薄弱，立宪民主党和日本共产党在此次选举中失利，议席数减少，反对修宪的旗手枝野幸男在选举后辞职。

四　结语

自民党和公明党在众议院选举中成功获得绝对稳定多数的议席，在野党的"共同斗争"在小选举区取得一定成果，但立宪民主党和日本共产党在组织、政策上缺乏整合，在选举中惨遭失利。自 2012 年民主党下野以来，在野党一直处于分裂状态，这也有利于自民党成功操控政局，能够在获胜时机反复举行选举，阻止在野党重组和重振。本次众议院选举中，自民党减少 15 个议席，公明党增加 3 个议席，公明党在自公联合执政机制内的作用更加突出，鉴于公明党对修改宪法第九条、增强日本军事能力、获得对敌导弹基地攻击能力等持慎重立场，自民党需要更好地与公明党协调。

展望日本今后政局发展，众议院选举后，岸田政权面临三个问题：新冠疫情的反复、经济景气的复苏、人口减少。尽管自民党在 2022 年参议院选举中获胜，但岸田文雄为谋求政治稳定，防止"短命内阁"的出现，仍需切实解决上述课题，回应国民期待。岸田文雄虽然在选战中提出"新资本主义"，"增长和分配的良性循环"，但实际情况是依赖不断增加的赤字国债，截至 2021 年底，日本国债规模是 GDP 的 2.66 倍，且还需继续发行大量国债。经济同友会发布报告称，若要维持国债与 GDP 的适当比率，需将消费税税率提高到 19%。① 预计今后岸田政权的经济政策很难提振日本经济活力，提高消费税又是日本政坛的魔咒，往往成为弱势政权下台的主要诱因，若自民党连续更迭领导人的问题无法解决，就会再次发生政权更迭。

（审读专家：张伯玉）

---

① 「危機説 VS 楽観論、『国の借金』1200 兆円でバトル」、時事ドットコム、https：//www.jiji.com/jc/v4？id＝202105keizaihyaku0070001［2022-01-13］。

B.10
中美博弈深化下日本的角色及其战略选择

卢 昊*

摘 要： 拜登政府上台以来，总体维持并强化对华竞争战略，中美博弈日趋深化。在此背景下，中美日三边关系在既有走势上呈现新的动向，日美同盟协调强化，中日关系则趋向冷却。中美日三方博弈焦点集中于意识形态、经济技术、台湾问题及印太等领域，美日联合遏华态势加强，但美日在具体领域的对华政策仍有差别。作为中美日中的"活跃角色"，日本持续聚焦中美战略博弈，以确保战略自主性为核心目标，在倾向依托美国主导的盟友体系的同时企图保持"相互灵活"立场，在国际秩序建构中着力加强"价值观外交"，加速改革国家安全战略以强化自主防卫态势。中美博弈深化背景下，日本的战略选择将给中美日三边发展乃至亚太国际关系带来重要影响。

关键词： 日美同盟 中美博弈 中日关系 拜登政府 对外战略

2021年初拜登政府上台后，意图在管控中美冲突风险的同时，维持乃至强化对华竞争战略，导致中美博弈持续深化，并由此驱动日美、中日关系变化，美日联合遏华态势日益突出，中美日关系"内部张力"趋向增强。在此背景下，日本持续将应对中美博弈作为自身对外战略首要问题，在中美日三边中继续发挥活跃作用。在意识形态、地缘战略、经济安全等领域，中

---

* 卢昊，中国社会科学院日本研究所综合战略研究室副主任、副研究员，主要研究方向为日本外交、亚太国际关系。

美日战略博弈强度显著升高，形势趋向复杂。在总体上强化与美战略配合的同时，日本也体现出自己特有的、与美方有所差别的施策手段，这反映出日本在中美日博弈中有着特定利益诉求与相对独立的战略考量。

一 当前中美日关系基本形势

当前国际局势下，中美关系不仅直接影响中美日三边关系中的另两组关系即日美、中日关系，也引导国际格局及秩序重构趋势，推动大国博弈强度上升，复杂性提高。在2021年，中美、日美及中日关系呈现以下基本形势。

（一）中美关系相对平稳，但博弈持续深化

拜登政府上台后，在对华战略上还是延续了特朗普政府的基本方针。2021年2月初与4月底，拜登在自己首个外交政策演讲及国会演讲中称，中国是美国"最严峻的竞争对手"。① 3月3日，美国国务卿布林肯在自己首个外交政策演讲中称，中国是"21世纪美国面临的最大地缘挑战""唯一在经济、外交、军事、科技上对美国构成挑战的国家"，并用"3C"概括当前美国对华政策，称美国将"从实力地位出发应对中国"。② 同期拜登政府公布的《临时国家安全战略纲要》，将中国定位为"唯一有能力对稳定开放的国际体系构成持久挑战的对手"。总体上，美国对中国的基本战略定位仍是"最大竞争对手"，竞争仍是对华政策的核心主旨，中美战略竞争态势

---

① 参见"Remarks by President Biden on America's Place in the World," White House Website, February 4, 2021, https://www.whitehouse.gov/briefing-room/speeches-remarks/2021/02/04/remarks-by-president-biden-on-americas-place-in-the-world/［2022-01-11］；"Remarks by President Biden in Address to a Joint Session of Congress," White House Website, April 29, 2021, https://www.whitehouse.gov/briefing-room/speeches-remarks/2021/04/29/remarks-by-president-biden-in-address-to-a-joint-session-of-congress/［2022-01-12］。

② 所谓"3C"即 Compete、Collaborate、Confront（竞争、合作、对抗），布林肯将未来美国对华政策定位为"应该时竞争、可以时合作、必要时对抗"。参见 Anthony J. Blinken, "A Foreign Policy for the American People," U.S. State of Department Website, March 3, 2021, https://www.state.gov/a-foreign-policy-for-the-american-people/［2021-12-01］。

并未减弱，反而呈现纵深发展趋势。

相比特朗普时期中美关系的剧烈震荡，拜登执政至今，中美关系虽矛盾不断，但总体相对平稳。2021年初以来，中美高层对话逐渐恢复并趋向频繁，其中2021年9月与12月，习近平主席与拜登总统两度通话。中美首脑均否定了两国关系陷入"新冷战"的前景，表明将防止中美关系"脱轨"。11月，中美在联合国气候变化格拉斯哥大会期间发表联合宣言，展现合作姿态。从拜登政府对华政策看，一方面，相比特朗普的集中施压与单边对抗，拜登政府更倾向于利用多边制衡，调动盟友力量开展对华竞争，在多领域组织"制华同盟"，"逐步但确实地"挤压中国战略空间，这使中美短期矛盾有所缓和，但中长期斗争形势更趋复杂；① 另一方面，基于管控风险、避免直接冲突考虑，拜登政府亦谋求与中方保持战略沟通，乃至开展"有限合作"。在中美首脑对话后，美方在国际多边场合再度提及中美合作，并提出所谓"再挂钩""持久共存"等概念。② 美国总统国家安全事务助理沙利文表示，中美将在"利益一致的紧迫问题上"接触并合作，如应对气候变化、新冠疫情以及伊核问题、朝鲜半岛局势等地区热点。但总体上，中美博弈的深化仍是大趋势。相比特朗普时期，拜登执政下的美国更明确聚焦"中国挑战"，更讲求体系性对华竞争，更倾向于把依赖"基于共同价值观的盟友"作为核心手段。③ 中美在军事安全、意识形态方面矛盾突出且有新发展，与安全密切相关的经济和科技领域更成为两国博弈的新战场。

---

① Kawashima, Shin, "The Challenges of U. S.' China Policy," https：//thediplomat. com/2021/04/the-challenges-of-us-china-policy/ ［2021-12-05］.

② "A Conversation with Ambassador Katherine Tai, U. S. Trade Representatives," Centre for Strategic and International Studies, October 4, 2021, http：///www. csis. org/analysis/ conversation-with-ambassador-katherine-tai-us-trade-representatives ［2021-12-08］.

③ "Remarks by President Biden to U. S. Air Force Personnel and Families Stationed at Royal Air Force Mildenhall," White House Website, June 9, 2021, https：//www. whitehouse. gov/briefing-room/speeches-remarks/2021/06/09/remarks-by-president-biden-to-u-s-air-force-personnel-and-families-stationed-at-royal-air-force-mildenhall/ ［2021-12-15］.

（二）日美关系重新升温，同盟协作有所提升

在美国维持对华竞争战略、中美博弈深化背景下，日美关系近年来总体持续强化。但在特朗普"美国优先"外交方针下，日本对美国的战略信任下降，日美战略联动面临障碍，两国在经贸协定、防卫费分摊方面的矛盾公开化。而拜登积极修复与以日本为首的亚太盟友关系，推动日美关系重新升温。拜登上台后，日美高层对话频次有所增加，且会议气氛更加友好亲密。2021 年 1 月下旬，时任日本首相菅义伟成为首个与拜登通话的外国首脑。新首相岸田文雄组阁后次日即与拜登通话。在日方积极争取下，岸田与拜登于 2022 年 1 月举行视频会谈，并敲定拜登春天访日。① 美、日外交及防务部门也保持了密切磋商。拜登上台一年时间内，日美"罕见"地举行了两次外交与防务"2+2"部长级会议，反映出双方意欲迅速修复互信、加强同盟协作。② 2021 年下半年，一度陷入僵局的日美防卫费分摊谈判重启，经过磋商，日本基本同意增加负担的美军驻留经费。2021 年 12 月中旬，美国参议院批准曾担任白宫办公厅主任、与拜登关系密切的拉姆·伊曼纽尔为新任美国驻日本大使，填补了自 2019 年 7 月以来该职位的空缺。

日美高层对话中，美方多次高度评价日本，重申对日本的"安全保护"与战略支持，强调"让日美关系成为同盟合作典范"，鼓动日本在同盟内承担更多权责，从而修复日本在特朗普时期受损的对美国的信任，进一步调动日本在美国同盟战略中的积极性。日方亦急于构建两国首脑间的"信赖关系"，利用拜登政府重视意识形态因素特点，重建日美之间的"价值观纽带"，"让基于自由、民主主义、人权、法治等价值观结成的日美同盟更加牢固"。③

---

① 外务省「日米首脑テレビ会談」、https：//www.mofa.go.jp/mofaj/na/na1/page1_001086.html［2022-02-01］。

② 「日本、2プラス2过去最多 バイデン政権1年で対中国变化」、『日本经济新闻』2022 年 1 月 21 日。

③ 首相官邸「第二百五回国会における岸田内阁总理大臣所信表明演说（2021 年 10 月 8 日）」、http：//www.kantei.go.jp/100_kishida/statement/2021/1008shoshinhyomei.html［2022-01-15］。

2021 年，日美通过高层对话与各层级实务磋商，加强同盟协作，着重推动以下议程：第一，基于"日益严峻的地区安全形势"而全面强化双边军事安全合作，切实提升日美同盟的威慑力与应对力，美国支持日本进一步强化防卫力并推动国家安全保障战略改革；第二，明确以日美为主导，投入更大力度构建"自由开放的印太"地区，加强与印太地区乃至地区外"志同道合国家"的合作，使日美关系"作为印太地区乃至国际社会和平与繁荣基石"；① 第三，在全球治理特别是新冠疫情防控、气候变化、核裁军方面加强协调合作。② 尽管日美在具体议题上仍有分歧，但双方针对中国的"共同战略指向"保持稳定并得到强化，政治对话也较为有效地改善了双方的互信水平与战略联动。

（三）中日关系趋向冷却，摩擦矛盾有所增加

在中美博弈深化、日美关系改善的情况下，中日关系延续新冠疫情以来的逐渐下行趋势，虽未爆发严重冲突或危机，但摩擦矛盾进一步增加。2021年，中日高层交流较为有限，战略对话相对停滞，各层级实务磋商集中在经济、海洋事务层面。菅义伟政府后期尽管仍声称要构建"稳定的日中关系"，但日益倾向于与美国加强"战略捆绑"，深化与其他"民主盟国"的协作并排斥中国，中日摩擦矛盾持续上升。岸田接任首相后，中日首脑很快实现通话，重申切实践行"互为合作伙伴、互不构成威胁"的政治共识，密切沟通合作，管控分歧，基本确保了两国关系的平稳过渡。③ 但中日关系中仍存在显而易见的负面因素与风险隐患。一方面，中美博弈深化背景下，日本对华政策受美国战略牵引，"挟美遏华"以争取博弈优势的倾向增强；

---

① 外務省「日米安全保障協議委員会（日米「2+2」）（概要）」、https：//www. mofa. go. jp/ mofaj/na/st/page4_ 005483. html ［2022-02-02］。

② 参见外務省「日米首脳電話会談（2021 年 10 月 5 日）」、https：//www. mofa. go. jp/mofaj/ na/na1/us/page4_ 005427. html ［2021 - 10 - 15］；外務省「日米首脳テレビ会談」、https：//www. mofa. go. jp/mofaj/na/na1/page1_ 001086. html ［2022-02-01］。

③ 《习近平同日本首相岸田文雄通电话》，中国外交部网站，https：//www. mfa. gov. cn/web/ wjdt_ 674879/gjldrhd_ 674881/202110/t20211008_ 9584987. shtml ［2021-10-10］。

另一方面，日本对华竞争防范思维日趋主导战略决策，国内对华舆情持续走向恶化，执政党、政界及要求强硬对华的呼声日益上升。在 2021 年自民党总裁选举与众议院选举中，包括岸田在内的候选人大多积极做出强硬对华姿态，以迎合政界保守势力与民粹主义舆论。①

作为安倍时期的外务大臣，岸田力争在继承"安倍—菅"外交路线前提下，逐步彰显政治手腕与自身政策特色，在对华政策上则维持协调合作与牵制防范并重的两面策略，并"适时"展现对华姿态上的"坚决"乃至强硬。2021 年 10 月 4 日，在当选首相后的首次记者会上，岸田就中日关系表示，中国是日本的重要邻国及最大的贸易伙伴，"必须继续维持对话"。② 10 月 8 日，岸田在首次国会施政演讲中表示："与中国构筑稳定的关系，对两国乃至地区和国际社会都极为重要。"同时，岸田强调要在对华交涉中坚守日本利益，"与同盟国和志同道合国家携手"制约中方行动。③ 2022 年 1 月 17 日国会施政演讲中，岸田在表示将着眼于中日邦交正常化 50 周年，力争与中国构筑"既具建设性又稳定的关系"的同时，继续将"坚持应该坚持的主张，切实呼吁中国采取负责任行动"作为对华政策的基本目标，展现出对华牵制的姿态。④ 在此背景下，中日传统意义上的政治安全矛盾及历史遗留问题难以化解，而意识形态、台湾问题、经济安全保障等则由于日本积极动用遏制性政策工具、强化对华制衡而成为新的矛盾焦点，这也让中日关系未来走向的不确定性进一步增强。

---

① 「自民総裁選、対中国・安保に濃淡　岸田氏、人権担当新設/高市氏、対サイバー新法/河野氏、安保戦略見直し」、『朝日新聞』2021 年 9 月 21 日。
② 首相官邸「岸田内閣総理大臣記者会見（2021 年 10 月 4 日）」、https：//www. kantei. go. jp/jp/100_ kishida/statement/2021/1004kaiken. html ［2021-10-10］。
③ 首相官邸「第二百五回国会における岸田内閣総理大臣所信表明演説（2021 年 10 月 8 日）」、http：//www. kantei. go. jp/jp/100_ kishida/statement/2021/1008shoshinhyomei. html ［2021-10-10］。
④ 首相官邸「第二百八回国会における岸田内閣総理大臣施政方針演説（2022 年 1 月 17 日）」、https：//www. kantei. go. jp/jp/101_ kishida/statement/2022/0117shiseihoshin. html ［2022-02-02］。

二　中美日博弈焦点领域及日本的角色

在中美战略竞争长期化、常态化且日趋深入的情况下，日本的角色日益无法忽视，参与博弈的主动性及影响力亦不断提升，从而让中美博弈在很多领域体现出中美日三方博弈的特征。当前，中美日博弈日益聚焦意识形态、经济技术、地缘政治等问题领域，总体上，美日联动遏制中国的态势较为明显，但在配合美国战略方向、运用自身"战略资产"制衡中国的前提下，日本的具体策略方式、措施力度仍与美国存在一定差别。

（一）意识形态

拜登政府将维护美国主导"自由主义国际秩序"与对华竞争手段相结合，将人权作为对华"价值观外交"核心，大肆炒作所谓"人权问题"，并将其与贸易、技术问题挂钩，联合盟友强化对华制裁。[①] 在美国的挑动下，中国与欧盟围绕"人权问题"的矛盾激化，进而导致中欧关系震荡。2021年12月，美国牵头召开"民主峰会"，聚焦所谓反腐败和保护人权等议题，实质上是纠合"民主盟国"共同对华施压。[②]

在美国利用人权等意识形态工具对华施压时，日本亦强调发挥"价值观外交"的作用制衡中国。特别是岸田上台后，公开宣称自己"新时代现实主义外交"的首要支柱就是"珍视自由、民主主义、人权、基于法治等价值观和原则"。[③] 岸田力图用价值观重新引领外交政策，把"人权外交"

---

① 金君达、邹冶波：《大国博弈时代的全球政治与安全》，载张宇燕主编《全球政治与安全报告（2022）》，社会科学文献出版社，2022。

② 「首相、参院選まで火種回避　米中・コロナ・経済が関門」、『日本経済新聞』2021年12月21日。

③ 首相官邸「第二百八回国会における岸田内閣総理大臣施政方針演説（2022年1月17日）」、https：//www.kantei.go.jp/jp/101_ kishida/statement/2022/0117shiseihoshin.html［2022-02-02］。

作为招牌政策,① 其新设的人权问题首相辅佐官,由前防卫大臣中谷元担任,自民党内部亦成立"外交人权问题项目组",为其提供政策支持。② 在此基础上,日本在国际场合积极响应美方,对所谓的"人权问题""深表关切",强调将基于人权等价值观立场"在各层面与中国交涉"。2022 年 2 月 1 日,日本众议院通过所谓"人权决议",恶意诋毁中国人权状况。

需要看到,日本在支持美国意识形态对华施压的同时,在具体策略上亦保留了"余地"。在所谓涉华"人权问题"上,以"密切关注"与"间接批评"为主,避免进行实质制裁激化中日矛盾,同时保持与中方在相关问题上的"对话姿态"。尽管自民党内不断有意见要求立法制裁中国,但 2021 年 11 月岸田在国会答辩中表示,目前不会考虑制定日本版"马格尼茨基法案"。针对美国以"人权问题"为由鼓动盟友对北京冬奥会实施"外交抵制",岸田表示将"根据本国利益做出独立判断",最终以"不派遣政府代表"方式,派出东京奥组委主席桥本圣子等访华。但是日本强调"人权外交"并追随美国干涉中国内政、强化对华制衡,仍然为中日关系增加了新的对立因素。

(二)经济与技术

拜登政府基于增强对华长期战略竞争效果考虑,尤其重视在科技、产业与贸易等领域构建"制华同盟"。美国以维护经济安全为名,使用"强制性经济方略"(coercive economic statecraft)的范围大幅扩大,强度大幅增加,体现为针对中国的经贸管制、投资规制及人才签证限制等。且美国日益强调与"志同道合国家"联合,建立排除中国的技术联盟和供应链联盟。③ 美国还积极与盟国开展"新尖端技术相关合作",在敏感及涉密技术领域加强合作,封锁中国防止其在相关领域通过国际合作发展技术。

---

① 「(社説)日本の人権外交　普遍的価値掲げるなら」、『朝日新聞』2021 年 12 月 18 日。
② 「人権担当補佐官に中谷氏　首相　ポスト新設　対中国「毅然と対応」」、『読売新聞』2021 年 11 月 9 日。
③ 归泳涛:《经济方略、经济安全政策与美日对华战略新动向》,《日本学刊》2021 年第 6 期。

作为美国的主要盟友，重视经济安全的日本积极与美国围绕经济安全保障强化战略联动。岸田上台后重点推进经济安全保障政策，在机构、政策及法制方面加紧综合施策。① 日美合作方面，2021 年 4 月，菅义伟访美与拜登发表联合声明，宣布两国将"在包括半导体在内的敏感供应链方面加强合作"，并在生命科学、人工智能、太空技术等领域重点合作，两国还宣布构建"美日竞争力与韧性伙伴关系"，共同开展经济技术创新合作，研发"安全和开放的下一代通信网络"②。2022 年 1 月，岸田与拜登视频通话，同意设立日美经济版"2+2"会议机制，以在供应链和技术开发方面加强合作。③ 另外，日美正在商议设立用于限制尖端技术出口的新框架，对象或将包含半导体设备、量子密码、人工智能等相关技术，并将协调欧洲"民主盟国"加入，打造现代版"巴统"。日美的上述经济技术合作具有明确的针对中国的竞争性与排斥性，特别是以确保先进技术垄断、防止其流入中国为目标。

在借经济安全保障名义遏制中国经济技术发展方面，日美的方向具有一致性，但在具体策略上有所区别。如在外资审查方面，日美基本保持步调一致，而在出口管制方面，日本没有采取类似美国的单边行动及实体清单做法，而是依据既有国际制度参与多边出口管制。在经济政策上，目前，日本尚未公开参与以排除中国为目的的集团或网络，也不像美国那样要求政府及企业全面切割与中国企业的供应链合作，而倾向于仅在政府采购层面限制中国科技产品，加强对日本敏感技术的保护。这表明，日本试图在美国关于对华经济技术博弈的要求与中国的巨大市场吸引力之间做出平衡。总体上，日

① 比如，岸田在内阁新设经济安全保障担当大臣。2021 年 11 月，日本政府在内阁官房设立"经济安全保障法制准备室"，争取在 2022 年内向国会提出"经济安全保障推进法案"，在供应链强韧化、维持重要基础设施、确保技术基础与专利非公开化方面加强立法，并计划在年内新修订的《国家安全保障战略》中增加经济安全条款。参见〔社说〕経済安全保障 米中競争時代の新たな戦略を」、『読売新聞』2021 年 11 月 26 日。

② 外务省「日米首脳共同声明：新たな時代における日米グローバル・パートナーシップ」、2021 年 4 月 16 日、https：//www.mofa.go.jp/mofaj/files/100200052.pdf［2021-05-10］。

③ 「対中国、日米連携探る 経済安保、深化で一致 経済版 2 プラス 2 新設 首脳会談」、『日本経済新聞』2022 年 1 月 23 日。

本从维护同盟合作角度出发支持前者，但从现实利益需求出发必然兼顾后者，保持对华经济与技术合作。

（三）台湾问题

拜登政府下美国"以台制华"的战略更趋鲜明。美方一方面声称"无意改变台海现状"；另一方面大肆渲染"两岸军力失衡"及"大陆即将武力攻台"前景，在国际场合牵引各方关注"台海和平稳定"，制止中方"单方面改变现状"，同时谋求强化与中国台湾的实质关系，为岛内"台独"势力撑腰。美方举措严重动摇中美关系政治基础，导致中美围绕台湾问题的博弈上升、强化。

在美国以"切香肠"方式干涉台湾问题的情况下，日本亦以更为积极的姿态介入台海形势，将台湾问题作为牵制中国的重要工具。2021 年 10 月，岸田在国会质询中表示，将在"维持（与台湾的）非官方实质关系的以往政府方针下，力图进一步深化日台间的合作和交流"，"将关注围绕台湾的局势"。2021 年日本《防卫白皮书》首次明确写入"台湾情势稳定对日本重要"。[1] 2021 年 2 月，自民党外交部会成立"台湾政策研讨小组"，探讨所谓"日台议员"交流及"安全合作"议题，外务省也将在亚洲大洋洲局新设"台湾企划官"，专门应对台湾问题。6 月，日本参议院决议支持中国台湾以观察员身份参加世卫组织大会，岸田上台后亦对中国台湾加入《全面与进步跨太平洋伙伴关系协定》（CPTPP）公开支持。[2] 8 月下旬与 12 月下旬，自民党先后两次与台湾民进党举行所谓"执政党 2+2"会谈，谋求变相发展对台实质关系。另外，日本向中国台湾提供新冠疫苗，积极加强"日台议员交流"。日本右翼保守政要纷纷鼓吹"日台亲善"，要求制定日本版"对台湾关系法"，乃至放

---

[1] 「防衛白書、台湾有事の尖閣波及を警戒　島しょ防衛強化」、『日本経済新聞』2021 年 7 月 14 日。

[2] 「TPP 中台交渉、日本試練　台湾へ『歓迎』　中国には『見極め』」、『朝日新聞』2021 年 9 月 25 日。

言要"保卫台湾","台湾有事即日本有事"。①

在日美联合策动下，2022 年的日美外交和防务"2+2"会议、日美首脑会谈以及日美共同参与的大量多边场合均在联合声明中公开谈论台湾问题，②且论调"持续推进"，从强调"台海和平稳定的重要性"到"促使两岸和平解决争端"，再到支持中国台湾参加国际组织，从而对中国施加外交压力。③同时，日美围绕"台海有事"的前景积极进行"军事准备"，包括拟定作战计划与开展实战演习。④2022 年 1 月初，日美外交和防务"2+2"会议明确加强日美军事设施的"联合使用"，包括储备军火弹药和共用飞机跑道，以支持日本强化在"西南诸岛"及台海一线的军事力量。⑤一些日本政要积极推动日本、美国、中国台湾"三边战略互动"，声称基于"台海和平"与区域半导体供应链的重要性，需要让美国参与日本与中国台湾的"安全对话"。在台湾问题上，日本政府仍公开坚持"一中原则"，虽然在一些问题上试图与美方表现出立场差异，⑥但日本在台湾问题上不断逼近中方"红线"，不仅支持美方及"台独"势力，也给中日关系带来显而易见的巨大风险。

（四）印太战略

拜登政府维持了特朗普政府借"印太战略"升级对华地缘竞争的方针，

---

① 「安保法制『台湾』に対応へ　存立危機事態などに備え」、『日本経済新聞』2021 年 4 月 19 日。

② 「日米『台湾海峡』明記へ　首脳会談で共同文書、中国懸念」、『日本経済新聞』2021 年 3 月 30 日。

③ 「試される民主主義陣営　G7、台湾・インフラで対中国」、『日本経済新聞』2021 年 6 月 15 日。

④ 2021 年底，日本政府消息人士首次证实，日美已制订了应对所谓"台湾突发事态"的"联合作战计划"，包括冲突爆发时美国海军陆战队在鹿儿岛至冲绳群岛设置"临时攻击用军事据点"。日美上述合作基于美国印太司令部"远征前沿基地作战"（EABO）方针并已于 2021 年底启动联合训练。

⑤ 外務省「日米安全保障協議委員会（日米「2+2」）（概要）」、https://www.mofa.go.jp/mofaj/na/st/page4_005483.html［2022-02-02］。

⑥ 比如，2021 年"十一"期间，对于中国大陆军方战机等进入台湾"防空识别区"，美国政府多次表示"强烈抗议"，而日本政府则避免直接指责，内阁官房长官松野博一仅表示"期待（台海紧张）和平解决"。

并在军事、外交及经济方面同步强化该战略，美国全面强化在印太的前沿军事部署，继续在南海实施所谓"自由航行"。2021 年，美国两次牵头召开美日印澳四边首脑会谈，进一步巩固"四边机制"（QUAD），并于 9 月组建美英澳"印太安全同盟"，由美英支持澳建造核潜艇。① 拜登频频派出高层出访印度及东盟国家，加强对印太各国的外交拉拢，10 月，拜登提出"印太地区经济框架"，涉及贸易便利化、数字经济标准、供应链弹性、基础设施、脱碳和清洁能源等方面，计划在经济层面强化"印太战略"的功能，主导区域合作并对冲中国的影响力。

在拜登政府积极强化"印太战略"的背景下，日本继续作为美国实施该战略的"首要助手"。无论是菅义伟政府还是岸田政府都将构建"自由开放的印太"作为自身外交战略支柱加以执行。日美在高层对话中继续将围绕印太的战略协调作为首要议题，加以突出。日本积极支持美国强化在印太地区的军事存在。从 2021 年春开始，日本海上自卫队军舰多次在南海实施日本版"航行自由作战"，在中国岛礁附近航行，呼应美国海军行动。2021年 11 月中旬，日本海上自卫队在南海首次与美国海军进行反潜联合训练。日本不仅支持美国强化日美印澳"四边机制"，② 还着重强化构建日澳"准同盟"关系。2021 年 11 月，自卫队军舰首次对澳军舰实施"武器等防护"行动，这也是自卫队首次对美军之外的外军实施该行动。2022 年 1 月，岸田与澳总理莫里森进行视频会谈，签署了便利化部队互派及军事物资运输的《互惠准入协定》，日澳防务合作达到仅次于日美同盟的水平。③ 日本还积极拉拢东盟各国，岸田在 10 月下旬线上出席日本—东盟领导人会议时表示，日本支持东盟在印太地区发挥"中心性"与"一体性"，促成日本"自由开放的印太"构想与东盟"印太展望"对接。2023 年是日本与东盟关系正常

---

① 「（社説）米英豪の新協力で地域安定を」、『日本経済新聞』2021 年 9 月 16 日。
② 「岸田外交ようやく船出　バイデン大統領と初会談　経済安保、後押し期待」、『日本経済新聞』2022 年 1 月 22 日。
③ 「岸田首相『新時代リアリズム外交』が始動　日豪首脳がテレビ会談」、『日本経済新聞』2022 年 1 月 6 日。

化 50 周年，岸田建议当年在东京召开日本—东盟特别峰会，将日本与东盟合作推向新阶段。

总体上，日美围绕印太的战略合作日益成为同盟合作的优先议题和新增长点。无论在总体方针还是具体施策上，日美的共识及联动正在增多。另外，日本的"印太"构想仍具有自身的独立性与特点。比如，相对美方强调印太军事安全部署和美日印澳"四边机制"主导，日方更倾向于让"印太"构想框架保持更大的开放性，避免过度小集团化，并提升经济合作议题的比重。在利用"印太战略"制约中国方面，日美虽大方向一致，但在具体手段上美国更倾向于强势施压，而日本在对华保持"适度压力"的同时，更倾向于通过外交手段"引导"中国行动。

三　日本在中美日博弈中的战略考量

在中美博弈的各焦点领域，日本的角色日益突出，在总体上强化与美国战略配合的同时，也体现出自己特有的、与美国有所差异的施策手段，这反映出日本在中美日博弈中有着特定利益诉求与相对独立的战略考量。当前中美日三角关系中，日本将应对中美博弈始终作为牵引外交战略及具体政策的核心问题，实现日本的战略利益最大化。拜登政府执政一年多来，围绕中美日博弈下日本的应对思路，日本决策层及主流战略界至少形成了以下基本观点。

（一）谨慎应对中美竞争长期化，设法"维持现状"并提升战略自主性

菅义伟政府外相茂木敏充及岸田政府外相林芳正均指出，日本正处于中美竞争"最前线"，最大的问题是如何把握迅速变化的形势。作为当前国际形势的核心矛盾，中美之间的竞争并未缓和，反而进一步激化，且更具多面性和结构性。中美战略竞争高度集中在印太地区，在价值观即意识形态、军

事安全与经济安全领域同步凸显。① 日方尤其关注中美在半导体供应链、出口管理政策和数据处理等方面的竞争，以及中美在台海一线的军事力量集结与持续对峙。日方认为，中美战略互信在现阶段难以构建，且当前双方国内政治力量均支持政府对外保持强硬。另外很重要的一点是，中美具有不同价值观及政治体制，"制度竞争"不可能在短期内结束，意识形态乃至治理模式领域的深刻矛盾与"相互攻击"将导致中美竞争长期化，且矛盾很难化解。② 这意味着中美对立的长期化可能超过战略观察者的预期。

基于对拜登政府上台后中美对立进一步长期化、复杂化的判断，日本决策层及主流战略学界试图进一步确定日本的总体对策。日方有观点认为，中美之间竞争的激化有利于提升日本的"战略价值"，日本应积极利用中美竞争的"机遇"采取行动；同时，更趋主流且公开化的观点认为，中美竞争给日本带来的更多的是不可测因素。中美竞争最终产生的两种"极端结果"，即或者中美陷入"新冷战"式的严重敌对，或者中美达成妥协并在亚太（印太）形成"中美共治"，这均会压缩日本的战略空间，制约日本的选择余地。③ 因而，促使国际形势特别是中美关系保持"斗而不破"的现状，并为可能不利于日本的结果预作准备，应是日本对外战略的首要考量。在日方看来，日本应从维持现状、避免被动卷入冲突的总体目标出发，在中美间积极确保战略自主性与"战略不可或缺性"，为此，不仅要迅速把握并应对中美关系形势，还要更为坚定地在中美之外拓展"战略选择"，巩固并寻找更多合作者，以有效对冲中美竞争给日本带来的风险。④

---

① 日本国際問題研究所「戦略年次報告 2021：価値、技術、海洋を巡るせめぎ合い：激化する米中競争と国際社会の対応」、https：//www.jiia.or.jp/strategic_comment/pdf/StrategicAnnualReport2021jp.pdf［2022-03-02］。

② 兼原信克等「中国見据え日米関係は」、『毎日新聞』2021 年 4 月 23 日。

③ 菊池努「ルールに基づくインド太平洋の多極秩序の構築」、https：//www.jiia.or.jp/research-report/post-97.html［2022-06-05］。

④ 細谷雄一「岸田政権が掲げる『新時代リアリズム外交』の意味、バランス感覚や有利な立ち位置の確保が不可欠」、https：//toyokeizai.net/articles/-/504583［2022-03-04］。

（二）更加依托美国主导的同盟体系，但亦企图保持相对"灵活"的立场

尽管日本战略界认为，应对中美战略竞争的总体方针是保持自主与战略能动，但在实际操作中，日本日益倾向并主动依托美国及其主导的盟友体系，共同强化对华制衡，这一倾向在拜登政府上台后得到加强。对此，日本战略专家指出，日本当前对外战略的根本出发点应回归日美同盟，并与拜登政府建立更紧密的利益关系与"价值观纽带"。① 日方的逻辑在于：第一，秩序层面，以美国为中心的辐辏体系同盟网络，以及作为支撑的"基于规则的秩序"仍是日本生存与发展的基础；② 第二，安全层面，美国提供的核及常规战略威慑仍是日本的根本依靠；③ 第三，形势层面，疫情及中美竞争下国际风险增加，考虑到拜登政府重视盟友及自由主义价值观，依靠并强化同盟既具有可行性与低成本性，也是"最安全的选择"。总体上，日本仍将美国作为其最大的战略依靠，并期望利用拜登政府改善同盟关系的"机会窗口"，进一步争取并锁定美方"安全保护"与战略支持，强化日美同盟的威慑力与应对力，积极探讨在传统与非传统安全领域加强日美合作。④

日本依托同盟体系，与美国联合加强对华制衡，既顺应美方的战略需求，也是日本对华战略竞争驱动的结果。日本决策层与主流战略界认为，日

---

① 参见田中明彦「専制・中国との競争　民主主義国、連帯で優位に」、『毎日新聞』2021 年 5 月 13 日；高原明生「中国とバイデン米政権　競争と協力、並行の時代へ」、『毎日新聞』2020 年 12 月 10 日。

② 日本国際問題研究所「戦略年次報告 2021：価値、技術、海洋を巡るせめぎ合い：激化する米中競争と国際社会の対応」、https://www.jiia.or.jp/strategic_comment/pdf/StrategicAnnualReport2021jp.pdf［2022-03-02］。

③ 参见折木良一「中国は『潜在的な脅威』」、https://www.yomiuri.co.jp/politics/20220108-OYT1T50282/［2022-01-30］；兼原信克「中国の軍拡念頭に、日本の『抑止力』向上を：外交・安全保障問題での課題（2021 年 11 月 12 日）」、https://www.nippon.com/ja/in-depth/a07702/［2021-12-10］。

④ 日本国際問題研究所「戦略年次報告 2021：価値、技術、海洋を巡るせめぎ合い：激化する米中競争と国際社会の対応」、https://www.jiia.or.jp/strategic_comment/pdf/StrategicAnnualReport2021jp.pdf［2022-03-02］。

本难以接受中国的权力优势与秩序设想，必须反对中方"单方面改变现状"的举措，但同时应维持对华协调，以作为在外交战略上保持"灵活性"的重要保证。一些日本智库及专家指出，日本在积极配合美国对华竞争战略的同时，也要注意日本的"特殊立场"，保持对华协调的姿态与渠道，在公开层面作为中美之间的"桥梁"存在，既有利于展示日本的道义形象，也有助于在中美间随时调整对策。日本应在对华制衡的同时，设法影响乃至改变中国的行为，并且不以改变中国政治体制为前提，避免与中国直接冲突。①日方同时认识到，中美在开展"竞争"的同时，在经济技术领域并未完全"脱钩"。日本在与美国共享利益与价值的同时，在经济方面与中国亦有深刻联系。日本必须从以上事实出发，制定"相对平衡且有弹性的"经济与技术政策。②

（三）重点维护有利于自己的国际及区域秩序，强化"价值观外交"的作用

在当前日本外交战略中，维持有利于自己的国际与地区秩序，运用"价值观外交"确保国际话语权，掌握外交主动性，被赋予日益重要的意义。在日方看来，拜登政府重申对"自由主义国际秩序"的"领导责任"，强调各"民主盟国"加强合作，对于日本而言，这意味着"重大机遇"，要求日本更积极地发挥"价值观外交"的作用。③ 日本国际论坛与美国卡耐基基金会 2021 年中期的联合报告称，日美将作为"自由民主体制的拥护者"加强联合，并围绕未来国际秩序及相关价值观，与中国展开战略性竞争。日本期望与美国作为"自由主义国际秩序"的引领者与倡导者，力争向国际

---

① 「（社説）米中対立下の防衛白書　抑止と対話が戦略の両輪」、『毎日新聞』2021 年 7 月 16 日。

② 鈴木一人「米中対立下での経済安保政策：日本の強み生かした長期的な戦略の構築を（2021 年 7 月 5 日）」、https://www.nippon.com/ja/in-depth/d00724/［2021-10-02］。

③ 「（社説）菅・バイデン会談　問われる日本の対中戦略」、『毎日新聞』2021 年 4 月 18 日。

社会特别是发展中国家推广其"魅力"。① 日本除与美国加强合作外，还要与以欧洲为主体的其他"民主盟国"以及广大"志同道合国家"强化关系。特别是，日本要以"理念提供者"的身份，将印太作为日本"价值观外交"的核心平台，强化"自由开放的印太"在价值观方面的"正统性"与"优越性"。②

对于日本而言，强化"价值观外交"既有贯彻自身意识形态信念及"既有逻辑"的考虑，还有借此更有效借重"民主盟国"力量、抬高自身地位、制衡"竞争对手"的功利性诉求。针对中国，日本主流战略派承认中国"并未全面挑战现有国际秩序"，但同时认为中方仍有较强的"改变现状"意识。针对来自中国的"挑战"，日本及其盟国应"毫不犹豫地提出抗议"；"即使与中国合作，也不能对中国做出（很大的）妥协"。③ 因此，日方采取的应对方针包括：第一，对涉及人权等价值观的国际问题更主动进行干预，在国际上构建并体现日本的"道义立场"；④ 第二，加大对核裁军、气候变化、公共卫生安全等全球治理问题的参与力度，通过提供国际公共产品提升国际形象并争取话语权；第三，继续推动构建"广域自贸机制"即区域自贸协定，彰显日本在国际经贸与市场经济中的"领导地位"，输出有利于日本的规则标准；第四，在国际合作新兴领域，如供应链维护、数字经济及基础设施方面，更主动地参与相关协调谈判并提出方案，在构建国际规则方面力争发挥主导作用。

---

① 神谷万丈等（日本国際フォーラム）「緊急提言：日米の対中戦略の基本原則」、https：//www. jfir. or. jp/wp/wp-content/uploads/2021/10/210721_ prj. pdf ［2021-10-02］。

② 参见伊藤融・佐竹知彦・森聡「クアッド『平時の協力』の有効性」、『外交』2021 年 5—6 月号；小原凡司「新しい米中関係下のインド太平洋地域の安全保障」、https：//www. jiia. or. jp/research-report/post-90. html ［2021-10-16］。

③ 神谷万丈等（日本国際フォーラム）「緊急提言：日米の対中戦略の基本原則」、https：//www. jfir. or. jp/wp/wp-content/uploads/2021/10/210721_ prj. pdf ［2021-10-02］。

④ 細谷雄一「なぜ人権外交が重要視されるようになったのか：戦後日本外交の歴史から回顧する（2021 年 8 月 18 日）」、https：//www. nippon. com/ja/in-depth/a07501/［2021-10-16］。

（四）以中美博弈及"安全威胁增长"为理由，加快重整日本安全战略，强化自主防卫态势

尽管中美均明确表示避免武力冲突，并开展危机管控。但在日方看来，武力摩擦、灰色地带对峙、网络空间交锋等仍将在中美间发生，且不排除升级的可能。过去一年，日方始终高度关注朝鲜半岛核问题、台湾海峡"局势紧张"、俄乌冲突等安全热点，并将其归纳渲染为"安全威胁增长且空前迫近"，由此为强化军事安全建设提供"合法性依据"。① 岸田政府已基本决定在 2022 年底前修改《国家安全保障战略》，以及与之配套的《防卫计划大纲》与《中期防卫力量整备计划》。日本主流战略派认为，日本国家安全战略需要"顺应时势"尽快做出调整，其中应包括：第一，应对"安全保障重大课题"特别是对中、朝、俄进行重新定位，明确对上述国家的应对方针；第二，应在坚持关注朝鲜半岛形势的同时，将台湾问题作为"地缘安全重点"以进一步重视并预作应对方案；第三，强调日本在依托日美同盟的同时，独立拥有足够"遏制力"的必要性，关于对敌基地攻击能力，应本着"抑制论"即审慎使用的前提积极讨论；第四，明确将维持"自由开放的印太"作为国家安全战略目标，确保并加强日本对印太安全事务的参与；第五，确保对自主防卫力量建设的持续投入，国防预算应提升至国内生产总值（GDP）的 2% 以上。②

日本重整安全战略，既是中美博弈深化背景下强化战略自主性的选择，也受到当前疫情冲击的影响。岸田政府沿袭前任方针，加速将经济安全纳入国家安全保障战略，推动经济安全保障立法，将尖端技术开发、强化半导体供应链、确保基础设施安全性、专利权非公开等列为重点领域。对此，日本

---

① 「（社説）米国主導のアジア安保　長期的視点の外交戦略を」、『毎日新聞』2021 年 10 月 3 日。

② 日本国際問題研究所「戦略年次報告 2021：価値、技術、海洋を巡るせめぎ合い：激化する米中競争と国際社会の対応」、https://www.jiia.or.jp/strategic_comment/pdf/StrategicAnnualReport2021jp.pdf［2022-03-02］。

战略学界支持政府，认为疫情及中美"技术竞争"暴露了半导体、医药品、稀有矿物供应链的脆弱性，应由政府出面支援企业采购"特定重要物资"。另外，对于信息通信等"重要基础设施"的企业及设备，应由政府加强审查与监控，防止网络攻击导致系统瘫痪以及信息外泄，杜绝采用"在安全方面存在隐患的国家的产品"。[①] 在与美欧合作方面，不少日方观点认为，美欧在经济安全政策方面比较领先，日本应加速自身体制与法制建设，并与美欧"统一规则"。但也有观点指出，日本应根据自身安全利益制定政策规则，而非过度追随美欧，特别是避免政府对企业活动的过度干预，或者采取类似美国式的"长臂管辖"政策，而影响日本的对外经济合作。这也反映出日本在经济安全战略上的"独立思考"与特定诉求。

四 结语

在中美博弈深化的背景下，国际权力加速转移，秩序规则不断重构，作为对亚太乃至全球格局具有重要影响力的"战略三角"，中美日三边关系将呈现新的形势与特征，并引导国际局势进一步发展。拜登上台后，美国对华战略出现策略、手段调整，但竞争性的总体方针不变，且其动员盟友和强化意识形态、经济技术、地缘政治工具的做法使中美博弈形势更趋复杂。2022年2月下旬俄乌冲突爆发后，美国在牵引西方世界全面强化针对俄罗斯的对抗战略的同时，仍试图保持对亚太的战略介入与对华竞争力度。4月，拜登访问韩日两国，出席美日印澳四边首脑会谈，意图继续巩固亚太盟友体系，共同推进"印太战略"。日本亦积极追随美欧强化对俄制裁，展现出与西方"民主盟国"更强的战略联动。

在当前中美博弈背景下，日本针对美国对华竞争战略取向，在总体加强追随与配合的同时，在具体领域采取了不同措施，以求既获得"借美制华"

---

① 参见甘利明「『戦略的自立性』と『戦略的不可欠性』の確立は急務：DX 社会を見据えた経済安保戦略」、『外交』2021 年 7—8 月号；「（社説）半導体の供給不安 世界の変化見据え戦略を」、『毎日新聞』2021 年 4 月 9 日。

的"战略红利",又规避单方面押注美方带来的战略风险。在日本的战略判断中,中美博弈形势仍有很大的变数,日本需随时做好应变准备;以美国为首的"民主盟国"是日本的战略根基,为日本提供重要的实力及价值观资源,但基于中日间难以切割的地缘与利益关系,日本亦需要为对华协调留有余地。作为中美之外的关键"第三方",日本的战略选择特别是其积极强化战略自主性、在中美间"调整站位"的行动,将继续给中美日三边发展乃至东亚国际关系的变化带来重要影响。

(审读专家:张　勇)

B.11
国际变局下日本与欧洲战略
合作的动向及影响[*]

陈静静[**]

摘　要： 在百年未有之大变局下，国际格局的演进正在提速换挡，新冠疫情在全世界范围内的大流行对国际关系产生了重大、深远、全方位的影响。在新冠疫情防控常态化背景下，日本和欧洲再次"抱团取暖"，在日本和欧盟 EPA、SPA 和《可持续互联互通伙伴关系协议》的推动下，双方关系密切程度再创新高。日本与欧盟主要成员国法国和德国的关系不断推进，与此同时，日本与英国在经济贸易和安全保障领域的"全球战略伙伴"关系日益强化。本报告从日本与欧盟的关系、日本与法国和德国的关系以及日本与英国的关系三个方面探讨国际变局下日本和欧洲战略合作的动向及影响。

关键词： 日欧关系　日法关系　日德关系　日英关系

　　在国际变局影响下，2017 年以来，日欧加强合作的态势渐趋明显。新冠疫情在全球的蔓延，不仅在世界范围内产生了深远而广泛的影响，还进一步推动了日欧强化合作的趋势。日本官方智库认为，一方面，由于采取限制

---

　　* 本报告为中国社会科学院创新工程项目"日本外交战略及中日关系研究"（项目号：GJ08-2017-SCX-2974）的阶段性研究成果。

　** 陈静静，法学博士，中国社会科学院日本研究所外交研究室副研究员，主要研究方向为日本外交。

性措施遏制新冠疫情蔓延，2020 年，世界经济供需同时冻结，面临前所未有的经济危机；另一方面，新冠疫情不仅将外交和安全的逻辑构建为国际经济的相互依存关系，而且在价值观和准则上动摇了国际关系。此外，新冠疫情还对中国与世界的关系产生重要影响。中美战略竞争加剧以及新冠疫情导致欧洲战略发生变化——逐渐将注意力转向全球。在此背景下，日本和欧洲作为"天然伙伴"的关系不断强化。日本与欧洲的关系可以分为三个层面：日本与欧盟的关系、日本与欧盟主要成员国的关系以及日本与英国的关系。本报告主要从以上三个层面讨论国际变局下的日本与欧洲的战略合作的动向及影响。

一 日本与欧盟的关系发展迅速

（一）日本与欧盟频繁举行高层会谈

在国际变局下，日本和欧洲都越来越倾向于从全球地缘政治角度看待双边关系，并建立了前所未有的紧密关系。[①] 日本外务省发布的《外交蓝皮书》提出，2018 年是日欧关系大幅强化的历史之年，[②] 2019 年是进一步加强、紧密化的一年。[③] 2020 年以来，随着新冠疫情在全球蔓延，面对面的国际交流受到严重影响，但是日欧高层之间通过电话和视频方式频繁举行会谈，特别是日欧外长之间和首脑之间经常举办线上会谈，推动双边关系不断发展。

2021 年，日欧关系进一步发展，双方高层会谈频繁举行。2021 年 1 月，

---

① 小久保康之「蜜月時代に入った日 EU 関係」、『国際問題』第 691 号、2020 年 5 月、41 頁。

② 外務省『外交青書』、2019 年、https：//www.mofa.go.jp/mofaj/gaiko/bluebook/2019/pdf/pdfs/2_4.pdf［2021-08-01］。

③ 外務省『外交青書』、2020 年、https：//www.mofa.go.jp/mofaj/gaiko/bluebook/2020/pdf/pdfs/2_4.pdf［2021-08-01］。

时任日本外务大臣茂木敏充参加欧盟外交理事会会议并发言。① 2021 年 4 月，日本驻欧盟特命全权大使出席了欧洲议会外交事务委员会会议。② 2021 年 5 月，茂木赴伦敦参加 G7 外长会议，并会见欧盟外交与安全政策高级代表博雷利。同月，日欧举办首脑峰会，并发表联合声明。该声明提出双方在自由、尊重人权、民主、法治、自由和公平贸易、有效的多边主义和基于规则的国际秩序的共同利益和共同价值观的基础上，加强全面伙伴关系。③ 2021 年 11 月，日本首相岸田文雄与欧洲理事会主席米歇尔举行电话会谈。④ 2021 年 12 月，日本外务大臣与欧盟外长举行电话会谈，外务大臣林芳正表示，日欧关系比以往任何时候都更加密切。⑤ 同月，岸田与欧盟委员会主席冯德莱恩进行电话会谈。⑥

（二）日本与欧盟合作内容广泛

2021 年，日欧合作内容广泛，主要包括围绕三大支柱持续推进双方合作关系、加强关于印太战略的合作、在应对新冠疫情方面保持密切合作等。

---

① MOFA, "Foreign Minister Motegi's Attendance at the EU Foreign Affairs Council (Virtual Format)," January 25, 2021, https：//www. mofa. go. jp/press/release/press1e_ 000168. html ［2022-02-01］.

② MOFA, "Attendance of Ambassador MASAKI Yasushi to the Foreign Affairs Committee of the European Parliament (Virtual Format)," April 15, 2021, https：//www. mofa. go. jp/erp/ep/ page24e_ 000290. html ［2022-02-01］.

③ MOFA, "Japan-EU Summit Joint Statement 2021," https：//www. mofa. go. jp/mofaj/files/ 100194617. pdf ［2022-02-01］.

④ MOFA, "Telephone Talk between Prime Minister Kishida and President Michel of the European Council," November 29, 2021, https：//www. mofa. go. jp/erp/ep/page4e _ 001188. html ［2022-02-01］.

⑤ MOFA, "Japan-EU Foreign Ministers' Telephone Talk," December 6, 2021, https：// www. mofa. go. jp/press/release/press4e_ 003065. html ［2022-02-01］.

⑥ MOFA, "Telephone Talk between Prime Minister Kishida and President von der Leyen of the European Commission," December 17, 2021, https：//www. mofa. go. jp/erp/ep/page4e _ 001193. html ［2022-02-01］.

1. 围绕三大支柱持续推进双方合作关系

日欧经济伙伴关系协定（EPA）、日欧战略伙伴关系协定（SPA）和《可持续互联互通伙伴关系协议》成为当下日本与欧盟战略合作的"三大支柱"，三者遥相呼应，产生联动效应。EPA与SPA是推动日欧关系新发展的法律基础，[①]《可持续互联互通伙伴关系协议》则是双方基于EPA和SPA展开合作的具体表现。[②] 2021年，双方在日欧EPA和日欧SPA的基础之上进行紧密合作，进一步加强了其经济和战略关系。

为了切实推动日欧EPA的执行，日欧联合委员会、12个领域的专业委员会以及工作部会等相关会议确认了日欧EPA规定的各项目的实施情况和双方关心的事项，并就今后日欧间的措施和合作体制进行了讨论。日欧EPA的切实实施，进一步推动双边经济关系的发展。[③] 日欧一致认为，EPA和SPA在实施两年后正在加强双边关系。全面、有效地实施日欧EPA以及促进可持续、全面和基于规则的互联互通是日欧间的共同优先事项。[④] 此外，在日欧EPA和日欧SPA的基础之上，双方在数字、绿色、网络、供应链、科学技术和打击虚假信息等领域开展合作。[⑤] 日本外务大臣林芳正提出，日欧关系之所以比以往任何时候都更加密切，是因为日欧EPA和日欧SPA起到了非常大的推动作用。[⑥] 与此同时，欧盟于2021年12月启动了欧盟全球门户政策，该政策以可持续发展和支持优质基础设施为目标，旨在进

---

① 外务省『外交青書』、2020 年、https：//www. mofa. go. jp/mofaj/gaiko/bluebook/2020/pdf/pdfs/2_4. pdf［2021-08-01］。

② 「欧州連結性フォーラム 安倍総理基調講演」、2019 年 9 月 27 日、https：//www. kantei. go. jp/jp/98_abe/statement/2019/0927eforum. html［2022-02-01］。

③ 外务省『外交青書』、2021 年、https：//www. mofa. go. jp/mofaj/gaiko/bluebook/2021/pdf/pdfs/2_5. pdf［2022-02-01］。

④ MOFA, "Japan-EU Summit Joint Statement 2021," https：//www. mofa. go. jp/mofaj/files/100194617. pdf［2022-02-01］.

⑤ MOFA, "Telephone Talk between Prime Minister Kishida and President Michel of the European Council," November 29, 2021, https：//www. mofa. go. jp/erp/ep/page4e_001188. html［2022-02-01］.

⑥ MOFA, "Japan-EU Foreign Ministers' Telephone Talk," December 6, 2021, https：//www. mofa. go. jp/press/release/press4e_003065. html［2022-02-01］.

一步推动实施日欧《可持续互联互通伙伴关系协议》。岸田和林芳正对此都表示赞赏，欧盟外交与安全政策高级代表博雷利和欧盟委员会主席冯德莱恩也都表示愿意与日本推动联通性等领域的合作。①

2. 加强关于印太战略的合作

日本认为，随着全球力量平衡的急剧变化，世界变得越来越复杂，面临越来越多的不确定性，印太地区存在各种挑战。② 欧盟一开始对这一地区没有强烈兴趣，当日美提出"印太"概念时，欧盟没有特别关注。但是近年来欧盟认识到，印太地区的地缘政治竞争，加剧了贸易和供应链以及技术、政治和安全领域的紧张局势。这些事态的发展日益威胁到该地区及周边地区的稳定与安全，直接影响到欧盟的利益。③ 从 2020 年秋季开始，欧洲对印太地区的关注程度日益提高，欧盟展开关于印太的讨论。④

随着欧盟对印太的兴趣日益增长，日本趁机大力推销其印太战略。2021 年 1 月，时任日本外务大臣茂木出席欧盟外交理事会会议时指出，日本的印太战略有三大支柱：一是加强和巩固国际社会的基本原则；二是追求经济繁荣，包括互联互通；三是致力于维护和平与稳定，包括海上安全。日本强调"自由开放的印太"是一个包容性极强的概念，愿与共享价值观和愿景的任何国家合作。⑤ 日本驻欧盟特命全权大使也在欧洲议会外交事务委员会会议上解释了"自由开放的印太"愿景，并欢迎欧洲加强对印

---

① 参见 MOFA, "Japan-EU Foreign Ministers' Telephone Talk," December 6, 2021, https：//www. mofa. go. jp/press/release/press4e_ 003065. html ［2022 - 02 - 01］；MOFA, " Telephone Talk between Prime Minister Kishida and President von der Leyen of the European Commission," December 17, 2021, https：//www. mofa. go. jp/erp/ep/page4e_ 001193. html ［2022-02-01］。

② MOFA, " Foreign Minister Motegi's Attendance at the EU Foreign Affairs Council (Virtual Format)," January 25, 2021, https：//www. mofa. go. jp/press/release/press1e_ 000168. html ［2022-02-01］.

③ European Commission, "Questions and Answers：EU Strategy for Cooperation in the Indo-Pacific," https：//ec. europa. eu/commission/presscorner/detail/en/QANDA_ 21_ 4709 ［2022-02-01］.

④ 外务省『外交青书』、2021 年、https：//www. mofa. go. jp/mofaj/gaiko/bluebook/2021/pdf/pdfs/2_ 1. pdf ［2022-02-01］。

⑤ MOFA, " Foreign Minister Motegi's Attendance at the EU Foreign Affairs Council (Virtual Format)," January 25, 2021, https：//www. mofa. go. jp/press/release/press1e_ 000168. html ［2022-02-01］.

太地区的关注。① 日本的频繁宣传对欧盟的影响比较大，欧盟成员国的许多外长表示理解和支持确保印太地区基于规则的国际秩序的重要性。② 欧盟外交与安全政策高级代表博雷利表示茂木在欧盟外交理事会会议上对"自由开放的印太"愿景的解释有助于欧盟制定其印太战略。③

2021 年 4 月，在荷兰和德国等国提议下，欧盟委员会通过《印太合作战略相关结论》（Council Conclusions on an EU Strategy for Cooperation in the Indo-Pacific）。④ 日方多次对此表示欢迎，认为这是欧盟参与印太事务的坚定意愿。⑤ 在 2021 年 5 月的日欧首脑联合声明中，双方在印太合作方面初步达成一致意见。⑥ 2021 年 9 月，欧盟最终宣布了其关于印太战略合作的联合声明（Joint Communication on the EU Strategy for Cooperation in the Indo-Pacific）。欧盟表示，该战略深受日本的影响，以日本"自由开放的印太"概念为基础，并期待在各个领域继续稳步推进日欧合作。⑦ 日本政府多次对欧盟参与印太事务的具体措施及其强烈意愿表示欢迎。

日欧的印太合作是全方位的，包括安全和防务、经济、区域联通性、气候变化和数字等广泛领域。⑧ 聚焦海上安全是日欧印太合作的重心，双

① MOFA, "Attendance of Ambassador MASAKI Yasushi to the Foreign Affairs Committee of the European Parliament（Virtual Format），" April 15, 2021, https：//www. mofa. go. jp/erp/ep/page24e_ 000290. html［2022-02-01］.

② MOFA, "Foreign Minister Motegi's Attendance at the EU Foreign Affairs Council（Virtual Format），" January 25, 2021, https：//www. mofa. go. jp/press/release/press1e_ 000168. html［2022-02-01］.

③ MOFA, "Japan-EU Foreign Ministers' Meeting," May 4, 2021, https：//www. mofa. go. jp/press/release/press4e_ 002999. html［2022-02-01］.

④ European Commission, "Questions and Answers：EU Strategy for Cooperation in the Indo-Pacific," https：//ec. europa. eu/commission/presscorner/detail/en/QANDA_ 21_ 4709［2022-02-01］.

⑤ MOFA, "Japan-EU Foreign Ministers' Meeting," May 4, 2021, https：//www. mofa. go. jp/press/release/press4e_ 002999. html［2022-02-01］.

⑥ MOFA, "Japan-EU Summit Joint Statement 2021," https：//www. mofa. go. jp/mofaj/files/100194617. pdf［2022-02-01］.

⑦ MOFA, "Telephone Talk between Prime Minister Kishida and President Michel of the European Council," November 29, 2021, https：//www. mofa. go. jp/erp/ep/page4e_ 001188. html［2022-02-01］.

⑧ MOFA, "Joint Communication on the EU Strategy for Cooperation in the Indo-Pacific（Statement by Foreign Minister MOTEGI Toshimitsu），" September 16, 2021, https：//www. mofa. go. jp/press/release/press6e_ 000331. html［2022-02-01］.

方均积极推进该地区可持续互联互通和高质量基础设施建设。① 2021 年 12 月，日欧首脑表示双方将进一步密切合作，在"日本与欧盟之间可持续联通性和优质基础设施伙伴关系"的基础上，实现"自由开放的印太"。②

3. 在涉华议题上加强合作

欧洲与中国经济关系密切，而且双方的地理距离遥远，与日本相比，欧盟对华政策比较谨慎。在日欧关系中，日本"不遗余力"地向欧盟表达其对中国快速发展的"担忧"，旨在潜移默化地影响欧盟的对华观。新冠疫情暴发后，日欧会谈涉华议题越发明显，且主要集中在东海和南海、台湾和人权等相关问题上。

日欧之间经常通过各种形式的双边会谈对包括东海和南海在内的地区问题交换意见，日本高调渲染其在东海和南海面临的安全挑战，③ 解释在东海、南海和朝鲜半岛局势问题上的立场，强调对该地区人权状况的日益"关切"。④ 2021 年，欧盟对相关问题的回应更加积极。在 2021 年 5 月的日欧联合声明中，双方声称对东海和南海局势表示严重关切，强调台海和平稳定的重要性，并称将就地区问题加强协调。⑤ 这是日欧领导人首次在联合声明中提及台湾问题，所用措辞与 2021 年 4 月日美峰会后发表的联合声明非常相似。日本与欧盟有意牵制中国在海洋方面的活动，并在人权问题上指责

---

① 外务省『外交青書』、2019 年、https：//www. mofa. go. jp/mofaj/gaiko/bluebook/2019/pdf/pdfs/1_ 2. pdf ［2021-03-01］。

② MOFA, "Telephone Talk between Prime Minister Kishida and President von der Leyen of the European Commission," December 17, 2021, https：//www. mofa. go. jp/erp/ep/page4e _ 001193. html ［2022-02-01］.

③ MOFA, "Foreign Minister Motegi's Attendance at the EU Foreign Affairs Council (Virtual Format)," January 25, 2021, https：//www. mofa. go. jp/press/release/press1e _ 000168. html ［2022-02-01］.

④ MOFA, "Attendance of Ambassador MASAKI Yasushi to the Foreign Affairs Committee of the European Parliament (Virtual Format)," April 15, 2021, https：//www. mofa. go. jp/erp/ep/page24e_ 000290. html ［2022-02-01］.

⑤ MOFA, " Japan-EU Summit Joint Statement 2021," https：//www. mofa. go. jp/mofaj/files/100194617. pdf ［2022-02-01］.

中国。这也是日欧相互借力使力联合对华施加压力、施展"平衡外交"的表现，而且双方合作的程度逐步提升。

4. 在应对新冠疫情方面保持密切合作

2020 年，新冠疫情在西方世界传播，日欧也开始就如何应对新冠疫情展开交流和合作。随着新冠疫情蔓延，日欧的合作逐步从如何防治新冠疫情扩展到如何复兴经济，并上升到价值观层面，双方承诺促进基于基本原则和共同价值的协调，① 日欧作为共享价值观的战略伙伴将密切合作，在应对新冠疫情扩散方面承担更多责任和义务。② 2021 年以来，日欧在新冠疫苗的生产和派发方面的合作成为双方应对新冠疫情的重要内容。日欧欢迎欧盟作为包括日本在内的全球疫苗供应商发挥的"领导"作用。③ 日本希望欧盟成员国继续顺利向日本出口疫苗，欧盟则表示，将努力确保继续向日本出口疫苗。④ 到 2022 年初为止，欧盟已经授权向日本出口超过 1 亿剂疫苗。这大约足够为日本 40% 的人口接种疫苗。这反映了欧盟和日本之间公共卫生领域的合作逐步加深。

二　日本与法国、德国的关系

日本在积极加强与欧盟整体外交关系的同时，也实施了多层而细致的对欧外交。⑤ 特别需要提及的是，日本与欧洲传统大国、欧盟"发动机"的法国和德国的关系。

① 外务省『外交青书』、2021 年、https：//www.mofa.go.jp/mofaj/gaiko/bluebook/2021/pdf/pdfs/2_ 5.pdf［2022-02-01］。

② MOFA, "Japan-EU Leaders Video Teleconference Meeting," May 26, 2020, https：//www.mofa.go.jp/erp/ep/page4e_ 001066.html［2022-02-01］.

③ MOFA, "Japan-EU Summit Joint Statement 2021," https：//www.mofa.go.jp/mofaj/files/100194617.pdf［2022-02-01］.

④ MOFA, "Japan-EU Foreign Ministers' Meeting," May 4, 2021, https：//www.mofa.go.jp/press/release/press4e_ 002999.html［2022-02-01］.

⑤ 外务省『外交青书』、2021 年、https：//www.mofa.go.jp/mofaj/gaiko/bluebook/2021/pdf/pdfs/2_ 5.pdf［2022-02-01］。

（一）日法"特别伙伴关系"迅速发展

1. 日法两国不断确认并用实际行动加强两国之间的"特别伙伴关系"

2019年6月，双方发布《日法合作路线图》，将双边关系定位为"特别伙伴关系"，该路线图则是实现这一伙伴关系的框架。此后，日法高层多次表态确认两国"特别伙伴关系"，并主张积极加强日法关系。2021年7月，法国总统马克龙出席东京奥运会开幕式，成为出席此次奥运会的唯一西方国家元首，其与时任首相菅义伟举行会谈，并发表联合声明。日法再次确认两国之间的"特别伙伴关系"，积极推动这一关系继续向前发展。[1] 2021年11月，日法举行首脑电话会谈，岸田首相再次提及法国是日本的"特别伙伴"。[2] 2021年11月，日法举行外长电话会谈，外务大臣林芳正表示计划进一步加强日本与法国的特别伙伴关系。[3] 2021年12月，日法外长利用在伦敦参加G7外长会议举行会谈，林芳正表示，法国是日本的特殊伙伴，日本希望与法国合作，加强日法和日欧合作。[4]

2. 日法积极加强在印太地区的合作

日本和法国都将自己定位为印太国家，并谋求加强在这一地区的合作。近年来，法国不断深入介入印太地区安全事务，加强与日本的安全合作，包括军事交流、联合军演等。2021年，日法在印太地区的合作进一步加强，并伴随双方在安全防卫领域的实质性进展。外务大臣林芳正对日法大幅深化在印太地区的合作表示欢迎。[5] 7月，马克龙访日期间，日法再次确认实现

---

[1] 外務省「日本国総理大臣とフランス共和国大統領との会談（共同声明）」、2021年7月、https：//www. mofa. go. jp/mofaj/files/100216293. pdf ［2022-02-01］。

[2] MOFA, "Japan-France Summit Telephone Talk," November 15, 2021, https：//www. mofa. go. jp/erp/we/fr/page3e_ 001154. html ［2022-02-01］.

[3] MOFA, "Japan-France Foreign Ministers' Telephone Talk," November 18, 2021, https：// www. mofa. go. jp/press/release/press1e_ 000232. html ［2022-02-01］.

[4] MOFA, "Japan-France Foreign Ministers' Meeting," December 11, 2021, https：//www. mofa. go. jp/erp/we/fr/page6e_ 000268. html ［2022-02-01］.

[5] MOFA, "Japan-France Foreign Ministers' Telephone Talk," November 18, 2021, https：// www. mofa. go. jp/press/release/press1e_ 000232. html ［2022-02-01］.

"自由开放的印太"的重要性。① 此外，日法两国安全保障和防务合作也显著加强，特别是两国联合军事训练和演习比较频繁。比如，2021 年 4 月，美日澳印法在孟加拉湾举行联合海上训练；5 月，日法在亚丁湾举行应对海盗共同训练；② 同月，法国训练舰"圣女贞德"号访问日本。③

3. 日法加强在应对新冠疫情和其他方面的合作

新冠疫情暴发后，疫情外交一直是日本外交的一个重要方面，这也体现在日法关系中。在 2021 年 7 月的日法联合声明中，两国表示将就应对新冠疫情包括疫苗供给等方面展开合作。④ 11 月，日法举行首脑电话会谈，双方就新冠疫情、气候变化和非洲发展等全球问题交换意见。⑤

此外，日法也非常重视在日欧合作的框架下，积极发展日法全面关系。双方确认在经济安全保障领域加强合作的意愿，认为基于法治的经济秩序非常重要。日法通过日欧《可持续互联互通伙伴关系协议》的具体执行，积极推动日法关系在互联互通领域的发展。双方还确认，通过日本—欧盟绿色联盟，在两国间深化关于能源、环境保护等方面的合作。⑥

（二）日德关系稳步推进

在日本看来，德国仍然是一个以欧洲为中心的经济大国，从地缘政治来看，德国是以欧洲和欧洲周边地区为重点的大陆大国，除了有限的对话和交流之外，双边安全关系没有太多实质内容。尽管如此，由于日本视德国为欧

---

① 外務省「日本国総理大臣とフランス共和国大統領との会談（共同声明）」、2021 年 7 月、https：//www. mofa. go. jp/mofaj/files/100216293. pdf［2022-02-01］。

② 外務省「第 6 回日仏外務・防務閣僚会合　共同声明」、2022 年 1 月 20 日、https：//www. mofa. go. jp/mofaj/files/100292463. pdf［2022-02-01］。

③ MOFA," Japan-France Summit Telephone Talk," November 15, 2021, https：//www. mofa. go. jp/erp/we/fr/page3e_ 001154. html［2022-02-01］.

④ 外務省「日本国総理大臣とフランス共和国大統領との会談（共同声明）」、2021 年 7 月、https：//www. mofa. go. jp/mofaj/files/100216293. pdf［2022-02-01］。

⑤ MOFA," Japan-France Summit Telephone Talk," November 15, 2021, https：//www. mofa. go. jp/erp/we/fr/page3e_ 001154. html［2022-02-01］.

⑥ 外務省「第 6 回日仏外務・防衛閣僚会合　共同声明」、2022 年 1 月 20 日、https：//www. mofa. go. jp/mofaj/files/100292463. pdf［2022-02-01］。

洲的领导者、欧盟的主要推动者和多边主义的有力推动者，因此日本将其与德国的接触视为让欧洲更多参与印太事务的机会。日本认为，让德国对印太地区更感兴趣，将有助于让欧洲的多边机构更多地参与进来。①

德国作为一个非印太国家，将自身定位为地区大国，起初对日本的"自由开放的印太"构想并不感兴趣。正如一位德国官员所描述的，"德国不是一个太平洋大国，德国在该地区没有军事利益，我们没有在该地区存在的必要"②。随着印太地区的经济和政治重要性不断上升，2020年9月，德国决定进一步介入印太地区事务，发布了《印太地区政策指导方针》。③日本对此表示欢迎。

2021年，日德在印太地区的合作迅速发展。比较有代表性的事件是，2021年4月，日德举办首次外长和防长"2+2"会谈，德方阐释了其《印太地区政策指导方针》以及在印太地区部署海军护卫舰的情况，日方欢迎德国逐步介入印太事务。④5月，日德外长在英国出席G7外长会议之际举行会谈，双方对两国加强安全合作表示满意，就如何实现"自由开放的印太"交换意见。⑤11月，德国海军护卫舰"巴伐利亚"号停靠于东京湾，并与日本海上自卫队进行联合训练，这是德国军舰时隔近20年再次停靠日本港口。⑥12月，日德外长再次在G7外长会议会面，双方都欢迎2021年深化双边安全合作，他们确认，两国将继续为实现"自由开放的印太"而共

---

① Jeffrey W. Hornung, "Allies Growing Closer: Japan-Europe Security Ties in the Age of Strategic Competition," https://www.rand.org/pubs/research_reports/RRA186-1.html [2022-02-01].

② Jeffrey W. Hornung, "Allies Growing Closer: Japan-Europe Security Ties in the Age of Strategic Competition," https://www.rand.org/pubs/research_reports/RRA186-1.html [2022-02-01].

③ 外务省『外交青書』、2021年、https://www.mofa.go.jp/mofaj/gaiko/bluebook/2021/pdf/pdfs/2_1.pdf [2022-02-01]。

④ MOFA, "Japan-Germany Foreign and Defense Ministers' Meeting ('2+2')," April 13, 2021, https://www.mofa.go.jp/press/release/press4e_002994.html [2022-02-01].

⑤ MOFA, "Japan-Germany Foreign Ministers' Meeting," May 4, 2021, https://www.mofa.go.jp/erp/c_see/de/page4e_001126.html [2022-02-01].

⑥ 鶴岡路人「欧州との連携 宿題だらけ」、https://www.sankei.com/article/20211205-5DL2R5HSJVMNFP6A5R4KMX2DDE/ [2022-02-01]。

同努力。①

另外，日德两国对涉华议题的关注逐渐增多，德国近两年来在涉华议题上的态度也一改之前的谨慎开始强硬。2021年4月，在日德首次外长和防长"2+2"会谈上，双方就东海和南海局势交换了意见。② 12月，外务大臣林芳正在伦敦出席G7外长会议时，与德国外长安娜莱娜·贝尔伯克会面，双方就地区局势交换了意见。③ 同月，日德首脑进行电话会谈，两位领导人肯定了两国在地区问题上的合作。④

三 日英不断推进"全球战略伙伴"关系

日英认为双方共享自由、民主、人权和法治的基本价值观，将双边关系定位为"全球战略伙伴"关系，双方是各自地区彼此最密切的安全伙伴。⑤ 2020年1月31日，英国正式脱离欧盟，年底过渡期结束退出日欧EPA。与此同时，新冠疫情开始在世界范围内大流行。英国为了应对"脱欧"后国际影响力下降等问题，亟须加强与日本的关系。鉴于英国的全球政治影响力、军事重要性和国际地位，英国被日本视为最重要的欧洲伙伴之一。在新冠疫情蔓延的情况下，以首脑、外长为首，日英双方在多个层面继续保持对话和交流，日英"全球战略伙伴"关系进一步发展。⑥ 主要表现在不断加强印太领域合作、顺利推进经济合作及加强其他方面的合

---

① MOFA, "Japan-Germany Foreign Ministers' Meeting," December 11, 2021, https：//www. mofa. go. jp/erp/c_ see/de/page4e_ 001189. html ［2022-02-01］.

② MOFA, "Japan-Germany Foreign and Defense Ministers' Meeting（'2+2'），" April 13, 2021, https：//www. mofa. go. jp/press/release/press4e_ 002994. html ［2022-02-01］.

③ MOFA, "Japan-Germany Foreign Ministers' Meeting," December 11, 2021, https：//www. mofa. go. jp/erp/c_ see/de/page4e_ 001189. html ［2022-02-01］.

④ MOFA, "Japan-Germany Summit Telephone Talk," December 14, 2021, https：//www. mofa. go. jp/erp/c_ see/de/page4e_ 001192. html ［2022-02-01］.

⑤ MOFA, "Commencement of Negotiations on the Japan-UK Reciprocal Access Agreement," September 28, 2021, https：//www. mofa. go. jp/press/release/press4e_ 003044. html ［2022-02-01］.

⑥ 外務省『外交青書』、2021年、https：//www. mofa. go. jp/mofaj/gaiko/bluebook/2021/pdf/pdfs/2_ 5. pdf ［2022-02-01］.

作。外务大臣林芳正表示，希望进一步推进比以往任何时候都更牢固的日英关系。①

（一）以安全和防务合作为中心加强印太合作

英国积极加强与日本的全方位合作，加强在印太的存在，急于在世界上展示"全球英国"的角色，向世界宣示它正在重新成为世界舞台上真正的独立角色。新冠疫情暴发后，英国越来越重视印太地区。2021 年 3 月，英国政府发布题为《竞争时代的全球英国——安全、国防、发展与外交政策的整体评估》的报告。该报告指出，印太地区对英国的经济和安全至关重要，英国将其外交力量向印太地区倾斜。② 日英之间的高层会谈频繁提及进一步加强安全和防卫合作，以实现所谓的"自由开放的印太"。2021 年 2 月，日英第四次外长和防长"2+2"会议确认就"自由开放的印太"加强合作。

与此同时，日英两国在军事方面的合作正在加深，英国决定在印太地区常态化部署海军力量，深度介入印太地区。2021 年 9 月，英国"伊丽莎白女王"号航空母舰停靠在日本港口。③ 同月，日英就日本自卫队与英国军队进行联合训练的《互惠准入协定》（RAA）启动谈判，旨在维护地区和平与稳定。④ 日英一再确认，双方安全与防务合作已经提升到一个新的水平，双

---

① MOFA, "Japan-UK Foreign Ministers' Meeting," December 11, 2021, https：//www. mofa. go. jp/erp/we/gb/page6e_ 000265. html［2022-02-01］.

② "Global Britain in a Competitive Age," https：//assets. publishing. service. gov. uk/government/uploads/system/uploads/attachment_ data/file/975077/Global_ Britain_ in_ a_ Competitive_ Age-_ the_ Integrated_ Review_ of_ Security_ _ Defence_ _ Development_ and_ Foreign_ Policy. pdf［2022-02-01］.

③ MOFA, "Japan-UK Foreign Ministers' Telephone Talk," September 17, 2021, https：//www. mofa. go. jp/press/release/press4e_ 003045. html［2022-02-01］.

④ MOFA, "Commencement of Negotiations on the Japan-UK Reciprocal Access Agreement," September 28, 2021, https：//www. mofa. go. jp/press/release/press4e_ 003044. html［2022-02-01］.

方都对近年来日英安全和防务合作显著深化表示满意。① 无论是外长会谈还是首脑会谈，双方都表明将在此基础之上进一步推动双边合作，以实现"自由开放的印太"。

（二）日英经济合作顺利推进

2020 年 6 月，日英启动贸易谈判。8 月，外务大臣茂木在新冠疫情暴发后首次访问英国，与英方就日英《全面经济伙伴关系协定》进行谈判。② 9 月，双方原则上达成一致，10 月，协定正式签署，并于 2021 年 1 月 1 日生效。该协定除在很大程度上仿照了日欧 EPA 之外，还包含关于关税、金融服务和电子商务法规的强化合作条款。③ 日英 EPA 是英国"脱欧"后达成的首个重大贸易协定，被看作英国加入《全面与进步跨太平洋伙伴关系协定》（CPTPP）的一块垫脚石。④

2021 年，日英高层会谈多次提及英国加入 CPTPP 问题。比如，2021 年 10 月，岸田首相与英国首相约翰逊举行电话会谈。双方确认将稳步实施日英 EPA，以促进两国之间的贸易和投资，并就英国加入 CPTPP 的谈判交换意见。⑤ 11 月，日英举行外长电话会谈，双方就英国加入 CPTPP 的程序等问题交换意见。⑥

---

① MOFA, "Japan-UK Summit Telephone Talk," October 13, 2021, https：//www. mofa. go. jp/erp/we/gb/page1e_ 000362. html［2022-02-01］.

② 外務省『外交青書』、2021 年、https：//www. mofa. go. jp/mofaj/gaiko/bluebook/2021/pdf/pdfs/2_ 1. pdf［2022-02-01］。

③ 日本国際問題研究所「戦略年次報告 2020—インド太平洋の今日と明日：戦略環境の変容と国際社会の対応—」、https：//www. jiia. or. jp/strategic_ comment/pdf/StrategicAnnualReport 2020jp. pdf［2022-02-01］。

④ 参见鶴岡路人「日英 EPA（経済連携協定）がもたらす新しい日英関係—Brexit カウントダウン番外編—」、https：//www. tkfd. or. jp/research/detail. php？id＝3595［2021-03-01］；日本国際問題研究所『戦略年次報告 2020~インド太平洋の今日と明日：戦略環境の変容と国際社会の対応』、https：//www. jiia. or. jp/strategic_ comment/pdf/StrategicAnnualReport 2020jp. pdf［2021-03-01］。

⑤ MOFA, "Japan-UK Summit Telephone Talk," October 13, 2021, https：//www. mofa. go. jp/erp/we/gb/page1e_ 000362. html［2022-02-01］.

⑥ MOFA, "Japan-UK Foreign Ministers' Telephone Talk," November 24, 2021, https：//www. mofa. go. jp/press/release/press3e_ 000273. html［2022-02-01］.

12月，日英外长举行面对面会谈。外交大臣特拉斯表示，英国重视与日本的关系，寻求深化包括经济安全在内的广泛领域的合作。双方确认，日本和英国将加强合作以推动印太地区的和平与繁荣。①

（三）其他方面的合作

加强在应对新冠疫情方面的合作。2020年3月，时任日本首相安倍和时任英国首相约翰逊进行电话会谈，就新冠疫情对策等交换意见。9月，日英外长举行电话会谈，双方确认，两国将在应对新冠疫情等全球问题上进行合作。② 12月，日英外长举行面对面会谈，在应对新冠疫情方面，双方重申了在全球推进新冠疫苗接种的必要性，并支持疫苗供应。③

四　结语

国际变局下，日欧开始从全球角度定位双边关系，双方都加快战略转型步伐，在经济、安全和战略等方面实现全方位合作，这推动了日本与欧洲逐步实现战略接近。在新冠疫情的刺激下，日欧出现了新一轮战略接近的势头，双方在印太战略、安全保障、经贸合作、涉华议题和新冠疫情等方面加强合作。

印太地区日益成为日本与欧洲合作的关键舞台。在日本与欧盟的关系中，日本通过各种国际会议向欧盟推销其"自由开放的印太"构想，促使欧盟逐步关注这一地区，随着欧盟对印太地区的兴趣日益增长，日本则与欧盟探讨"自由开放的印太"的具体所指。2021年，欧盟与日本就印太地区的重要性达成一致，并推出其印太政策，双方逐步加强在该地区的合作。日

① MOFA, "Japan-UK Foreign Ministers' Meeting," December 11, 2021, https：//www.mofa.go.jp/erp/we/gb/page6e_ 000265.html［2022-02-01］.

② MOFA, "Japan-UK Foreign Ministers' Telephone Talk," September 17, 2021, https：//www.mofa.go.jp/press/release/press4e_ 003045.html［2022-02-01］.

③ MOFA, "Japan-UK Foreign Ministers' Meeting," December 11, 2021, https：//www.mofa.go.jp/erp/we/gb/page6e_ 000265.html［2022-02-01］.

法和日德的经贸关系基本上在日欧 EPA 框架之下发展，因此日法和日德的印太合作以安全保障和防卫军事交流为主。日法一直致力于发展"特别伙伴关系"，法国以印太国家自居，因此对日本的"自由开放的印太"构想一直持支持态度，在欧盟成员国中第一个发布印太政策，并积极推动欧盟加强对印太地区的关注。伴随着德国发布《印太地区政策指导方针》，德国与日本在印太地区的安全和防卫合作也发展起来。在英国"脱欧"的背景下，其"全球英国"定位与日本"自由开放的印太"构想不谋而合，因此日英在印太地区的合作也以安全保障和防卫交流为主要内容。

与此同时，日本与欧盟及日法、日德和日英之间开始出现涉华议题，欧盟、法国、德国和英国对华态度渐趋强硬。西方世界担心中国的体制和制度在世界范围内扩大影响，日欧大肆宣扬其是共享价值观的"天然"伙伴，意欲在意识形态方面围堵中国，因此日本和欧洲开始在对华议题上相互借力使力以平衡中国快速发展带来的"冲击"。

可以预见，日欧关系特别是安全关系将进一步加强，联合针对中国的倾向将更加明显。在 2022 年 1 月第六次日法外长和防长"2+2"会谈上，双方再次确认将以安全保障和防卫领域为中心，进一步加强日法在印太地区的合作，并对东海及南海的状况表示"严重担忧"。在中美战略博弈加剧和俄乌冲突持续的背景下，德国总理朔尔茨在 2022 年 4 月访问日本，朔尔茨将其亚洲首访放在日本，传递的政治信号可见一斑。日德双方大打"价值观"牌，意欲用意识形态围堵中俄，俄乌冲突已经成为日德加强合作特别是安保领域合作的关键抓手，日德联合平衡中国的倾向愈加明显。法国和德国作为欧洲大国及欧盟的"领导者"，对欧盟具有不可忽视的影响，日法和日德关系提升将进一步推动日欧关系发展。其外溢效应将影响中法、中德、中欧以及中日关系，此动向值得进一步关注和研究。

（审读专家：张　勇）

B.12
后安倍时代的日俄关系冷却及发展趋势

陈梦莉*

摘　要： 安倍时期，日本对俄罗斯积极开展外交活动，双边关系有所回暖。菅义伟上台后，日本重回重视"政治与安保"的传统对俄外交，日俄双边互动热络不再。岸田出任首相后，对俄外交政策发生重要变化，其改变了此前安倍时期的温和对俄政策以及在美俄之间不进行选边站队的政策，采取了追随美欧的对俄强硬外交政策，在领土问题和缔结和平条约谈判上出现严重倒退。俄乌冲突背景下，日本持续跟进欧美对俄制裁，双边关系已经冷却，并降至"冰点"。

关键词： 日俄关系　俄美关系　俄乌冲突　北方领土　经济特区

"北方领土"① 问题一直是日俄关系的症结所在，长期以来，日俄在该领土的归属问题上争执不下。安倍在第二次执政期间，积极推动解决日俄争议领土问题，改善日俄关系。安倍改变日本历届政府将经济合作与领土问题并行推进的思路，优先发展对俄经济合作，推动经济先行。安倍希望通过经

---

* 陈梦莉，法学博士，中国社会科学院日本研究所《日本学刊》责任编辑，主要研究方向为日俄关系、日本外交等。

① "北方领土"问题分为广义概念和狭义概念，从广义概念看，"北方领土"问题是指日本曾占领并统治的库页岛南部和"北方领土"的归属问题，因此不仅包括"北方领土"归属问题，还包括库页岛南部的归属问题；从狭义概念看，"北方领土"问题指的是包括齿舞群岛、色丹岛、国后岛和择捉岛（即"北方四岛"，俄称"南千岛群岛"）在内的"北方领土"归属问题。

济合作实现政治互信，力促包括日俄领土问题在内的和平条约谈判取得进展。2018年11月，安倍与普京在新加坡举行会谈，一致同意以1956年《日苏共同宣言》为基础推进和平条约的谈判。同时，日俄就建立外长、防长"2+2"磋商机制达成一致，并举行多次会谈，在安全合作方面取得一定进展。此外，日俄从能源合作开始转向全面经济合作，达成"八项经济合作计划"，在"北方领土"共同开展经济活动。整体而言，日俄关系在安倍时期取得一定进展，但安倍"新思路"难解日俄外交僵局，日俄间的高层互动未能在领土争端方面取得实质性进展。在后安倍时代，菅义伟上台后，日本对俄外交重回"领土先行"的传统路线，"北方领土"问题成为政治家争取国内民意和政治选票的工具。岸田出任首相后，俄乌冲突爆发，日俄关系不断恶化。目前，日俄外长、防长"2+2"会谈中断，双边互动不再热络，经济活动中断，俄罗斯对日态度愈发强硬，双边关系趋于冰点。

一 后安倍时代的日俄关系新动向

菅义伟上台伊始，俄总理及高官接连登岛，不断在争议领土加强军事演习和部署。日本政府重回重视"政治与安保"的传统对俄外交，日俄对话渠道陷入中断。岸田文雄出任首相后，其对俄外交、经济和安全等领域政策发生重要转变，俄乌冲突成为双边关系走向恶化的直接原因，随着日本紧跟欧美对俄持续制裁，双边关系已降至冰点。

（一）菅义伟时期重回"领土先行"的对俄传统路线

2020年9月16日，菅义伟正式出任日本首相，菅义伟上台后就表示了"与俄罗斯解决领土问题和缔结和平条约全力以赴的意向"。2020年9月29日，菅义伟与普京举行首次首脑电话会谈，就基于1956年《日苏共同宣言》推进和平条约缔结谈判达成一致。会谈再次确认了2018年11月时任日本首相安倍晋三与普京达成的共识，展现出继承安倍外交路线的姿态。①

但在此时期，日俄两国在"北方领土"问题和和平条约交涉的态度上形成明显差异，俄罗斯态度愈发强硬，日本愈发被动。在此之前，2020 年 7 月 4 日，俄罗斯修改后的宪法正式生效，其宪法明确指出，"除划界谈判外，禁止割让领土"。俄罗斯前总理梅德韦杰夫表示，"俄罗斯宪法修正案的通过会使俄日对话更加容易，因为日方必须基于这样的一个事实，即当前的宪法包含维护俄罗斯主权和领土完整的条款。我们一直支持签署日俄和平条约，但不是为了放弃俄罗斯领土"。② 菅义伟上台伊始，俄总理及高官接连登岛，强调对日俄争议领土的主权，展示出推进基础设施建设和开发的姿态，意在动摇日本政府的立场。2020 年 10 月 16 日，俄罗斯司法当局首脑、最高检察厅检察长克拉斯诺夫访问了"北方领土"，这是自 2020 年 8 月俄罗斯紧急情况部部长日尼切夫访问国后岛以来俄罗斯政府高官首次访问"北方领土"，也是菅义伟首相就任后俄罗斯政府高官首次访问"北方领土"。对俄罗斯来说，第一位司法当局首脑访问"北方领土"意在强调本国对这些岛屿的司法所有权。③ 2021 年 7 月 26 日，俄罗斯总理米哈伊尔·米舒斯京视察择捉岛，这是 2019 年俄罗斯时任总理梅德韦杰夫登上"北方领土"以来俄总理时隔两年再次登岛，意在宣示俄罗斯对这些岛屿的实际支配。

此外，俄罗斯不断在"北方领土"加强军事演习和部署。2021 年，俄罗斯陆续在 2 月、6 月、8 月接连在南千岛群岛海域举行大规模军事演习，其在日本附近海域进行军演可能常态化。同时，俄罗斯不断在日俄争议领土进行军事部署，2020 年 12 月，为进一步加强在"北方领土"的防御力量和

---

① 「日ロ、『2 島先行』再確認＝首相、領土問題『終止符を』—プーチン氏と初の電話会談—」、https：//www. arabnews. jp/article/japan/article_ 23516/［2021-10-10］。

② "Russia's Constitutional Reforms Prevent Disputed Islands' Transfer to Japan-Ex-PM Medvedev," *The Moscow Times*，Sep. 2，2020，https：//www. themoscowtimes. com/2020/09/02/russias - constitutional-reforms-prevent-disputed-islands-transfer-to-japan-ex-pm-medvedev-a71322 ［2021-02-11］.

③ 「ロシア司法当局トップ 北方領土を訪問」、NHK、https：//www. nhk. or. jp/politics/articles/lastweek/46634. html ［2021-10-10］。

回应美日在远东地区的挑衅行为，俄罗斯开始在该地区部署 S-300V4 防空导弹系统并投入作战值班，这是俄罗斯首次在日俄争议岛屿部署先进防空导弹系统。

俄总理登岛视察、加强军事演习等是对俄日对话渠道中断陷入僵局的施压，体现了俄罗斯对日俄关系现状的不满。2020 年以后，日俄之间就因新冠疫情没有进行面对面的交涉，"北方领土"的无签证交流也被首次中断。2021 年 2 月 7 日，每年举行的"北方领土返还要求全国大会"因新冠疫情而缩小规模。菅义伟在执政时，不像前首相安倍晋三对日俄关系抱有热情，日俄外长、防长"2+2"会谈中断，双边互动不再热络。俄外长拉夫罗夫和外交部发言人扎哈罗娃对此都曾表示，"目前俄日之间很多对话渠道已经中断"，"日本仍旧不与俄罗斯就安全议题展开建设性的对话，也拒绝讨论安全领域采取信任措施的途径"。①

菅义伟上台后，虽然展示出"不把北方领土问题推给下一代，将为此画上句号"的高姿态，但其已经重新回归到将对俄外交作为提振国内民心、士气的工具，重回重视"政治与安保"的传统对俄外交。② 对此，日本国内仍有很多要求日本政府加快与俄罗斯领土交涉、缔结和平条约谈判的进度的声音。北海道知事铃木表示，由于新冠疫情的影响，与"北方领土"相关的交流项目被推迟，岛民对和平条约谈判的进展表示强烈担忧。为了早日返还四岛，强烈要求日本政府以更坚定的态度进一步加快领土交涉的进度。由"北方领土"前岛民等组成的千岛齿舞诸岛居住者联盟根室支部部长谷内亮一也表示，在领土问题交涉前景不明朗的情况下，对俄总理访问择捉岛表示遗憾，并希望菅义伟尽快实现与普京总统面对面的首脑会谈，以此作为解决领土问题的契机。③

---

① 《胡继平：日本外交空间恐将越走越窄》，环球网，http://opinion.huanqiu.com/article/43wWDFFU7L6 [2022-02-10]。
② 陈祥：《日本"要岛外交"再度受挫》，《世界知识》2021 年第 6 期。
③ 「ロシア首相択捉島訪問 日本政府は抗議」、NHK、https://www.nhk.or.jp/politics/articles/lastweek/64356.html [2021-09-10]。

189

（二）岸田政府对俄严厉制裁，调整对俄"安倍路线"

2021年10月4日，岸田文雄正式出任日本首相，其对俄外交政策发生重要改变。岸田政府改变了此前安倍时期的温和对俄政策以及在美俄之间不进行选边站队的政策，采取了追随美欧的对俄强硬外交政策。俄乌冲突爆发后，日本的表现异常积极，追随美欧对俄实施空前严厉的多轮制裁。日本在俄乌冲突上的反应，不仅意味着其外交、经济和安全等领域政策的转变，而且将影响双边关系、东北亚地区局势乃至国际体系的稳定。具体而言，日本国内舆论一边倒，主张加强与西方国家的联系，制裁俄罗斯；突破自主性武器出口限制，向乌提供军事援助等，以削弱俄罗斯力量；日本右翼保守势力更是以此为契机，重申日俄争议的北方四岛主权。

第一，岸田政府在对俄领土政策上出现变化。岸田文雄在上任首相首周，于2021年10月7日与普京总统进行电话会谈，岸田表达了"包括缔结和平条约在内、希望推动日俄关系整体向互惠方向发展的意向"①。10月8日，岸田在第205届国会发表的就职演说表示，"与俄罗斯之间，不解决领土问题，就不会缔结和平条约。将努力构筑首脑间的信赖关系，并力争实现包括缔结和平条约在内的日俄关系的全面发展"。②

但俄乌冲突爆发后，岸田对俄领土政策发生重要转变。2022年3月17日，日本首相岸田文雄在当日的参议院预算委员会上，就"北方领土"表示："俄罗斯的占领没有任何法律依据，属于非法占领。"这是岸田文雄自2021年10月就任以来，首次在国会就日俄领土争议使用"非法占领"一词。此外，岸田文雄还强调这是"日本固有领土"。3月31日，日本外务省向自民党提交了2022版《外交蓝皮书》初稿，初稿出现了有关日俄争

---

① 首相官邸「プーチン・ロシア大統領との電話会談についての会見」、2021年10月7日、https：//www.kantei.go.jp/jp/100_ kishida/statement/2021/07kaiken.html［2021-12-10］。

② 首相官邸「第二百五回国会における岸田内閣総理大臣所信表明演説」、2021年10月7日、https：//www.kantei.go.jp/jp/100_ kishida/statement/2021/1008shoshinhyomei.html［2022-02-10］。

议领土"北方四岛"的内容，"北方领土是日本拥有主权的岛屿，是日本的固有领土，现在被俄罗斯非法占领"①。这是时隔近 20 年日本的官方文件中再次出现俄方"非法占领"的表述。此前，日本政府一直保持克制不使用"非法占领"等刺激性表述，但岸田政府在日俄争议领土问题上，将其定性为俄罗斯"非法占领"，这说明其对日俄争议领土问题的态度正变得强硬。

同时，俄罗斯出手反制日本，俄罗斯外交部发表声明表示将中断同日本的和平条约谈判，并不再允许日本公民免签证前往"南千岛群岛"。岸田政府的对俄领土政策变化直接导致双方在"北方领土"问题和缔结和平条约谈判上出现严重倒退。

第二，岸田政府对俄外交政策发生重要变化。俄乌冲突爆发后，美国拉拢盟友对俄罗斯不断实施制裁，日本更是改变了安倍时期在美俄之间不进行选边站队的政策，紧追美欧不断对俄罗斯实施制裁，日本外交高度活跃。日本在紧随西方发起对俄制裁的同时利用各种双多边场合借题发挥，积极游说拉拢印度与东南亚、中亚及大洋洲国家，劝说其"选边站队"追随西方立场。岸田高举"制裁俄罗斯"旗帜，游说各国，反复强调俄罗斯"违反国际法、动摇国际秩序根基，应予以强烈谴责"。日本欲借俄乌冲突拉拢域内外国家，提升其国际"号召力"，构建"对俄阵线"。

第三，日本对俄经济政策变化。2021 年日俄贸易额创新高，1~12 月，日俄贸易额同比增长 35.7%。日本对俄罗斯直接投资从 2019 年的 2395 亿日元增至 2020 年的 2476 亿日元。② 但俄乌冲突爆发后，日本紧跟美国对俄实施经济制裁，冻结俄罗斯在日本的资产，对俄实施半导体出口和金融机构制裁，限制对俄罗斯军事相关团体出口，将俄罗斯部分银行排除在环球同业银

---

① 外務省『令和 4 年版外交青書（外交青書 2022）』、https：//www.mofa.go.jp/mofaj/gaiko/bluebook/index.html［2022-04-27］。

② 外務省『令和 4 年版外交青書（外交青書 2022）』、https：//www.mofa.go.jp/mofaj/gaiko/bluebook/index.html［2022-04-27］。

行金融电讯协会管理的国际资金清算系统（SWIFT）之外。[①] 随着日本不断追加对俄罗斯的金融和贸易制裁，日俄经济合作前景面临更大的不确定性。

二　日俄关系冷却的原因

日俄领土问题的结构性矛盾难以化解、日美同盟的强化加剧了日俄战略不信任感以及日俄高层外交推动不足等成为日俄关系冷却的重要原因。俄乌冲突爆发后，日本完全倒向美国，充当"反俄先锋"，双边关系降至冰点。日本对俄政策的变化折射出日本的政治理念演变趋向和国家战略走向，其从对外战略理念到行为已全面倒向西方。

（一）领土问题的结构性矛盾难以化解

日俄领土问题的结构性矛盾难以化解，且两国在领土问题和缔结和平条约上的立场差距越来越大。实际上，2000 年，普京首次就任总统时就确认了 1956 年《日苏共同宣言》的有效性，对通过移交两岛最终解决"北方领土"问题表现出积极的态度，但由于日方立场的犹豫不决和混乱，双方领土谈判未取得进展。随后不久，普京改变了在"北方领土"问题上的主张，表示"俄罗斯拥有南千岛群岛是第二次世界大战的结果，日俄之间不存在领土问题"。[②] 特别是近几年普京针对日俄关系的发言，与 21 世纪初的表态相差甚远。到目前为止，普京总统和拉夫罗夫外长在"北方领土"问题和缔结和平条约上的发言可以归为两点。第一，即使与日本缔结和平条约，也不附带移交岛屿等领土条件，即缔结和平条约的交涉与领土问题无关。那么，日俄一旦签订和平条约，俄罗斯与其在领土问题上谈判的可能性会更

---

① 外務省『令和 4 年版外交青書(外交青書 2022）』、https：//www. mofa. go. jp/mofaj/gaiko/bluebook/index. html〔2022-04-27〕。

② 吉岡明子「北方領土交渉はなぜ進まなかったのか—安倍政権の安保政策を振り返る—」、キヤノングローバル戦略研究所、https：//cigs. canon/article/20210119_ 5578. html〔2021-10-11〕。

小，正如普京反复强调的"与日本之间不存在领土问题"。第二，俄罗斯与日本缔结和平条约的条件是，日本必须承认第二次世界大战的结果，即南千岛群岛为俄罗斯的领土。[①]

而日本政府方面，虽然安倍时期日本积极寻求改善与俄罗斯的关系，但两国在领土问题上的结构性矛盾难以化解。菅义伟上台后重回"领土先行"的对俄传统路线，在领土问题上的立场逐渐强硬。现在，岸田将"北方领土"纳入日本主权范围之内，对俄领土政策更为激进。对此，俄罗斯以强硬方式对日施压，不断进行军事演习和训练以加强对争议领土的实际控制，批准在"北方领土"设立经济特区、推进对其开发，意在牵制日本。概言之，日俄在领土问题上的立场差距越来越大，俄罗斯的态度愈发强硬，而日本则愈发被动，双边关系在很大程度上因此冷却。

（二）日美同盟的强化加剧日俄战略不信任感

菅义伟时期，在安倍长期执政的基础上，日本政府进一步强化了日美关系，加强了对美国地区战略的迎合。岸田文雄上台后，大力推动日美外交。2021年11月3日，岸田首相与美国总统拜登首次会面，确认加强日美同盟，为实现所谓"自由开放的印太"而紧密合作。俄乌冲突爆发后，日本视之为谋求"自我松绑"的契机，紧随美国等西方国家对俄施加制裁，在政治、外交、军事等方面动作不断。日本政府将俄乌冲突与亚太地区强行挂钩，加紧巩固日美同盟。美俄关系的恶化和日美同盟的强化也因此成为日俄解决领土问题和缔结和平条约谈判的障碍。[②] 当前，在西方国家对俄集体制裁和美俄关系低迷的情况下，美国不愿看到日俄关系有实质性突破，打破东北亚地区的均势。日本的对俄政策要服从于美国的亚太战略。日本必须保证

① 吉岡明子「北方領土交渉はなぜ進まなかったのか—安倍政権の安保政策を振り返る—」、キヤノングローバル戦略研究所、https://cigs.canon/article/20210119_5578.html［2021-10-11］。
② 「北方領土に特区　ロシア支配強まるだけ」、『東京新聞』2021年9月10日、https://www.tokyo-np.co.jp/article/129998［2021-10-11］。

在日美同盟和俄美框架下调整对外政策，因此改善日俄双边关系是有限度的。①

另外，俄罗斯对日外交政策的核心关切表面是经济合作，实则是日美同盟。2018 年，日俄虽然同意以 1956 年《日苏共同宣言》为基础推进缔结和平条约的谈判，但之后因为俄罗斯对日美安全体制的担忧，缔结和平条约的谈判陷入僵局。普京对此表示，虽然与前首相安倍晋三以该宣言为基础的谈判达成了协议，但"之后日方又附加了条件"，使谈判成为"没有结束的进程"，明确指出"日俄交涉停滞的责任在于日本"。普京还表示"我们需要保证移交两岛后美军不会在俄罗斯边境部署导弹，但一直未得到日方答复"。② 在修改宪法后，普京也同样表示："对与日本缔结和平条约的态度没有改变，但在与日本签订和平条约时，有必要考虑到现实，其中一条是确保一个和平的未来，这意味着俄罗斯应当得到保障，不受到美国在俄罗斯边境附近部署军事力量甚至更多的导弹系统的影响。"近年来，日本积极配合、支持美国战略，搞地缘政治对抗，更引起俄罗斯的不满，双方严重缺乏战略互信。针对日本强化与美国的军事合作、搞地缘政治对抗，俄罗斯为此增加了在"北方领土"的军事行动，并部署了防空导弹系统。

（三）日俄高层外交互动不足

在安倍时代，安倍试图利用首脑外交在领土问题上取得进展，日本政界和部分媒体曾多次表示"普京总统在任期间是解决北方领土的最后机会"。在安倍之前的十年里，日本首相从未对俄罗斯进行过正式访问，安倍实现了日本首相十年来的首次正式访俄。从 2013 年 4 月至 2018 年 9 月，安倍访问俄罗斯共 11 次，并进行了 27 次日俄首脑会谈。安倍利用首脑外交在处理与

---

① 陈梦莉、白如纯：《日俄争议领土交涉中的美国因素》，《俄罗斯东欧中亚研究》2020 年第 3 期。
② 喜田尚、石桥亮介「ロシアが北方領土に経済特区　プーチン氏『交渉停滞の責任は日本に』」，『朝日新聞』2021 年 9 月 4 日、https://www.asahi.com/articles/ASP936WCN P93UHBI01P.html［2021-11-21］。

俄罗斯的关系上开创了"新思维",使双边关系有了一定程度的改善。

但菅义伟上台后,日俄高层外交推动不足,相关合作议程进展缓慢。2020年,由于新冠疫情,日俄首脑未进行面对面的交涉,"北方领土"的无签证交流也首次中断。2021年,菅义伟时期,受新冠疫情影响,日俄共举行了一次首脑电话会谈、一次面对面外长会谈和两次外长电话会谈。岸田文雄上台后,2021年,日俄共举行了一次首脑会谈和一次外长电话会谈。与安倍时期相比,日俄高层外交互动明显不足。同时,日俄外长、防长"2+2"会谈中断,双边互动不再热络。此外,日俄实施的"北方领土"共同经济活动也未取得进展。俄罗斯在"北方领土"设立经济特区是对日俄共同经济活动未取得进展的施压,也意在宣示对争议领土的"经济主权"。

三　未来日俄关系展望

安倍时代的日本政府积极推动改善日俄关系,双边关系有所转圜。安倍政府的对俄谈判,第一个转折点是2016年5月安倍首相访俄,安倍提出了解决领土问题的"新思维"和"八项经济合作计划","打开了解决日俄关系的突破口"。第二个转折点是2018年11月在新加坡举行的日俄首脑会谈,双方达成了以1956年《日苏共同宣言》为基础加速和平条约交涉的协议。安倍作为在任时间最长的首相在处理与俄罗斯的关系上开创了"新思维",使双边关系有了一定程度的改善。

尽管安倍在日俄关系上做出很大努力,但整体上与俄罗斯在领土问题和缔结和平条约的交涉依然举步维艰。有观察人士称,尽管安倍试图寻求返还与俄存在争议领土的7%,但事实证明安倍解决日俄领土争端的努力惨败,其中很大一部分原因是普京批准了宪法修正案。[①] 俄罗斯修宪后明确表明了

---

① "Russia's Constitutional Reforms Prevent Disputed Islands' Transfer to Japan-Ex-PM Medvedev," *The Moscow Times*, Sep. 2, 2020, https://www.themoscowtimes.com/2020/09/02/russias-constitutional-reforms-prevent-disputed-islands-transfer-to-japan-ex-pm-medvedev-a71322 [2021-04-11].

拒绝移交岛屿的立场，"禁止割让领土"条款彻底抹除了1956年《日苏共同宣言》中明确规定的"色丹岛、齿舞岛返还日本"的条款，使安倍在解决日俄领土和缔结和平条约问题上，几乎没有取得任何实质性效果。

在后安倍时代，基于日俄现实基础，笔者认为，日俄双边关系的未来发展受阻，短期内难以有大的进展。

第一，日俄两国很难在"北方领土"问题和缔结和平条约上取得进展。后安倍时代的日俄关系，与安倍时代存在的共性是俄罗斯对日本的态度。在安倍时期，虽然安倍首相多次访俄，但普京在此期间只访日两次。俄罗斯在与日方交涉中态度始终冷淡，并占据主导权。虽然岸田文雄就任首相后对俄罗斯态度强硬，声称如果不解决领土争端问题，日本就不会与俄罗斯签署和平条约，试图以签署和平条约相威胁，迫使俄罗斯在领土问题上做出让步。但普京对此做出明确表态，将日俄和平条约与两国领土归属问题谈判"脱钩"。普京明确表示，俄罗斯将发展与日本的关系，但仅限于俄罗斯宪法规定的范围内，并强调不会接受日本返还"北方领土"的要求。2021年6月4日，俄罗斯总统普京在圣彼得堡国际经济论坛上通过视频连线的方式会见世界主要通讯社负责人时表示，鉴于2020年7月修改的宪法中包含"禁止割让领土"的条款，解决日俄争议领土"必须考虑宪法"。这等于承认了这一条款会影响到日俄领土问题交涉，再次表明了在领土问题上不会让步的姿态。普京对此还表示"日本的立场变化非常频繁"，强调对于移交四岛"苏联时代也从未同意过，不可能返还四岛"①。

另外，受俄乌冲突影响，由于日本不断追加对俄罗斯的制裁，俄罗斯政府已宣布中断与日本的和平条约谈判，关闭了解决领土问题的通道，日俄和平条约谈判前景"目前无从谈起"。俄罗斯此举等于关上了双边关系改善的大门，安倍的对俄政策已宣告失败，日本国内有关重置对俄政策的呼声四起。在2022年末日本拟修订的《国家安全保障战略》中，岸田政

---

① 「プーチン氏、北方領土交渉で譲歩しない姿勢『日本の立場は頻繁に変わった』」、『読売新聞』2021年6月5日、https://www.yomiuri.co.jp/world/20210605－OYT1T50088／［2021－07－10］。

府或重新考虑对俄罗斯的定位，拟将俄罗斯从目前"和平与稳定的合作伙伴"的类别中剔除，归类为"安全保障方面的课题"。①

目前，俄罗斯不仅修改了宪法，还在"北方领土"增强军备，持续在"北方领土"增加经济活动，其实际支配的动向正趋于强化，日本在日俄双边关系中将愈发被动。关于领土问题和缔结和平条约，由于俄乌冲突和日俄国内因素的影响，很难在短期内取得进展。② 在后安倍时代，不管是菅义伟还是岸田文雄都不会有安倍那样改善日俄关系的热情，寻求与俄罗斯建立密切关系。③ 日本对俄外交将重回传统的保守路线，双边关系短期内不会有所改善。

第二，日俄经济合作前景并不乐观。安倍第二次执政以来，日本一直保持与俄罗斯的经济合作，双方就以经济合作为先导拉动日俄关系达成一致。安倍政府设立"俄罗斯经济领域合作担当大臣"以负责对俄经济合作，与俄达成八项经济合作计划，展现出与俄罗斯在经济合作方面的最大诚意。

但俄乌冲突彻底打破了日俄两国改善经济关系和加强经济合作的基调，随着岸田政府不断追加对俄罗斯的制裁，日俄经济合作开始倒退。2022 年 3月 11 日，日本内阁官房长官松野博一在众议院内阁委员会会议上表示："我们一直在坚持推进与俄罗斯的和平条约谈判，以便在政治等广泛领域发展整体日俄关系。但经济、文化再也不能和以前一样了。"并且他表示，"将暂停并重新考虑前首相安倍晋三执政时期与俄罗斯达成的八项经济合作计

---

① 「日本の対ロシア安保戦略、中・朝と同じ『安保上の課題』に変更へ」、『中央日報』2022 年 3 月 7 日。

② 畔蒜泰助「岸田新政権の対ロシア外交を考える—米中大国間競争における日露関係の戦略性—」、笹川平和財団、https://www.spf.org/iina/articles/abiru_04.html［2021-08-14］。

③ "The Coming Chill: Russia-Japan Relations after Abe," *The Moscow Times*, Aug. 31, 2020, https://www.themoscowtimes.com/2020/08/31/the-coming-chill-russia-japan-relations-after-abe-a71284［2021-02-11］。

划"①。但日俄经济合作之门尚未关闭，日本依赖俄罗斯天然气，在追随美欧加强对俄制裁和稳定能源采购价格之间，面临艰难选择，短期内不会退出日俄能源合作项目。2022年3月11日，岸田文雄在众议院全体会议上明确表示，日本不会退出与俄罗斯的石油天然气合作开发项目"萨哈林2号"。但同时也强调，"为了降低对俄罗斯的能源依赖，会进一步采取措施"。"萨哈林1号""萨哈林2号"是日本电力和燃气供应不可或缺的能源来源。虽然日本跟随欧美对俄罗斯发动多轮制裁，但在能源进口等敏感问题上，其尽可能弱化制裁产生的负面影响。未来日俄的经济合作将是有限的，经济合作在日俄双边关系中也不占主要地位，目前，两国的能源合作很难带来双边关系的显著改善。

---

① 首相官邸「令和4年3月11日（金）定例閣議案件」、http：//www.kantei.go.jp/jp/kakugi/2022/kakugi-2022031101.html［2022-03-11］。

B.13
日本高边疆安全政策动向及影响

孟晓旭　朱清秀*

摘　要： 2021年，日本在太空、网络及电磁频谱等高边疆安全领域加大安全经费投入、调整太空重点事项建设，发布新版《网络安全战略》报告，加强完善高边疆领域体制建设及安全能力建设，增强跨域作战能力，持续深化高边疆安全战略以维护和扩大日本的高边疆安全利益。当前，日本高边疆安全战略发展呈现与经济安全关联，强调与美国、欧洲、北约、印度等盟国和伙伴国的安全合作，重视"产学官"领域协同、突出"官民"协作等特点。日本高边疆安全战略将增强新领域内的军事能力和进攻倾向，并将在美国的对外作战中扮演更重要的角色和发挥更大的作用，有明显的对华针对性。日本在高边疆安全领域追求的竞争性与对抗性不利于地区安全，需要警惕。

关键词： 太空　网络　电磁频谱　安全战略　高边疆安全

太空、网络及电磁频谱等高边疆①领域已是国际安全竞争的重要领域，也是日本构建"多次元统合防卫力"的重点方向。2021年，日本在高边疆安全领域不断强化建设，包括大幅增长相关经费、出台新战略加强规划指

---

* 孟晓旭，中国社会科学院日本研究所综合战略研究室研究员，主要研究方向为日本对外关系、日本安全战略；朱清秀，法学博士，中国社会科学院日本研究所副研究员，主要研究方向为日本政治与外交、海洋安全。

① 学界一般将太空称为"高边疆领域"，将网络及电磁频谱称为新的作战领域，本报告统一将太空、网络及电磁频谱称为"高边疆领域"。

导，谋求提升综合作战能力，构建、完善部队体制，以及深化国际安全合作特别是对美合作，从整体上谋求综合性发展。高边疆安全领域内日本的相关发展动向具有复杂影响，需要关注。

一 当前日本高边疆安全政策的动向

2021 年，日本在太空领域加大经费投入力度、调整重点事项并强化安全能力建设，持续深化太空安全战略。在网络空间领域，发布新版《网络安全战略》报告，从中长期的视野对未来三年日本网络安全方面的理念、政策及机制进行规划和设计，进而确保日本网络空间的安全。在电磁频谱领域，加强完善相关体制建设，强化攻击能力。整体来看，日本在高边疆安全领域取得不少进展。

（一）太空安全领域

日本政府非常重视太空领域。为增强"自主进入太空"的能力，日本不断推动达成太空是安全保障最前沿的共识，并以"准天顶卫星"为代表开启利用太空的时代，在重视科学探索的同时保持研发能力。2021 年 6 月 29 日，由首相菅义伟担任本部长的日本政府宇宙开发战略本部召开会议。在会议上，菅义伟强调："太空将成为支撑未来经济、社会的基础，要基于重点事项，加强必要的政策。"① 当前的日本更加重视太空在国家安全保障中的作用，不断推进安全能力建设和深化安全战略发展。

第一，增加安全经费投入。

日本重视在太空领域的经费投入。2021 年 1 月，日本政府公布的预算总计达 106.6 万亿日元。日本内阁府太空开发战略推进事务局发布的数据显示，2021 财年，用于太空方面的经费预算高达 4496 亿日元，在总预算中占

---

① 宇宙開発戦略本部「第 24 回宇宙開発戦略本部議事概要」、https：//www8. cao. go. jp/space/hq/dai24/gijiyousi. pdf［2022-01-08］。

比为 4‰，比 2020 财年增长 23.1%，创历史新高。这些预算被划拨给 11 个
政府部门。获得划拨的部门（经费）分别为：文部科学省（2124 亿日元）、
内阁官房（800 亿日元）、内阁府（370 亿日元）、警察厅（10 亿日元）、总
务省（107 亿日元）、外务省（3 亿日元）、农林水产省（99 亿日元）、经济
产业省（187 亿日元）、国土交通省（152 亿日元）、环境省（93 亿日元）、
防卫省（553 亿日元）。① 对下一年度太空方面的预算，日本也进行了不少
增加。2021 年 9 月 10 日，日本公布的《令和 4 年度预算概算要求中的宇宙
关系预算》显示，日本在 2022 年太空方面的预算总额为 4847 亿日元，比
2021 年同期的相关预算增加 42%，继续呈现大幅增加态势。其中日本内阁
官房的相关经费为 787 亿日元，主要用于开发和运用信息收集卫星；内阁府
的相关经费为 347 亿日元，主要用于构建"准天顶卫星系统"（QZSS）和小
型卫星星座；警察厅的相关经费为 11 亿日元，用于运用高清晰卫星图像进
行解析；总务省的相关经费为 133 亿日元，主要用于构建量子密码通信网；
外务省的相关经费为 3 亿日元，用于支援卫星图像分析和推进太空领域的外
交政策；文部科学省的相关经费为 2125 亿日元，主要用于研究和开发"阿
尔忒弥斯计划"、"火星卫星探测计划"（MMX），开发"H3 火箭"，开发
"X 光天文卫星"（XRISM）等；农林水产省的相关经费为 57 亿日元，用于
推进智能农业的验证计划；经济产业省的相关经费为 241 亿日元，主要用于
超小型卫星星座基础技术开发等；国土交通省的相关经费为 169 亿日元，主
要用于利用"准天顶"卫星改善"星基增强系统"（SBAS）性能，运用静
止气象卫星进行气象观测等；环境省的相关经费为 85 亿日元，主要用于利
用卫星观测地球环境等。②

防卫省的相关太空经费支出令人关注。2021 年 3 月 30 日，日本防卫省

① 内閣府宇宙開発戦略推進事務局「令和 3 年度当初予算案及び令和 2 年度第 3 次補正予算
案における 宇宙開発利用関係予算について」、2021 年 1 月、https：//www8.cao.go.jp/
space/budget/r03/fy3_ yosan_ fy2_ 3hosei. pdf ［2022-01-15］。
② 内閣府宇宙開発戦略推進事務局「令和 4 年度予算概算要求における宇宙関係予算」、
https：//www8.cao.go.jp/space/budget/r04/fy04yosan. pdf ［2022-01-15］。

公布的 2021 财年预算中列出的与太空关联的预算为 724 亿日元，比 1 月的预算多 171 亿日元。具体支出项目包括：（1）强化太空监视能力，其中 211 亿日元用于建设太空状况监视卫星，118 亿日元用于建设太空状况监视卫星体系；（2）开发使用卫星星座探测并追踪高超音速滑翔飞行器（HGV）系统，以及研发高灵敏度宽带红外感测元件；（3）14 亿日元用于强化太空利用弹性，提升卫星通信系统和利用"准天顶卫星系统"进行卫星定位能力的弹性，10 亿日元用于构筑能够无缝利用 X 波段防卫通信卫星和其他商业通信卫星系统等；（4）256 亿日元用于强化利用太空进行情报收集的能力，包括获得用于解析图像的数据，获取有助于监视海洋状况的卫星信息，建设和维护 X 波段通信卫星，借用商业通信卫星线路建设和维护卫星通信器材等。预算还专门列出了强化组织体制方面的经费以及与其他国家合作的经费，包括向在美国科罗拉多州的空军基地实施的"Space 100"课程派遣要员、学习太空整体知识以及参加太空领域的多边机上演习等。[1] 在 2022 年度预算申请中，防卫省列出的太空经费为 840 亿日元，包括：（1）强化太空监视能力，其中 39 亿日元用于建设太空光学望远镜，189 亿日元用于获得监视太空的激光测距装置，90 亿日元用于建设太空监视系统；（2）16 亿日元用于探讨建设导弹防御的卫星星座；（3）105 亿日元用于强化太空利用弹性；（4）308亿日元用于强化利用太空进行情报收集的能力。[2]

第二，加强太空军事体系建设。

2021 年 6 月 29 日，防卫大臣岸信夫在第 24 次太空开发战略本部上表示："在太空安全重要性越来越高的情况下，确保太空安全是一个重要课题。防卫省和自卫队通过太空监视系统和太空监视雷达强化掌握太空状况的能力，稳步推进 X 波段防卫卫星通信网建设，以与美国的合作为目标，以活用卫星星

① 防衛省「我が国の防衛と予算—令和 3 年度予算の概要—（令和 3 年 3 月 30 日掲載）」、https：//www. mod. go. jp/j/yosan/yosan_ gaiyo/2021/yosan_ 20210330. pdf ［2022-01-20］。
② 防衛省「我が国の防衛と予算—令和 4 年度概算要求の概要—（令和 3 年 8 月 31 日掲載）」、https：//www. mod. go. jp/j/yosan/yosan_ gaiyo/2022/yosan_ 20210831. pdf ［2022-01-15］。

座开展探知、跟踪高超音速滑翔武器，扩展太空作战队等重点事项，并与相关省厅和盟友美国，以及日本宇宙航空研究开发机构（JAXA）合作，不断努力强化太空领域能力。"① 为确保太空空间能够被安全使用，日本采取的主要措施有：（1）建立太空状况监视系统（SSA），以确保太空稳定利用；（2）提高太空技术能力，包括信息收集、通信和定位能力；（3）加强与日本宇宙航空研究开发机构、美国及其他国家的合作，并培养相关人才。

为了构筑经常持续监视宇宙空间状况的体制，日本积极扩充人员，新建太空作战编制，从体制上强化太空军事力量建设。"太空作战队"是保护日本人造卫星免遭他国攻击和干扰以及警惕太空垃圾的部队，也是日本开启太空作战力量建设的重要抓手。2021 年 3 月，日本在自卫队联合参谋部职能机关新设太空企划班，用于指导和协调太空联合作战。11 月 14 日，岸信夫在视察位于山口县防府市防府北基地时表示，2022 年，日本将成立第二支"太空作战队"。岸信夫称在日本的活动范围扩大到太空、网络、电磁波等新领域的情况下确保稳定利用太空极其重要。日本拟将 2020 年 5 月 18 日在东京都府中市府中基地设立的"太空作战队"改称为"第一太空作战队"。新设的"第二太空作战队"将被部署在防府市内，初步编制为 20 人。这两支"太空作战队"将共同组成航空自卫队"太空作战群"，预计人数将增至120 人左右。防卫省还加紧组建"太空作战指挥控制部队"，在防卫装备厅配套设立"太空事业管理班"。此外，在相关设备上，防卫省还提出建造"太空巡逻船"，用于太空警戒、监视和对卫星进行修理和提供补给等。

（二）网络安全领域

日本一直较为关注网络安全问题，2006 年，日本政府就已发布《网络安全基本计划》，2012 年安倍再次担任日本首相后，网络安全问题成为安倍政府的重要关切领域，并将网络安全问题上升到国家战略的高度，使网络安

---

① 宇宙開発戦略本部「第 24 回 宇宙開発戦略本部 議事概要」、2021 年 6 月 29 日、https：// www8. cao. go. jp/space/hq/dai24/gijiyousi. pdf［2022-01-20］。

全成为日本国家安全战略的重要内容之一。在安倍内阁的积极推动下，2014年，日本政府颁布《网络安全基本法》，并于 2015 年和 2018 年发布《网络安全战略》报告。2021 年，日本政府发布最新的《网络安全战略》报告，从中长期的视野对未来三年日本网络安全方面的理念、政策及机制进行规划和设计，进而确保日本网络空间的安全，并在网络安全领域加强防卫力量等建设。

第一，发布新版《网络安全战略》报告。

该报告由背景、基本理念、对网络空间的认知、具体措施及推进体制等五个部分内容组成。该报告指出："新冠疫情的发生以及信息通信技术的发展使网络作为'公共空间'在国家经济社会生活中发挥非常重要的作用。然而，国家间围绕政治、经济、安全及科技领域的竞争使网络空间的复杂性、不确定性进一步增加，网络空间本身已经不具有'自由、公正及安全'的内容，反而这部分内容需要我们制定网络安全战略进行保障。"① 全球化的发展使网络空间已经超出时间、空间的限制，成为生成海量数据、储存海量数据及对海量数据进行分析的场所。基于网络空间的上述特点，日本的网络安全战略应确保"自由、公正且安全"的基本原则，具体包括：（1）确保信息的自由流动，避免出现妨碍数据流通及个人隐私泄露的情况；（2）坚持法律的支配地位，作为发展自由主义、民主主义的基础的网络空间与日常的社会生活一样，应坚持以法律为主导，坚持以适用《联合国宪章》及现有国际法为前提，决不允许威胁国际社会和平与稳定的情况发生；（3）开放性，为了让网络空间实现可持续发展，不应限制网络空间的多元价值，而应维持其开放；（4）自律性，在网络空间里的行为主体应主动维护网络空间的安全；（5）实现网络各行为主体间的合作，日本政府应在结合当前国际形势的基础上，推动与具有共同价值观的国家在网络安全领域的

---

① サイバーセキュリティ戦略本部『サイバーセキュリティ戦略』、2021 年 9 月 28 日、https：//www. nisc. go. jp/active/kihon/pdf/cs-senryaku2021. pdf［2022-01-10］。

合作。①

第二，加强对发展中国家在网络安全领域的援助，提升其应对网络安全风险的能力。

2021 年 12 月 14 日，日本网络安全战略本部发布《关于支援发展中国家在网络安全领域的能力建设的方针》。该方针指出日本应在下列领域对发展中国家的网络安全能力进行援助：第一对重要通信基础设施的维护，第二应对网络犯罪的能力，第三培养及建立关于利用网络空间的国际规则以及相互信任措施，第四对网络安全领域的人才培养。② 同时，在挑选援助对象方面，除了继续强化支持东盟各国加强网络安全能力的建设外，印太地区国家将成为未来日本对外援助的重点，在日本看来，支持印太地区国家提升应对网络安全的能力可以进一步增强日本在印太地区的影响力，还可以在通信光缆、网络基站及软件服务等领域提供支援，这将进一步加强日本与印太地区各国间的关系，牵制中国在印太地区日益增强的影响力。

第三，完善网络安全防卫机制，扩充网络安全防卫力量。

尽管日本政府在 2014 年已在自卫队指挥通信体系队的基础上设立网络防卫队，但负责网络安全的防卫力量主要分散在陆上自卫队、海上自卫队及航空自卫队，各方在信息共享、情报监视及应对网络安全攻击等方面缺乏协调，这在一定程度上降低了日本应对网络安全问题的能力。为了从根本上强化网络安全能力，推进网络安全防卫力量的一元化管理，2021 年，日方在原有的基础上扩编"网络防卫部队"，将陆海空自卫队与网络安全相关的防卫力量进行整合，扩编为包含 160 名成员的自卫队网络防卫队（暂称）③，其承担应对网络攻击及网络信息情报监管等职能。

---

① サイバーセキュリティ戦略本部『サイバーセキュリティ戦略』、2021 年 9 月 28 日、https：//www.nisc.go.jp/active/kihon/pdf/cs-senryaku2021.pdf［2022-01-10］。
② サイバーセキュリティ戦略本部『サイバーセキュリティ分野における開発途上国に対する能力構築支援に係る基本方針』、2021 年 12 月 14 日、https：//www.nisc.go.jp/active/kokusai/pdf/cs-tojyokokushien2021.pdf［2022-01-10］。
③ 防衛省『令和 3 年版　防衛白書』、https：//www.mod.go.jp/j/publication/wp/wp2021/pdf/R03030103.pdf［2022-01-10］。

（三）电磁频谱安全领域

日本将电磁频谱作为军事力量的战略性关键领域，2018 年日本政府出台的《防卫计划大纲》明确将电磁频谱与太空、网络并列为日本安保的新领域。为了强化日本在电磁频谱领域的安保能力，日本一方面强化在空中的电磁频谱作战实力，于 2020 年 10 月正式将 RC-2 电子侦察机运用到军事安保领域；另一方面则按照 2018 年发布的《中期防卫力量整备计划》，设立提升自卫队电磁频谱安保能力的专门机构。2021 年，日本将在电磁频谱领域积极推动跨领域协同作战，提升电磁频谱对抗和情报搜集能力。

第一，完善部队编制，装备及研发新型电磁频谱对抗武器，从软硬两个方面提升日本在电磁频谱对抗及电磁信息搜集等领域的实力。为了让自卫队从平时到"有事"之际在电子对抗中占据优势，2021 年，日本自卫队除了对陆上自卫队总队下属的有关电磁波情报搜集部队进行整编之外，还利用 2021 年度的预算装备了能够大幅提升情报搜集能力的电磁波情报搜集器，并且开始开发海自多用途战斗机（EP-3）后续机型，进一步提升日本自卫队在信号检索、方位定位及情报分析等领域的综合实力。

第二，强化在电磁领域的攻击能力。部队整编，情报信息的搜集、分析以及尖端武器的装备只是日本提升在电磁频谱领域竞争力的基础工作。为了能够提升在电磁频谱领域的威慑力，日本决心强化在电磁领域的攻击能力，对那些想要对日本发动电磁攻击的势力提前发起进攻。为此，在 2021 年，以陆上自卫队为首开始构筑网格电磁频谱系统并协助航空自卫队着手研发开展区域拒止行动的电磁频谱作战飞机。日本还加快推进提升无人机群攻击实力的高功率微波发射器及车载雷达系统的研制，进一步增强日本自卫队无人机集群的攻击能力。

第三，新设电磁作战部队，提升跨领域作战能力。2021 年 3 月 18 日，日本陆上自卫队在西部方面部队新设电磁作战部队——"第 301 电子战中队"。该中队驻扎在熊本市熊本县，装备最新的网格电磁频谱战系统，可以实现情报搜集、分析及提前攻击对方电磁系统的跨领域作战。从该部队驻扎的地点及承担的任务来看，应对中国军机在东海地区的行动将是其主要目的。

二 日本高边疆安全政策的特点

日本将涵盖高边疆防卫的"多次元统合防卫力"定位为跨域综合性防卫力，从平时到"有事"的所有阶段，都可以常态化持续实施灵活且战略性活动的真正有实效的防卫力。[①] 2021年，日本在高边疆安全领域的发展还呈现与经济安全挂钩、强调与美国等伙伴国合作、主张官民协作等综合"跨域"的特点。

首先，将高边疆安全与经济安全进行关联。

日本强调太空安全与经济安全之间的关系，首相岸田表示："太空不仅是一个给人们带来希望和梦想的前沿领域，从经济安全的视角看，还为经济社会提供了重要基础。"[②] 日本太空安全战略强调应对灾害、加强国土强韧化，实现以太空为推动力的经济成长和创新，构建能够通过各种卫星迅速有效地掌握受灾情况的体制，政府和民间共同推进观测卫星系统开发，构建综合型防灾减灾系统；利用卫星等技术推进国际温室气体观测任务，推进太空太阳能发电的实用化措施。[③] 自2012年安倍再次执政以来，网络安全已经成为日本国家安全战略的重要组成部分。随着新冠疫情的大规模扩散，网络在日本国民经济社会发展中的重要性日益提升，网络安全对经济安全的冲击成为日本政府需要应对的课题。一方面，日本与海外的通信大部分依

---

① 孟晓旭：《竞争时代日本多维度联合防卫力战略构建及其影响》，《国际安全研究》2020年第3期，第48页。

② 宇宙開発戦略本部「宇宙開発戦略本部会議」、2021年12月28日、https：//www.kantei. go.jp/jp/101_ kishida/actions/202112/28space.html［2022-01-15］。

③ 内閣府宇宙開発戦略推進事務局「宇宙基本計画工程表改訂に向けた重点事項（案）のポイント」、2021年6月29日、https：//www8.cao.go.jp/space/hq/dai24/siryou3.pdf［2022-01-20］。

赖国际海底的光缆等通信基础设施，日本政府意识到应加强与企业及国际社会一起确保以海底光缆为代表的通信基础设施的安全、可信。另一方面，日本国内的 IT 设备及系统大量使用国外的软硬件服务，为此，日本还应联合国际社会共同推动制定安全且可信赖的国际标准，尤其是与政府信息系统相关的供应链更需进一步对其进行安全认证。与此同时，防范由于网络攻击所引发的知识产权问题也需要日本政府基于经济安全的视角来推动网络空间的防护。事实上，从当前日本网络安全战略的发展特点来看，网络安全的内涵不断扩展，网络安全的边界日益模糊，网络安全与各项安全议题的关联日益密切。日本在强调电磁频谱是现代战斗中攻防最前沿的同时，也认为军事方面对电磁的依赖程度来自通信设备普及、装备现代化及技术进步等，强调要将能力提升与安全建设和通信技术安全相关联，同时将其用于经济领域，提出电磁频谱在装备网络化和小型无人机集群飞行技术等中是不可或缺的一环。

其次，强调与美国、欧洲各国、北约及印度的合作与交流。

日本在太空领域一向重视与美国等开展合作，合作多与安全相关。2021年 1 月，日本政府公布的预算中就包括用于参加美国宇航局"阿尔忒弥斯计划"以及与印度空间研究组织联合开展"月球极地探索"计划等。[①] 3月，日美外交、防务"2+2"会议强调将在太空等新领域开展合作，强调"深化跨领域防卫合作"[②]。日本还计划与美国组建太空联合部队。日本政府宇宙开发战略本部会议修订的太空基本计划工程表强调，基于与美国合作的可能性，着手先行研究用于导弹防御的卫星星座技术；在与美国达成协议的基础上，"阿尔忒弥斯计划"推进并开发支撑相关活动基础的技术；与美国合作为促进亚洲太空商务中心成立构建必要的制度环境。11 月，日印第二

---

① 内閣府宇宙開発戦略推進事務局「令和 3 年度当初予算案及び令和 2 年度第 3 次補正予算案における 宇宙開発利用関係予算について」、2021 年 1 月、https：//www8.cao.go.jp/space/budget/r03/fy3_ yosan_ fy2_ 3hosei.pdf［2022-01-15］。

② 外務省「日米安全保障協議委員会（日米「2＋2」）」、2021 年 3 月 16 日、https：//www.mofa.go.jp/mofaj/na/st/page1_ 000942.html［2022-01-15］。

次太空对话会议针对两国相应的太空政策和首要任务、太空领域的国际大事，包括太空安全、太空局势意识、全球导航卫星系统等合作交换了信息。在网络安全领域，日本极为重视与美国的合作，通过强化日美同盟框架下的日美网络安全合作机制，进一步提升日本应对网络安全的能力。目前，日美防卫部门之间已建立"日美网络防卫政策工作组"，日美两国政府通过"日美网络对话"及"日美 IT 论坛"等对话机制推动双方在网络安全领域的合作。未来日本网络安全领域的国际交流主要侧重于强化与北约的合作。为了推动日本与北约在网络监视、进攻及防卫等领域的合作，日本防卫省与北约已经签署确立了"日本—北约网络防卫合作协议"，为进一步强化双方在网络安全领域的合作，防卫省积极派人参加北约网络防卫合作中心主办的网络防卫演习。

最后，重视"产学官"领域的协同，突出官民协作。

日本认为太空对官民来说都是重要的基础设施。在太空安全领域，日本政府宇宙开发战略本部会议修订的太空基本计划工程表强调强化桌面演练，制定太空系统网络安全对策的民间指导方针；政府和民间共同推进观测卫星系统开发；与自治体等合作，解决与地区课题相关的数据利用问题；为构筑日本独有的小型卫星星座，在官民合作下推进战略性举措；未来太空运输系统将基于国际市场动向由官民共创、推进研发。① 在网络安全领域，日本非常重视企业、学校、研究机构及政府之间的合作，通过借助各方的力量快速提升日本在网络安全领域的影响力。2021 年 3 月 12 日，日本网络安全战略本部发布的一份研究报告强调，想推进日本网络安全领域的建设有必要实现"产学官"三者之间的协同，任何一方面的缺失都会阻碍日本网络技术、网络安全等领域的发展。该报告指出"产学官"协同的有效推进，一方面需要政府保障相应的科研经费投入，并做好政策引领，同时企业和科研机构之间在网络科技等领域实现对接，针对对方的利益关切提出相应的合作方案；

---

① 内閣府宇宙開発戦略推進事務局「宇宙基本計画工程表改訂に向けた重点事項（案）のポイント」、2021 年 6 月 29 日、https：//www8. cao. go. jp/space/hq/dai24/siryou3. pdf ［2022-01-10］。

另一方面基于对知识产权进行保护,企业和科研机构可以灵活地使用相关科研成果。①

三 日本高边疆安全政策的影响

在"多次元统合防卫力"战略构想下,2021年,日本继续重视高边疆领域,增加战略投入和加强安全能力及体制建设,并有针对性地加强与盟友和伙伴国的合作。此举不仅不能让高边疆领域得到稳定利用,反倒可能加剧国际竞争甚至对抗。

首先,助长日本在高边疆领域的军事能力和进攻倾向。日本强化太空监视,逐渐完善作战体系,在太空领域的军事影响力越来越强。日本防卫省和日本宇宙航空研究开发机构实际上具有相互补充的关系,日本宇宙航空研究开发机构计划发射搭载光学望远镜的监视卫星,以与太空监视雷达一起构建有效的监视太空空间的体制。日本在太空正逐渐构建独立的作战体系,为日本发动太空战奠定组织基础。"太空作战指挥控制部队"将成为"宇宙作战队"的指挥机关,提升联合作战时跨域指挥控制能力。"太空事业管理班"的主要任务是管理太空装备,负责管理和运用太空作战装备。日本持续强化网络防卫力量建设,一方面扩充自卫队网络防卫部队的规模,为网络空间增添军事化色彩;另一方面提升网络安全战略在日本国家安全战略中的比重,通过将经济、社会、工业等因素与网络安全挂钩,通过渲染网络风险并在日本社会制造网络攻击的紧张氛围从而为日本强化网络安全防卫体制创造社会条件。网络空间是人类社会的公共区域、全球治理的公域,过度政治化、战略化及军事化的渲染和包装将增加网络空间的治理难度,有可能导致全球网络空间灾难。日本推进开展和调整电磁频谱研究,以谋求加强使对方雷达无效的能力。这些都将使日本在高边疆领域有超出"专守防卫"的态势。

---

① サイバーセキュリティ戦略本部『サイバーセキュリティ研究・産学官連携戦略』、2021年3月12日、https://www.nisc.go.jp/conference/cs/kenkyu/wg/dai09/pdf/kenkyuwg-saishu.pdf [2022-01-10]。

其次，拓展日美高边疆安全合作领域，促进日美进一步战略捆绑，日本在美国的对外作战中扮演更重要甚至主动的角色，也将发挥更大作用。日美分享各自太空政策，加强在太空安全、国际规则制定、太空态势感知、太空探索、商业太空活动、全球定位卫星系统等多个领域的合作，并寻求第三国参与等，进一步在太空领域强化日美同盟。日本以加强导弹防御等为目的，对于将众多小型卫星送入低轨道的"小型人工卫星网"的卫星星座计划明确表示考虑与美国加强合作。对于参加美国主导的"阿尔忒弥斯计划"，日本强调日美必须作为一个安保团队进行合作。日美太空军事合作也将从战略合作迈向"资产合体"新模式。日本"准天顶卫星系统"可以和美国的太空监视系统联合工作，加强对太空的监视，保护美日和其他合作伙伴的太空行动，强化美日对东亚地区军事动态的监视。美国空军负责国际事务的副部长凯莉·赛波特表示，加强太空状况感知只是美国与日本深化空间伙伴关系的第一步，其将在此基础上扩大与日本的太空合作。日本推进小型人工卫星星座计划与美国"综合防空导弹防卫"构想对接，如成功则将出现日美武力行使的一体化。

最后，增强高边疆安全领域的竞争性与对抗性，并刺激地区进行军备竞赛和实施竞争性防务政策，恶化地区形势。一方面，日本强调确保能够稳定利用太空；另一方面，基于假想敌谋求"太空进攻能力"。日本强化太空安全战略的原因就是防卫省判定未来太空层面会展开激烈的军事较量，增强自卫队在太空方面的作战能力是日本的发展方向。日本"第二太空作战队"的主要任务就是利用电磁波干扰技术，瘫痪、屏蔽、控制、摧毁目标人造卫星。与日本 2018 年发布的《网络安全战略》报告相比，2021 年发布的报告更为强调价值观因素，其不仅公开污蔑俄罗斯等国利用网络攻击窃取高科技情报、利用网络攻击介入他国选举，而且建议日本政府与美国等具有自由、民主价值观的国家一起建立网络部队，共同应对网络安全挑战。从 2021 年发布的《网络安全战略》报告来看，日本的网络安全战略日益呈现对抗性和竞争性特点，并且中国已成为日本网络安全战略的重点关注对象。日本认为，干扰对方使用电磁的技术在不断进步，因此日本自卫队有必要在电磁领域增强相关能力。日本高边疆安全战略的持续推进将进一步恶化地区形势，日本将网络安全战略纳入"印太"构想框架，将进一步加剧中日在印太地区的竞争。最新版的《网络安全战略》报告明确指出，日本应该加强与东南亚及印太地区国家在网络安全领域的合作，向印太地区国家提供通信基础设施，不仅可以降低中国在印太地区的影响力，还会让地区安全形势进一步复杂化。

四　结语

2021年，日本加快高边疆安全领域建设，既是追求"安全战略自主"的军事转型，也是在新的竞争形势下配合美国的战略部署，把高边疆领域作为日美双边安全合作的新增长点，为强化同盟注入新动力。同时，这更是日本安全对抗思维下的战略举措。日本2021年版《防卫白皮书》就提出，为遏制及应对他国军事力量的质量、数量优势所带来的威胁，日本必须实现跨领域作战，将陆、海、空等传统领域能力与太空、网络、电磁频谱等新兴领域能力有机地结合在一起。[①] 日本高边疆安全政策正在持续深化中，2022年，日本更加侧重推进高边疆领域建设，这必然会造成新的安全竞争，特别是将进一步增加日本对华关系的竞争性和对抗性因素，这会导致中日竞争扩大化。日本应立足和平发展，与中国一道推动高边疆领域安全的合作与治理，改善中日关系并推进构建人类命运共同体。

（审读专家：卢　昊）

---

① 防衛省『令和3年版　防衛白書』、https：//www.mod.go.jp/j/publication/wp/wp2021/pdf/R03030103.pdf［2022-01-10］。

日本经济社会动向

Japan's Economic and Social Trends

B.14

2021年日本对外经济援助
与经济安全新动向

常思纯*

摘　要： 2021年，受新冠疫情影响，新一轮"逆全球化"浪潮进一步推高，在百年未有之大变局叠加世纪疫情的双重冲击下，全球地缘政治与地缘经济格局面临重塑。日本对外经济援助与经济安全因此出现了诸多新变化。2021年，一方面，日本大幅增加卫生健康援助，在开展疫苗外交和加强公共卫生体系建设方面争取发挥积极作用；另一方面，日本国内从重视经济外交转向重视经济安全，全面强化经济安全战略，加速推动经济安全立法进程，力争抢占国际经贸竞争"制高点"。

关键词： 对外经济援助　卫生健康援助　疫苗外交　经济安全　供应链

---

* 常思纯，法学博士，中国社会科学院日本研究所外交研究室副主任、副研究员，主要研究方向为经济外交、日本外交。

2021 年，新冠疫情持续蔓延世界各地，对世界经济造成严重冲击。截至 2022 年 1 月 7 日，全球感染新冠病毒总人数已突破 3 亿人。[①] 同时，尽管不断进化的变异毒株在毒性上有所减弱，但具有更强的传染性，给人类抗疫进程与全球经济持续复苏带来了诸多挑战。受新冠疫情持续蔓延的影响，日本经济饱受冲击，2021 年 GDP 增长率仅为 1.7%，在全球主要经济体当中排名垫底。[②] 不过，疫情也反向激发了日本的"综合战略活跃度"，积极外交趋势更加明显。[③] 在全球层面，日本积极参与主导世界贸易组织（WTO）改革进程，大力推动国际卫生健康外交；在亚太区域，日本积极推动广域经济合作战略，在争夺世界经济规则主导权与话语权方面加速发力，力争提升自身在制度层面的全球影响力和竞争力。同时，日本国内从重视经济外交转向重视经济安全，尤其是在处理对华经贸问题上，从过去更多关注经济利益向现在积极考量政治、战略利益转变。值得关注的是，在百年未有之大变局叠加世纪疫情的复杂背景下，2021 年，日本在对外经济援助中，更加重视卫生健康领域的发展援助；在经济安全战略上，则加快立法进程，强化政策执行，出现了诸多新动向。

一 大力实施卫生健康领域发展援助

自新冠疫情在全球蔓延以来，日本为提升在卫生健康领域的国际影响力，积极加强对外卫生健康援助。经济合作与发展组织（OECD）发布的数据显示，2021 年，日本 ODA 净支出额（支出额减去回收贷款）比上年增长 19.28%，达到 162.93 亿美元，创下自 1960 年以来的历史最高纪录。2021 年，日本援助额在 OECD 下属的发展援助委员会（DAC）成员国中位列第

---

① 「世界感染者 3 億人超」、『読売新聞』2022 年 1 月 8 日。

② "World Economic Outlook, April 2022：War Sets Back the Global Recovery," IMF, https：// www. imf. org/~/media/Files/Publications/WEO/2022/April/English/ text. ashx ［2022-05-24］.

③ 杨伯江：《以深化中日合作增加世界形势的稳定性和确定性》，《日本学刊》2021 年第 1 期，第 38~39 页。

三，这是自 2007 年降至第五位后日本首次重返前三名。① 据日本政府统计，自疫情暴发以来，截至 2021 年 12 月底，日本通过双边及多边机构，向卫生健康系统薄弱的国家共提供总额约 4300 亿日元的资金援助。日本曾承诺从 2020 年开始两年内提供 7000 亿日元紧急援助贷款以帮助发展中国家应对新冠危机，截至 2021 年 12 月，日本已在该框架下向 14 个国家提供了总额约 3495 亿日元的紧急日元贷款。② 在 2021 年底出台的 2022 年度日本政府预算中，ODA 预算连续第七年实现增长，应对新冠疫情、支持低收入国家普及疫苗及构建卫生健康体系则是援助的重中之重。③

结合日本近两年来对外卫生健康援助的动向来看，日本在关注应对当前全球新冠疫情的同时，也着眼未来，在实现更广泛领域全民健康安全方面力争发挥积极作用，不仅积极开展"疫苗外交"，还帮助发展中国家完善公共卫生体系。

（一）积极开展"疫苗外交"

在新冠疫情肆虐全球的情况下，接种新冠疫苗成为控制疫情传播的最重要手段。然而，全球疫苗接种却呈现严重的不均衡态势，发展中国家尤其是低收入国家的接种率远远落后于发达国家。据世界卫生组织（WHO）统计，截至 2022 年 1 月 13 日，世界上主要经济体已经接种 80% 的新冠疫苗，而低收入国家只获得 0.6% 的疫苗。WHO 成员中，有 36 个国家的疫苗接种率不足 10%，88 个国家不足 40%。④ 在此情况下，日本以印太地区各国为重点援助对象，与国际组织加强合作，积极开展"疫苗外交"。

① "ODA Levels in 2021 Preliminary Data," OECD, https：//www.oecd.org/dac/financing - sustainable-development/development-finance-standards/ODA-2021-summary.pdf ［2022-05-24］.

② 外務省『2021 年版開発協力白書』、日経印刷、2022 年、1 頁。

③ 財務省「令和 4 年度予算のポイント」、https：//www.mof.go.jp/policy/budget/budger_workflow/budget/fy2022/seifuan2022/01.pdf ［2022-05-24］。

④ 《世卫组织：新冠疫苗全球获取机制已交付 10 亿剂疫苗》，联合国网站，https：// news.un.org/zh/story/2022/01/1097622 ［2022-01-24］。

一方面，日本不仅积极承诺为筹集疫苗的国际组织和机构提供所需资金，还直接向发展中国家提供日本生产的疫苗。2021 年 2 月 9 日，日本外务大臣茂木敏充在促进新冠疫苗公平分配的国际会议上表示，日本将通过全球新冠疫苗计划（COVAX）向发展中国家提供合计约 2 亿美元（210 亿日元）的无偿援助，用于购买疫苗。① 6 月 2 日，日本与全球疫苗免疫联盟（GAVI）共同主办线上"COVAX 疫苗峰会"，时任日本首相菅义伟表示，日本将向 COVAX 追加提供 8 亿美元（约 877 亿日元）资金，并计划向发展中国家捐赠约 3000 万剂在日本国内生产的英国阿斯利康疫苗。② 追加出资后，日本总计宣称出资达到 10 亿美元，成为仅次于美国（25 亿美元）的第二大承诺出资国。9 月，菅义伟出席第 76 届联合国大会一般性辩论并发表演讲，承诺通过 COVAX 向各国和地区进一步追加提供疫苗至 6000 万剂。③ 2021 年 12 月，在日本主办的东京营养峰会上，日本首相岸田文雄宣布，日本将与国际组织展开协调，向迫切需要疫苗的非洲地区提供 1000 万剂疫苗。④ 据统计，从 2021 年 6 月至 2021 年 12 月，日本共向 20 个国家或地区提供了约 3000 万剂疫苗，其中直接向中国台湾地区及东南亚各国援助 2019 万剂疫苗，通过 COVAX 向东南亚、南亚、大洋洲及中东等国提供 1126 万剂疫苗。⑤

另一方面，对于许多较贫困国家而言，如何将所获得的疫苗在有效期内通过超低温冷链储存并运输到接种地点成为更大的挑战。对此，日本提出"最后一英里支援"计划，向发展中国家提供用于储存和运输疫苗所需的超低温保冷设备、运输车辆及注射用器材，帮助相关国家提升疫苗运输及接种

① 「ワクチン供与に 2 億ドル拠出へ」、『日本経済新聞』2021 年 2 月 10 日。

② 「ワクチン国際枠組みに 8 億ドル追加拠出首相表明、途上国分配へ『連帯』」、『読売新聞』2021 年 6 月 3 日。

③ 首相官邸「第 76 回国連総会における菅内閣総理大臣一般討論演説」、http：//www.kantei.go.jp/jp/99_suga/statement/2021/0925enzetsu.html［2022-01-24］。

④ 外務省「東京栄養サミット 2021 岸田総理大臣スピーチ」、https：//www.mofa.go.jp/mofaj/files/100221711.pdf［2022-01-24］。

⑤ 外務省「日本によるワクチン関連支援」、https：//www.mofa.go.jp/mofaj/files/100221711.pdf［2022-01-24］。

能力。截至 2021 年 12 月，日本共向亚洲、太平洋岛国、非洲、中南美洲的 59 个国家或地区提供总计 137 亿日元无偿资金援助，用于完善保存与运输疫苗所需的冷链系统。[1]

尤其值得关注的是，日本的"疫苗外交"已成为地缘政治博弈的工具。日本积极与美国、澳大利亚和印度等国合作，共同向印太地区国家提供疫苗，助力印太战略的推进。2021 年 3 月 12 日，美日印澳四国举行线上首脑峰会，确定建立四国"疫苗伙伴关系"，合作提升在印度的新冠疫苗生产能力，力争在 2022 年末向印太地区提供 10 亿剂新冠疫苗。[2] 9 月 24 日，美日印澳四国举行第二次首脑峰会，四国确认将继续推进向印太地区提供 10 亿剂疫苗的承诺。印度宣布于 10 月重启疫苗出口，日澳两国则承诺继续出资帮助印太地区国家购买疫苗，并加强"最后一英里支援"。[3]

（二）高度重视公共卫生体系建设

新冠疫情的全球蔓延凸显出发展中国家卫生健康系统薄弱、防疫抗疫资源短缺、个人防护意识不足等严峻问题。日本通过援建医疗基础设施、提供医疗设备以及帮助培养能够熟练使用这些设备的人才，帮助发展中国家构建具有韧性与包容性的公共卫生体系，提升疫情下的医疗救治能力。

据日本 ODA 主要执行机构——国际协力机构（JICA）的统计，2020 年至 2022 年 3 月，日本援助发展中国家新建、扩建医院（包括已完工或已达成协议）共计 72 所，涉及 23 个国家，并通过提供远程 ICU 技术合作等方式向 106 所医院提供了技术援助。此外，日本还帮助 8 个国家或地区新建、扩建了共计 18 个传染病对策中心，并通过技术援助方式向 39 个相关机构提供

---

[1] 外務省『2021 年版開発協力白書』、日経印刷、2022 年、4 頁。

[2] 外務省「日米豪印首脳会議ファクトシート」、https：//www. mofa. go. jp/mofaj/files/ 100159232. pdf［2022-01-24］。

[3] 外務省「日米豪印首脳共同声明」、https：//www. mofa. go. jp/mofaj/files/100238176. pdf ［2022-01-24］。

有关新冠病毒对策的技术援助。①

东南亚一直是日本积极争取扩大影响力的地区，也成为日本开展卫生健康援助的重点对象。日本重点在加强医疗基础设施建设、提供医疗物资及器材、完善冷链运输和加强人员培训等方面给予大量经济援助。早在2020年4月14日，在以视频形式举行的东盟与中日韩"10+3"抗击新冠疫情领导人特别会议上，时任首相安倍晋三宣布，日本政府将捐款55亿美元修建东盟传染病对策中心，旨在帮助东盟各国增强对公共卫生危机和新发传染病的准备、发现及应对能力。② 该中心将主要用于对传染病开展监测与研究、构建病原体实验网络及对传染病诊疗相关医务人员进行专业培训。2021年10月，日本向负责该中心运营的东盟各国公共卫生人员提供了在线培训。

此外，日本帮助东南亚国家通过建设重点核心医院来完善区域卫生系统。如日本以分别位于越南北部、南部和中部三所大型医院（河内白梅医院、顺化中央医院和胡志明市大水镀医院）为重点，帮助越南一线医疗机构提升应对新冠疫情的能力，并以此为基础完善这些地区的公共卫生体系。2021年7月，JICA宣布向胡志明市大水镀医院提供包括用于重症新冠患者治疗的体外膜肺氧合设备（ECMO）、呼吸机、重症监护仪等总额约1.2亿日元的诊疗器材，并帮助该医院培养院内感染防控人才。③ 9月，JICA宣布向顺化中央医院提供2亿日元经济援助，除提供ECMO等诊疗器材及救护车、疫苗储存超低温冰箱等设备之外，还对该医院医疗设备管理部开展远程设备管理培训。④

---

① JICA「JICA 世界保健医療イニシアティブ」、https：//www. jica. go. jp/activities/issues/ special_ edition/health/ku57pq00002n9t87-att/effort_ status_ 220317. pdf［2022-05-24］。

② 外務省『2020年版開発協力白書』、日経印刷、2021年、14頁。

③ 在ベトナム日本国大使館「チョーライ病院に対する新型コロナウイルス感染症対策のための医療機材整備支援」、https：//www. vn. emb－japan. go. jp/itpr _ ja/20210730 ChoRayHospital. html［2022-01-24］。

④ JICA「フエ中央病院に対する新型コロナウイルス感染症対策のための支援」、https：// www. jica. go. jp/vietnam/office/information/press/ku57pq00003uemn2-att/202109_ 01_ ja. pdf ［2022-01-24］。

二　全面强化经济安全保障

在新冠疫情全球流行叠加"逆全球化"思潮蔓延的影响下，全球供应链遭遇严峻挑战，日本追随并配合美欧等西方国家，收紧经济安全政策，向已推出经济安全制度的西方国家看齐，从维护供应链韧性和确保技术优势两个方面着手加强制度建设。其目的在于提振国民经济及提升本国在后疫情时期的国际竞争力和区域主导力，争取更多的经济利益和战略优势。[①]

（一）完善"经济安全"战略构想

2021年2月19日，日本国家安全保障会议（NSC）举行了以"经济领域的国家安全保障问题"为主题的会议，首次对外公布有关经济安全问题的讨论情况。

5月21日，执政的自民党约100名议员组成了旨在强化日本半导体产业的"推进半导体战略议员联盟"，日本前经济财政大臣甘利明任会长，前首相安倍晋三及副首相兼财务大臣麻生太郎担任最高顾问。该联盟强调"控制半导体就能控制世界"，并认为从经济安全的角度出发，"最重要的是在战略上协调与盟国的供应链合作"。[②]

5月27日，由岸田文雄任本部长的自民党"新国际秩序创造战略本部"出台《中期报告》，将经济安全定义为"凭借经济手段来确保日本的生存、独立与繁荣"，并强调从确保"战略自主性"（即通过推动能源、通信、粮食、医疗、金融及物流等战略基础产业安全来克服经济脆弱性）和加强并获得"战略必需性"（即通过增强重要产业在国际上的竞争力来保持竞争优势）两个方面推进自主努力，还倡导通过与共享价值观的国家酝酿共识，

---

① 郭锐、许菲：《日本东亚区域合作动向及其经济安全策略调整》，《现代日本经济》2021年第5期，第1页。

② 「『半導体を再興』議連発足へ　呼びかけ人に安倍、麻生氏　自民」、『朝日新聞』2021年5月14日。

制定规则，合作主导国际秩序的构建。① 在此基础上，该战略本部向菅义伟内阁提交政策建议，主要内容包括：第一，完善应对经济安全的法律依据，着手准备"经济安全保障推进法"的制定；第二，迅速建立包括"经济安全保障基金"在内的援助框架，旨在强化研发能力和建立战略性国内生产基地；第三，从完善体制与增加预算入手，尽快全面构建与经济安全相关的政府机构及组织；第四，争取在年底前制定经济安全战略，并将其核心内容纳入下一个国家安全保障战略。② 这也成为此后岸田文雄内阁推进经济安全战略的政策重点。

6月18日，日本内阁通过《经济财政运营与改革基本方针2021》，确定今后经济安全战略的方向，即在基于共同价值与规则的国际秩序下，扩大并深化与志同道合国家间的合作，争取实现确保"战略自主性"和获得"战略优势"的两大目标。在此基础上，日本将完善政策，认定重要技术并对其加以保护和培育，以确保基础产业安全。③

10月4日，岸田文雄当选日本首相，将加强"经济安全"作为执政招牌，在组建的新内阁中增设经济安全保障担当大臣，任命首次入阁的小林鹰之出任该职务，不仅加紧准备制定"经济安全保障推进法"的相关事项，还计划在首次修订的《国家安全保障战略》中增设"经济安全保障"相关条款。10月12日，自民党"新国际秩序创造战略本部"正式更名为"经济安全保障对策本部"，并由自民党政调会长高市早苗出任本部长。12月22日，"经济安全保障对策本部"举行首次会议，高市早苗表示要尽力推动"经济安全保障推进法案"尽快通过国会审议。自民党前干事长甘利明则表示要以应对中国为目标，完善日本的经济安全政策。

在12月24日日本内阁通过的2022财年初始预算案中，岸田政府将经

---

① 自民党「新国際秩序創造戦略本部　中間とりまとめ」、https：//jimin. jp-east-2. storage. api. nifcloud. com/pdf/news/policy/201648_ 1. pdf ［2022-01-24］。

② 小林鷹之「新国際秩序創造戦略本部の提言について総理に申入れ」、https：//kobayashi-takayuki. jp/activities/page/4/ ［2022-01-24］。

③ 内閣府「経済財政運営と改革の基本方針2021」、https：//www5. cao. go. jp/keizai-shimon/ kaigi/cabinet/2021/2021_ basicpolicies_ ja. pdf ［2022-01-24］。

济安全战略作为今后的关注重点。继 2021 财年补充预算确定超过 6000 亿日元资金用于补贴在日半导体工厂建设之后，2022 财年，日本各机构都制定了与经济安全相关的预算方案。如内阁府计划拨款 35 亿日元用于建立一个智库，主要任务是向政府就加强经济安全等相关问题提供分析报告与政策建议；总务省计划支出 27.5 亿日元，用于建立可以安全交换机密信息的"量子密码通信网"；经济产业省制定 18.5 亿元的预算，重点用于加强中小企业和大学等机构的内部管理，通过举行说明会和派遣专业人才来防止可转为军用的技术泄露。另外，从加强网络安全的角度出发，总务省计划拨款 32.5 亿日元，向行政机构和基础设施业界的人才培养与技术开发提供援助，以应对网络攻击；经济产业省计划提供 3 亿日元加强供应链网络安全。①

（二）加快经济安全的立法进程

岸田文雄任日本首相以来，加快建立确保经济安全的相关机制，加速推进经济安全的立法准备工作。10 月 8 日，岸田文雄在首次施政演讲中表示，要通过成长战略与分配战略实现自己所提倡的"新资本主义"，其中成长战略的三大支柱之一就是经济安全。岸田强调，"将在新设经济安全保障担当大臣的领导下，实施确保战略性物资、防止技术外流的举措，构建自律型经济结构。将制定相关法案，以打造牢固的供应链，推进日本的经济安全"②。12 月 6 日，岸田文雄在国会做施政演讲时再次承诺争取在 2022 年向国会提交"经济安全保障推进法案"。同时，岸田还表示设立 5000 亿日元的基金，支持面向人工智能、量子、生命科学、宇宙和海洋等未来世界不可或缺领域的研发投资，并尽快向国会提交促进在日本国内建设半导体基地的法案。③

2021 年 11 月 19 日，日本内阁官房正式成立"经济安全保障法制准备

① 「107 兆円、暮らしは仕事は　22 年度当初予算案、閣議決定」、『朝日新聞』2022 年 12 月 25 日。
② 首相官邸「第二百五回国会における岸田内閣総理大臣所信表明演説」、https：// www. kantei. go. jp/jp/100_ kishida/statement/2021/1008shoshinhyomei. html［2022-01-24］。
③ 首相官邸「第二百七回国会における岸田内閣総理大臣所信表明演説」、https：// www. kantei. go. jp/jp/101_ kishida/statement/2021/1206shoshinhyomei. html［2022-01-24］。

室"，为其配备了来自财务省和经济产业省的约 50 名职员，加快"经济安全保障推进法案"制定进程。同日，岸田文雄主持召开了首次经济安全推进会议，确定"加强重要物资供应链、确保重要基础设施安全、培育及援助尖端技术研发、敏感技术专利不公开"等内容为"经济安全保障推进法案"的四大支柱，全面启动"经济安全保障推进法案"制定工作，力争使其在 2022 年内通过国会审议。同时，岸田还要求尽快举行"专家会议"，对"经济安全保障推进法案"的具体内容征询专家意见。

11 月 26 日，由 18 名成员组成的关于"经济安全保障推进法案"制定的首次专家会议正式举行。日本 NSC 的前局长北村滋及前副局长兼原信克作为政界代表，日本商工会议所、经团联、经济同友会等机构领导作为经济界代表，来自庆应大学、东京大学及学习院大学等高校的教授作为学界代表参加会议。此外，经济安全保障担当大臣小林鹰之及内阁府、NSC、内阁官房等官员出席会议。针对法案制定，专家们提出了一些重点注意事项：首先，应通过官民合作方式培养国际化人才，以争取在技术开发等领域的国际规则制定中发挥主导作用；其次，日本的经济安全政策要与国际法相整合，获得国际社会的理解和支持；最后，从企业角度出发，政府应明确经济安全政策中的"红线"，避免影响正常的经济活动。总体来说，专家们在强调"要以坚定的决心推进立法"的同时，也强调"应该向国民进行通俗易懂的解释"，并决定针对"经济安全保障推进法案"四大支柱领域分别建立"学习会"，对相关内容进行研讨。①

12 月 28 日，日本举行了第二次"关于经济安全保障推进法案制定的专家会议"，与会专家们讨论了在"经济安全保障推进法案"四大支柱领域增加措施的意见。第一，专家们确认了增强供应链韧性的必要性，并建议应确定最尖端产业为重要物资，降低对特定国家的依赖程度，重点关注有可能被运用于武器的敏感技术保护以及加强供应链上游供应端的风险预警。此外，专家

---

① 内阁官房「『経済安全保障法制に関する有識者会議』（第 1 回）議事要旨」、https：//www.cas.go.jp/jp/seisaku/keizai_ anzen_ hosyohousei/dai1/gijiyousi.pdf［2022-01-24］。

们也建议不应通过限制措施，而应通过激励机制来引导和支持企业重视供应链安全。第二，专家们认为应建立新机制来帮助政府掌握重要基础设施的设备外包与维护管理状况，防范对设备的网络攻击及其他风险。专家们建议应兼顾经济活动自由与国家、国民安全，实施对象应根据企业规模大小来确定，对中小企业应谨慎进行相关监管。第三，专家们认为应该增加对尖端技术的研发投资，特别是对量子技术等能改变世界的技术，应该举全国之力来推进研发。另外，为了促进尖端技术的实际应用，研发人员应充分考虑警察、海上安全及防卫等政府部门的实际需求。专家们建议政府应该根据智库的分析和信息制定战略，确定与这些战略相匹配的研发体系，推动产官学的合作研发，并培养优秀人才。第四，专家们建议应尽快引入对国防上极为敏感的技术实施专利不公开制度，并配套相应的保密义务和在国外申请专利加以限制的规定。不过专家们也认识到技术日新月异的变化，强调应及时更新对敏感技术的认定。[①]

（三）加强经济安全的国际合作

日本经济安全立法的核心之一就是要进一步强化和拓展尖端技术研发与应用，与美欧等国合作挤压中国在尖端技术领域的发展空间。因此，日本在确保供应链安全和加强技术出口管制等方面对标西方国家相关制度，并强调须加强与"志同道合国家"之间的合作。

2021年3月举行的美日印澳四国首脑峰会上，确定共同建立"关键与新兴科技工作组"，并在以下几个方面加强合作。第一，合作制定有关技术设计、开发和利用的原则声明；第二，合作制定并发布关键和新兴技术标准；第三，合作推动通信网络建设，促进通信器材供应商的多元化；第四，合作监测包括生物技术在内的关键及新兴技术发展动向；第五，开展关键技术供应链对话。[②] 3月23日，日本外务大臣茂木敏充与美国贸易代表戴琪通

---

① 内閣官房「『経済安全保障法制に関する有識者会議』（第2回）議事要旨」、https：//www.cas.go.jp/jp/seisaku/keizai_ anzen_ hosyohousei/dai2/gijiyousi.pdf［2022-01-24］。

② 外務省「日米豪印首脳会議ファクトシート」、https：//www.mofa.go.jp/mofaj/files/100159232.pdf［2022-01-24］。

话，双方确认将在经济安全领域加强意见沟通，特别是在构筑有韧性的多元化稳定供应链方面加强合作。4月16日，首相菅义伟访美并与美国总统拜登举行会谈，双方决定建立"美日竞争力与韧性伙伴关系"，为提升竞争力与促进创新，日美确认在以下几个方面加强合作：共同促进网络安全；共同投入45亿美元研发5G和6G技术，提升数字领域竞争力；合作确保半导体等敏感供应链安全与保护重要技术安全；加强在信息通信技术领域国际标准制定方面的合作与信息交流；加强在生物技术、人工智能及量子技术等领域的研发合作。①

在6月11~13日举行的G7首脑峰会上，日本和与会各国共同确认将以医疗卫生、稀土等重要矿产和半导体三大领域为重点推动合作，以确保供应链安全和经济韧性。9月24日，菅义伟访美并参加美日印澳四国首脑的首次面对面会谈，确认进一步加强四国在关键及新兴技术领域的合作。四国共同发布了"关于技术研究、开发、管理及利用的日美澳印原则"，重点关注5G通信网络建设；携手推广开放式无线接入网技术；在制定国际技术标准方面加强合作；合作构建具有韧性的、多元化且安全性高的半导体等重要技术及物资供应链。11月中旬，美国贸易代表戴琪访日，与日本就建立"日美通商合作框架"达成一致。在经济安全领域，日美确认有必要加强合作，促进双方增强经济竞争力及韧性。

三 前景与展望

新冠疫情进一步加速国际秩序变革，在今后相当长一段时间，日本对外援助与经济安全的政策动向都值得我们关注。

一方面，ODA已成为日本政府积极拓展对外政治关系、谋求政治大国地位、树立良好国际形象和加强战略外宣的重要外交手段与有效战略工具。

---

① 外務省「日米競争力・強靭性 (コア) パートナーシップ」、https：//www. mofa. go. jp/files/100177725. pdf［2022-01-24］。

新冠疫情以来，日本加大在卫生健康领域的对外援助力度，就是要进一步提升自身的全球影响力和软实力，并积极为其医疗相关产业开拓国际市场。今后，日本还将进一步推动ODA在实现"印太"构想、经济外交及卫生健康外交等方面发挥积极作用。值得警惕的是，日本在积极宣传本国对外援助成效的同时，也对ODA赋予了更多的地缘政治色彩，比如无视中国在国际抗疫合作中做出的各种贡献，积极配合并参与西方所掌握的国际话语权，肆意抹黑中国，日本与美欧等西方国家一起，在抗疫问题上"甩锅"中国，在国际舆论场上塑造中国的负面形象。此类行为不仅不利于国际抗疫合作，也影响到中日两国正常的交流与合作。

另一方面，日本越来越注重将经济问题与安全保障密切结合，通过强化经济安全保障来增强国际竞争力。日本积极推动经济安全立法，以安全保障为由调整政策、制度，强化对经济活动的审查和干预，阻碍日本企业对华出口、阻止技术合作、补助供应链转移，试图把自身市场的实力和新兴技术方面的优势转化为地缘经济实力，并运用这种实力在国际经济新秩序架构中发挥积极作用。今后，日本还将进一步加强与美欧等国在经济安全政策上的联动，在推广美日主导的经济规则和加强高新技术优势、垄断能力等方面进行战略协作。2021年，日本虽然在引领国际经贸规则方面取得一定进展，但是其经济安全战略存在诸多不确定性。在日本企业仍然重视中国市场的情况下，试图阻碍对华出口、阻止技术合作、补助供应链转移等行为，反而有可能与日本企业的发展战略存在一些矛盾之处，这不利于日本对外经济战略的顺利推进。

（审读专家：徐　梅）

B.15
日本绿色增长战略新动向及其影响[*]

田 正[**]

摘 要: 随着全球变暖进程加快，极端天气现象频发，温室气体减排势在必行。全球政府纷纷提出碳中和目标，积极推动经济发展绿色低碳转型。日本虽然是较早推动节能减排政策的国家，但其产业发展与能源转换均面临绿色转型的巨大压力。为实现 2050 年碳中和目标，在产业发展领域，日本政府制定"面向 2050 年碳中和的绿色增长战略"，明确碳中和发展路线图，采用产业政策措施，重点推动 14 个产业领域发展。在能源转型领域，日本政府制定《第六次能源基本计划》，提高可再生能源使用比例，加强火力发电脱碳措施，强化产业部门的节能措施。日本绿色增长战略在长期内有利于推动日本经济结构绿色转型，并为中日两国经济合作创造新空间。

关键词: 碳中和 绿色低碳 节能减排 氢能 可再生能源

当前，推动经济发展转型已经成为全球共识，世界各主要国家均提出了实现碳中和的承诺。2020 年，日本政府提出在 2050 年实现碳中和的目标；2021 年，日本政府进一步提出要在 2030 年实现温室气体排放较 2013 年下

---

[*] 本报告为国家社科基金一般项目"战后日本经济内外循环关系的历史、理论与政策研究"（项目编号：21BGJ057）、中国社会科学院青年启动项目"日本产业再生政策研究"（项目编号：2021YQNQD0067）的阶段性研究成果。

[**] 田正，经济学博士，中国社会科学院日本研究所经济研究室副主任、副研究员，主要研究方向为日本产业、日本经济政策。

降 46% 的目标。日本各地方自治体也依据自身情况，制定了实现碳中和的路线图。截至 2021 年 12 月，日本 40 个都道府县以及市、町、村等共 514 个地方自治体宣布将于 2050 年实现碳中和。受制于资源禀赋和经济结构，实现碳中和对日本而言并非易事。一方面需要推动钢铁、汽车、石油化学等在日本经济中占有重要地位的制造业实现绿色转型；另一方面则要提高可再生能源使用比例，减少化石燃料使用，改变能源结构。这虽然对日本的产业发展以及能源的安全稳定供给提出了挑战，但是也为日本培育新主导产业、推动经济增长提供了新空间。日本政府为此提出了一系列产业政策措施，推动实现经济绿色低碳发展。为此，笔者将在详细分析日本实施绿色增长战略背景因素的基础上，重点阐述日本政府在 2021 年提出的"面向 2050 年碳中和的绿色增长战略"以及《第六次能源基本计划》的主要措施，分析其对中日两国经济发展的影响，并提出相应的对策建议。

一　日本实施绿色增长战略的背景因素

影响日本实施绿色增长战略的因素多维多元，本报告从全球经济绿色转型趋势与日本面临的绿色转型挑战两个层面展开分析。

（一）全球经济绿色转型

随着全球变暖，近年来，极端天气现象频发。世界气象组织发布的全球气候状况临时报告显示，过去七年是有记录以来最温暖的时期，全球海平面加速上升，在 2021 年达到新高。[1] 2021 年，全球各地出现极端天气现象。2021 年，美国发生严重气候灾害 18 次，西部地区持续干旱并发生森林火灾，造成 538 人丧生，财产损失高达 1048 亿美元。2021 年 7 月，日本静冈县热海市受暴雨影响，发生严重泥石流灾害，导致 19 人死亡、8 人失踪。

---

[1] "State of the Global Climate 2021: WMO Provisional Report," https://library.wmo.int/index.php? lvl=notice_ display&id=21982#. YePDwC21Hve ［2022-01-02］.

气候变化不仅对水资源、陆地及海洋生态系统产生负面影响，而且不利于农、林、渔业的正常生产，进而影响粮食安全，导致地球难以养活持续增加的人口。基于此，应对气候变化、克服气候变化的不利影响，已经成为国际社会的共识。2021 年 8 月，政府间气候变化专门委员会（IPCC）发布的第六次评估报告显示，有系统证据表明，全球气候正在发生不可逆转的变化。在未来几十年中，所有地区的气候变化都将加剧。全球升温 1.5℃时，热浪将增加，暖季也将延长，而全球升温达到 2℃时，极端高温将对农业生产和人体健康产生严重影响。稳定气候变化，就需要实现二氧化碳（CO_2）的净零排放。[①]

在此背景下，全球主要国家纷纷提出绿色发展战略，设定削减温室气体排放目标。2015 年，联合国气候变化大会（COP21）提出了接续《京都议定书》的《巴黎协定》，进一步加强《联合国气候变化框架公约》，提出了将全球平均气温升幅较工业化前水平控制在显著低于 2℃的水平，缔约方将以"自主贡献"的方式参与全球应对气候变化行动。2021 年，联合国气候变化大会（COP26）通过《格拉斯哥气候公约》，提出把全球气温上升幅度控制在 1.5℃之内的目标，并逐步减少煤炭的使用。在《巴黎协定》框架下，世界各主要国家政府均提出了温室气体排放削减目标，积极推动实现碳减排、碳中和。如表 1 所示，欧盟提出到 2030 年时温室气体排放量要比 1990 年降低 55%以上，美国则承诺在 2030 年时比 2005 年减排至少 50%。2020 年 9 月，中国也做出了二氧化碳排放力争于 2030 年前达到峰值，努力争取 2060 年前实现碳中和的庄严承诺。[②] 此外，作为发展中国家的印度和巴西也提出了削减温室气体排放的目标，印度宣布到 2030 年时每单位 GDP 温室气体排放量比 2005 年将下降 33%~35%，而巴西则提出到 2030 年时温室气体排放量较 2005 年下降 43%的目标。由此可见，在全球气候变化背景下，推动实现碳达峰、碳

---

① "AR6 Synthesis Report," https：//www.ipcc.ch/report/sixth-assessment-report-cycle/ ［2022-01-05］.

② 《中国减排承诺激励全球气候行动》，人民网，http：//world.people.com.cn/n1/2020/1012/c1002-31887542.html ［2022-01-05］。

中和已经成为国际政治经济领域的新趋势，推动经济绿色转型、实现绿色增长已经成为全球共识，这会对全球未来的经济增长、产业发展产生深远影响。

表1　世界主要国家和地区温室气体减排目标概况

国家/地区	《京都议定书》目标	2030年温室气体减排目标	削减基准年	2050年碳中和
美　　国	-7%	减排50%~52%	2005年	已表明
日　　本	-6%	减排46%	2013年	已表明
欧　　盟	-8%	减排55%以上	1990年	已表明
英　　国	-8%	减排68%以上	1990年	已表明
加 拿 大	-6%	减排40%~45%	2005年	已表明
韩　　国	—	减排24.4%	2017年	已表明
中　　国	—	减排65%以上（每单位GDP）	2005年	2060年碳中和
印　　度	—	减排33%~35%（每单位GDP）	2005年	2070年碳中和
澳大利亚	8%	减排26%~28%	2005年	已表明
俄 罗 斯	0	减排30%	1990年	2060年碳中和
巴　　西	—	减排43%	2005年	已表明

注：《京都议定书》的减排基准年是1990年。

资料来源：外务省「日本の排出削减目標」、https：//www.mofa.go.jp/mofaj/ic/ch/page1w_000121.html［2022-01-06］。

（二）日本面临经济绿色转型压力

日本是较早推行经济绿色转型的国家，政府出台一系列政策应对全球变暖问题。1997年，在日本政府的积极推动下，《联合国气候变化框架公约》第三次缔约方大会（COP3）通过了《京都议定书》，日本做出在2008~2012年将温室气体排放量较1990年下降6%的承诺。日本于1997年在内阁府中设置了"全球变暖对策推进本部"，于1998年推出《全球变暖对策推进法》，制定了"全球变暖对策推进大纲"，给出实现削减温室气体排放的具体措施，如进一步开展节能措施、推动新能源发展、促进绿化等。[①] 伴随着《京都议定书》

① 環境省「地球温暖化対策推进大綱」、https：//www.env.go.jp/earth/ondanka/taiko/all.pdf［2022-01-07］。

在 2005 年生效，日本政府进一步制定了《京都议定书目标达成计划》，明确了二氧化碳及氟利昂的排放缩减目标。[1] 在2015 年《巴黎协定》达成之后，日本政府制定了"基于《巴黎协定》的全球变化对策方针"，并于 2016 年制定了《全球变暖对策计划》以及《日本政府温室气体减排实施计划》，提出到 2020 年要将温室气体排放量相对 2005 年削减 3.8%。2019 年，日本政府制定了"基于《巴黎协定》的长期增长战略"，明确提出日本要在 21 世纪后半期成为"脱碳素社会"，在 2050 年实现温室气体排放下降80%。[2]

实际上，气候变化问题不仅涉及环境保护，而且与产业发展、化石能源消耗，乃至经济增长等问题密切相关，逐渐成为大国博弈的焦点问题。经济的绿色转型对于日本产业发展会产生深刻影响，而日本的产业发展也面临绿色转型的严峻压力。在原材料产业领域，钢铁产业是日本二氧化碳排放的重要来源，钢铁产业因此面临严峻的碳减排压力。日本环境省的测算结果显示，2019 年，日本钢铁产业的二氧化碳排放量为 1.5 亿吨，占日本产业部门排放总量的 40%，占日本排放总量的 14%。[3] 日本钢铁产业需要进一步在生产过程中引入节能技术，并持续推动提高电炉炼钢技术以及二氧化碳回收利用与储藏技术，实现零碳排放炼钢。[4] 这对于日本钢铁产业发展形成新挑战。此外，在汽车领域，日本也面临普及电动汽车（EV）的挑战。由于电动汽车排放的 CO_2 少于燃油车，世界各国政府均在积极推动电动汽车的发展与普及。2021 年 5 月，国际能源机构（IEA）发布的《2050 年净零排放：全球能源行业路线图》报告显示，为确保到 2050 年实现净零排放，就需要

① 首相官邸「京都議定書目標達成計画」、https：//www. kantei. go. jp/jp/singi/ondanka/kakugi/050428keikaku. pdf［2022-01-07］。
② 首相官邸「パリ協定に基づく成長戦略としての長期戦略」、https：//www. kantei. go. jp/jp/singi/ondanka/kaisai/dai40/pdf/senryaku. pdf［2022-01-10］。
③ 環境省「産業部門におけるエネルギー起源 CO_2」、https：//www. env. go. jp/earth/ondanka/ghg-mrv/emissions/yoin_ 2019_ 2_ 3. pdf［2022-01-10］。
④ 一般社団法人日本鉄鋼連盟「鉄鋼業の地球温暖化対策への取組」、https：//www. jisf. or. jp/business/ondanka/kouken/keikaku/documents/2021_ tekkouwg_ 1. pdf［2022-01-12］。

在 2035 年前停止销售新的内燃机乘用车。① 欧洲国家在加大电动汽车的普及力度，2020 年挪威的新车销售中纯电动车或插电式混合动力汽车的比例已达 75%，而在英国、德国、法国等国这一比例超过了 10%。② 2021 年，日本政府提出了在 2035 年实现停止燃油车和柴油车的销售目标。为此，日本汽车产业发展面临绿色转型的严峻压力，日本的汽车企业需要加快电动汽车领域的技术研发与增加设备投资。

另外，日本在能源转换方面也面临巨大压力。受到 2011 年日本大地震引发的福岛第一核电站事故影响，日本的核能发展受阻。此后，日本在能源来源问题上，仍将火力发电作为其主要的能源来源。2018 年，日本对于煤炭、石油、天然气等化石燃料的依赖程度高达 85.5%，可再生能源所占比例仅为 9.2%。③ 为减少二氧化碳排放量，就需要减少日本对于化石燃料的依赖，并推动可再生能源和核能的发展。在核能方面，由于日本在福岛第一核电站熔融燃料处理方面的工作远未结束，这限制了日本核能的大规模发展。在可再生能源方面，日本则面临可再生能源价格过高的问题。为推动可再生能源发展，日本政府于 2012 年引入"固定价格收购制度"，对于使用可再生能源的电力公司，政府不仅支付基础电力使用费用，而且提供"可再生能源补助金"，用于激励企业开展可再生能源投资和生产。但是，"可再生能源补助金"的征收主要来源于电力使用者，随着日本可再生能源规模的持续扩大，补助金的规模也从 2012 年的 1300 亿日元迅速扩大到 2020 年的 2.4 万亿日元，这导致电力使用者的负担不断加重。日本经济产业省的测算结果显示，一般家庭每月的"可再生能源补助金"负担从 2012 年的 57 日元迅速增至 2020 年的 774 日元，不利于可再生能源的进一步发展。

① "Net Zero by 2050: A Roadmap for the Global Energy Sector," https://www.iea.org/reports/net-zero-by-2050 [2022-01-12].

② 歌川学「脱炭素・エネルギーの転換と産業への影響」、『経済』2021 年 12 月号、69-78 頁。

③ 資源エネルギー庁「2020 日本が抱えているエネルギー問題」、https://www.enecho.meti.go.jp/about/special/johoteikyo/energyissue2020_1.html [2022-01-12]。

二　日本绿色增长战略的具体措施

在日益严峻的气候变化形势下，为实现经济、社会的可持续发展，日本政府制定了碳中和目标及其实现路径，并提出"面向 2050 年碳中和的绿色增长战略"，促进绿色产业发展，修订《第六次能源基本计划》，推动能源结构绿色转型。

（一）日本政府提出2050年实现碳中和的绿色发展目标

伴随着全球经济绿色转型的大趋势，日本政府也认识到推动经济绿色转型的重要性。2020 年 10 月，日本政府宣布要在 2050 年 10 月实现碳中和，即温室气体实现零排放，推动建设"脱碳社会"。[①] 2021 年 4 月，日本政府进一步明确了实现碳中和的具体目标，即要在 2030 年实现较 2013 年温室气体排放量下降 46%。

实现碳中和目标，就需要对日本经济体系实施根本性调整，涉及制造、能源、金融等各个方面。日本政府认为，应从以下几个角度推动实现 2050 年碳中和目标。一是推动产业结构实现绿色转型。促进产业部门在环境领域的创新活动，推动原材料产业部门生产方式的绿色转型，加大运输部门电能和氢能使用力度，削减服务业部门能耗，促进企业认识到绿色转型所带来的发展新机遇。二是促进可再生能源发展壮大。降低可再生能源生产成本，推动海上风电、下一代太阳能发电、地热发电等发展。三是加大国家对于经济绿色转型的投入力度，实施"绿色产业政策"。一方面，政府给出明确的发展规划，明晰重点发展的绿色产业领域，给予企业明确预期，引导企业朝着绿色经济方向发展；另一方面，采用产业补助金或设立投资基金的方式，加大国家对重点绿色产业领域的投入力度。

---

① 首相官邸「第二百三回国会における菅内閣総理大臣所信表明演説」、https：//www. kantei. go. jp/jp/99_ suga/statement/2020/1026shoshinhyomei. html［2022-01-13］。

日本政府还规划了实现碳中和的路径（如图1所示）。在需求层面，由于各产业部门均需要推广电气化，预计对于电力的需求将上升30%～40%，需要在产业部门实现彻底的"节能化"，并推动氢能的使用，构建"氢能社会"。在供给层面，要调整日本的能源结构，实现可再生能源占日本能源供给的50%～60%，核能与配合碳回收的火力发电占30%～40%，氢能占10%。要大力发展太阳能、风能、水力发电、地热能、生物能等可再生能源，同时探索稳定的核能利用技术，在应用碳回收技术的前提下使用火力发电。

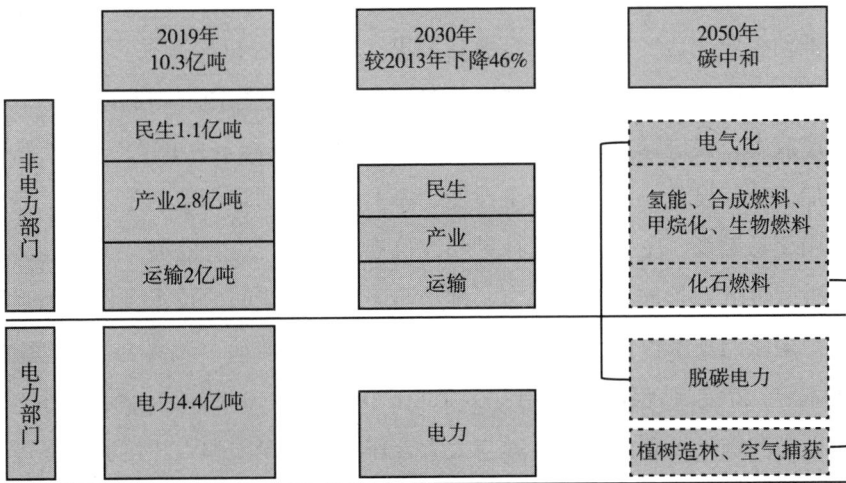

图1　日本碳中和发展路径规划

资料来源：経済産業省「2050年カーボンニュートラルに伴うグリーン成長戦略」、https：//www.meti.go.jp/press/2020/12/20201225012/20201225012.html［2022-01-13］。

（二）"面向2050年碳中和的绿色增长战略"的具体措施

2021年6月，日本政府公布"面向2050年碳中和的绿色增长战略"，给出了日本实现经济绿色转型的总路线图和具体的方针政策（见表2）。

首先，横向政策支持措施。一是设立绿色创新基金。在新能源产业技术综合开发机构下设立总额达2万亿日元的"绿色创新基金"，重点支持蓄电池、海上风电、下一代太阳能电池、氢能、碳回收等领域的技术开发，积极引导中小企业及初创企业参与，吸引来自日本和全球的绿色投资资金。二是建立碳中和投资税收制度。通过税收优惠措施，鼓励企业开展环境领域设备投资。对于企业引进的具有明显脱碳效果的生产设备给予 10% 的税额扣除或 50% 的特别折旧；对于企业因开展碳中和设备投资而造成的亏损，可以将亏损结转的上限提升至设备投资额的 100%；对于开展碳中和技术研发的企业，可以将研究开发费用扣除比例上升至法人税额的 30%。三是促进绿色金融发展。持续完善绿色债券发行机制，为钢铁、化学、造纸、水泥、电力等温室气体排放较多的行业制定脱碳路线图，给予成果联动型的利息补贴。推动企业完善气候财务信息披露制度，吸引金融机构有关环境、社会、治理（ESG）的投资。四是规制改革与标准化。调整国内规则制度，降低企业生产成本，促进绿色投资增长。通过战略性标准制定，扩大绿色产品市场，加快输氢设备、蓄电池安全性能、海上风电等国际标准制定工作。完善碳信用交易制度，主导碳排放计量和评价规则制定，应对欧盟、美国的碳边界调整政策。五是加强国际合作。推动与美国、欧盟间的技术合作，加强对发展中国家的技术援助，在 WTO 等多边组织领域推动"贸易与气候变动"规则制定，举办"东京减排周"（Tokyo Beyond-Zero Week）国际研讨会，探讨碳中和国际议题。六是推动与大学合作。加速碳中和人才培养，促进大学设立与碳中和相关的课程与学位，促进大学与企业间的研究开发合作，推动大学开展碳中和经济效果测定以及绿色 GDP 领域的理论研究。

表 2 "面向 2050 年碳中和的绿色增长战略"的横向政策支持措施

政策名称	政策目标	主要措施
绿色创新基金	促进革新性环境技术发展，吸引 15 万亿日元日本民间投资，以及 3000 万亿日元全球绿色投资	制订研究项目计划，重点支持蓄电池、海上风电、太阳能电池、氢能技术研发
碳中和投资税收制度	拉动 1.7 万亿日元环境领域投资，推动环境技术研发	税额扣除、特别折旧、促进企业重组、研发费用扣除
促进绿色金融发展	为实现经济绿色转型提供足够的资金保障，完善金融市场制度	明确高排放行业脱碳路线图，提供资金支持，完善企业气候财务信息披露机制

政策名称	政策目标	主要措施
规制改革与标准化	为技术创造提供良好的市场环境，加快环境领域规则制定	推动规制改革，促进标准化建设，完善碳配额交易，应对碳边境调整
加强国际合作	获取海外市场，增强国内产业的国际竞争力	加强与主要国家合作，举办国际会议，增强传播能力
推动与大学合作	加强环境领域人才培养，探讨碳中和方面的分析工具	完善学科设置，加强企业与大学合作

资料来源：経済産業省「2050 年カーボンニュートラルに伴うグリーン成長戦略」、https：//www. meti. go. jp/press/2020/12/20201225012/20201225012. html［2022-01-13］。

其次，重点产业领域的发展计划。在"面向 2050 年碳中和的绿色增长战略"中，给出了 14 个重点发展产业领域（见图 2）。一是能源相关产业领域。在海上风电领域，日本政府给出明确的产业发展目标，即装机容量在 2030 年达到 10GW，在 2040 年达到 30GW~45GW，调整海域占用规制，加强基础设施投资，降低产品生产成本，推动浮体式海上风电技术研发；在氢能、燃料氨产业领域，推动日本国内氢能供给量在 2030 年达到 300 万吨，在 2050 年达到 2000 万吨，推动定置型燃料电池、氢燃料汽车、氢能炼钢技术发展，引入水电解技术，加强氢能供给；在燃料氨产业方面，要在 2030 年前普及 20% 的燃料氨与煤炭混燃，2050 年实现纯燃料氨发电，开展与东南亚国家技术合作，建设稳定的燃料氨供应链。二是运输、制造相关产业领域。在汽车、蓄电池产业领域，要在 2035 年实现电动汽车在新车销售中的占比达到 100%，推动合成燃料技术开发，扩大国内蓄电池生产规模，将电池组生产成本控制在 1 万日元/千瓦时以下；在半导体、信息通信产业领域，推动绿色数据中心建设，完善下一代信息通信网络建设，支持新一代功率半导体技术研发，推动数据中心的能耗下降 30%；在物流、基础设施建设产业领域，建设碳中和港口，推广智能交通，建设绿色物流网络体系，提升交通和配送效率，实现基础设施和城市空间的零碳排放；在碳回收产业领域，推动以二氧化碳为原料的混凝土、燃料、塑料制品技术研发，加强二氧化碳分离和回收技术开发。三是家庭相关产业领域。在住宅与建筑产业领域，推动人工智能、大数据等在建筑节能管理中的应用，实现零能耗房屋建设；在资源循环相关产业领域，推动可回收材料的研究开发，加强资源循环再利用，推动能源回收利用，如燃烧设备效率提升、生物发电等。

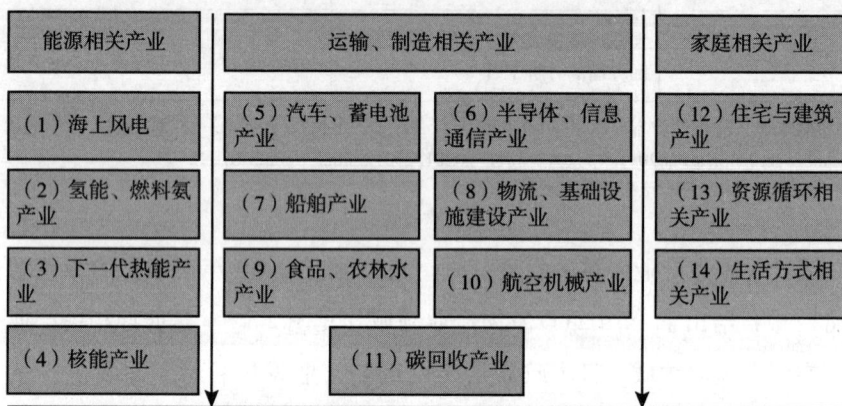

能源相关产业	运输、制造相关产业		家庭相关产业
（1）海上风电	（5）汽车、蓄电池产业	（6）半导体、信息通信产业	（12）住宅与建筑产业
（2）氢能、燃料氨产业	（7）船舶产业	（8）物流、基础设施建设产业	（13）资源循环相关产业
（3）下一代热能产业	（9）食品、农林水产业	（10）航空机械产业	（14）生活方式相关产业
（4）核能产业	（11）碳回收产业		

图2　"面向2050年碳中和的绿色增长战略"的重点发展产业领域

资料来源：経済産業省「2050年カーボンニュートラルに伴うグリーン成長戦略」、https：//www.meti.go.jp/press/2020/12/20201225012/20201225012.html［2022-01-13］。

（三）《第六次能源基本计划》

2021年10月，日本政府根据《能源政策基本法》的相关要求，制定了《第六次能源基本计划》，推动日本在能源领域实现绿色转型发展目标。

首先，《第六次能源基本计划》确定了主要目标。在推动应对气候变化的政策过程中，提供安全、稳定的能源供给并努力降低能源成本，是日本制定《第六次能源基本计划》的主要目标。为实现这一目标，日本政府始终将"S+3E"① 作为能源政策的最主要原则，将能源的安全性作为最主要的

---

① "S+3E"是指注重安全性（Safety）、确保能源稳定供给（Energy Security）、提升经济效率（Energy Efficiency）、降低对环境的负担（Environment Suitability）。

前提条件，注重在国际政治经济形势复杂变化下保证能源安全供给，构建能源稳定供给体制机制，积极采取脱碳化措施降低能源生产对环境的影响，加强能源技术研发以降低能源供给价格。基于此，日本政府制定了到 2030 年日本能源的发展目标。在能源供需层面，到 2030 年实现 6200 万单位燃油使用量，并将能源需求控制在 2.8 亿单位燃油使用量。在能源供给层面，到 2030 年时要将可再生能源占日本能源总供给的比重提升至 36%~38%，氢能与燃料氨占比提升至 1%，核能占比提升至 20%~22%，天然气占比下降至 20%，煤炭占比下降至 19%，石油占比下降至 2%，并确保能源自给率达到 30%，而电价则控制在 9.9~10.2 日元/千瓦时的程度。①

其次，推出《第六次能源基本计划》的具体措施。一是产业部门措施。调整节能基准目标值，修订"节能技术战略"，支持节能技术开发以及节能设备投资；修改建筑物节能法律法规，将住宅与小规模建筑物纳入节能管制范围，提升建筑物节能标准要求，鼓励使用节能建筑物材料；推动电动汽车普及应用，强化蓄电池相关供应链韧性。二是可再生能源政策。积极推动太阳能、风能、地热能、生物能、水电等可再生能源发展；通过导入电价费率补贴制度（FIP），推动可再生能源电力价格与市场接轨；加强配送电设备投资，增设蓄电池、变电器等设备，有效调控电力输出，维持电力系统的稳定性。三是核能领域政策。吸收福岛第一核电站事故教训，完善核能安全管理制度，设立核设施再启动专项工作组；加强核废料存储设施建设，研发降低核废料危害相关技术，推动核燃料的循环利用；加强高速炉、小型模块化反应堆、高温原子炉制氢等技术研发。四是火力发电领域措施。在维持一定比例火力发电，以弥补可再生能源电力供应不稳定缺点的同时，根据"电力行业低碳社会实行计划"，推动火力发电朝着脱碳方向发展，推动氢、氨与煤炭混烧发电，推动碳捕集、利用及封存（CCUS）技术在火力发电中的应用，减少温室气体排放。五是电力系统改革措施。明确电力零售商责任，

① 「2030 年度におけるエネルギー需給の見通し」、資源エネルギー庁、https：//www. enecho. meti. go. jp/committee/council/basic _ policy _ subcommittee/opinion/data/03. pdf ［2022-01-15］。

构建维持稳定电力供应的体制机制，建设公平、可持续的电力市场竞争环境；建立新一代配送电网络，构筑分散型电力系统，以适应可再生能源导入数量的增加；完善非化石能源电力市场交易机制，推动非化石能源可追踪证书发行，推动用户直接购买可再生能源。六是氢能与燃料氨政策。建立国际氢能供应链，完善氢能储备和运输设施，加强大型模块化水电解装置技术研发，实现长期且廉价的氢能与燃料氨供应；推动燃料电池车辆发展，完善加氢设施建设，推动制造生产方式转型，加强氢能在制造业中的应用，增加社会对氢能的需求。七是资源与燃料供给措施。推动综合性资源外交政策，加强石油、天然气、金属矿物资源、脱碳燃料的稳定供给，积极参与亚洲地区能源转型工作；提升石油、天然气的自主供给能力，加强对稀土资源的开发及循环利用（见表3）。

表3 《第六次能源基本计划》主要措施

政策领域	政策目标	政策措施
产业部门	推动产业部门电动化，实施"彻底的"节能措施	调整节能基准目标值，修改节能法律法规，改善蓄电池供应链的稳定性
可再生能源	将可再生能源作为主要的电力来源	导入电价费率补贴制度，增加配送电设备投资，维持电力系统的稳定性
核能	在制定严格规范的基础上，推动核能设施利用	设立核设施再启动专项工作组，加强核废料管理，强化核能领域的技术研发
火力发电	在强化脱碳措施的同时，降低火力发电所占比重	推动火力发电朝着脱碳方向发展，提升发电效率，应用脱碳技术
电力系统改革	在脱碳化过程中维持电力的稳定供给	构建稳定的电力供应机制，构筑分散型电力系统，完善非化石能源电力市场交易机制
氢能与燃料氨	将氢能定义为新型资源，推动普及应用	完善氢能与燃料氨的供给体制，增加产业部门对氢能源的需求
资源与燃料供给	确保资源和燃料供应稳定	确保石油、天然气、矿物资源的稳定供给，增强脱碳燃料供应能力

资料来源：资源エネルギー庁「エネルギー基本計画について」、https：//www.enecho.meti.go.jp/category/others/basic_plan/［2022-01-15］。

三 对中日在碳中和目标下经济竞合的影响

长期来看，日本的绿色增长战略有利于推动日本经济结构的绿色转型，但是其效果很难在短期内显现。对中日经贸关系而言，绿色经济成为中日经济合作的新空间，同时中日两国在绿色低碳领域的竞争也会增强。在加强合作之外，双方还需积极推动经济结构转型，改善能源结构，完善绿色低碳政策体系。

（一）对日本的影响

第一，有利于在长期内实现日本经济结构绿色转型的目标。面对 2050 年实现碳中和的迫切要求，日本政府正在加大对经济绿色转型的干预力度，提出"形成经济与环境良性循环"的口号，重新采用产业政策的方法与手段，引导经济绿色转型。另外，日本还采用设立绿色创新基金、建立碳中和投资税收制度、促进绿色金融发展等横向政策支持措施，为日本绿色产业发展创造良好的市场环境。上述措施可以消除民间企业对经济绿色发展的错误认识，加快绿色低碳技术研发，促进绿色产品设计与生产。此外，日本制定的《第六次能源基本计划》进一步强调要将可再生能源作为主要能源，并给出了明确的可再生能源发展目标。这些措施将在长期内对日本经济的绿色转型发挥积极的推动作用。

第二，在短期内无法形成立竿见影的效果。由于经济绿色转型是一个复杂的系统性问题，即便日本政府提出了 2050 年实现碳中和目标，但是受到既有的经济结构和能源结构制约，绿色增长战略的实施势必面临一定的挑战，能否实现既定的碳中和目标有待观察。一方面，在产业发展方面，当前，汽车、生产机械设备、钢铁、化学产业等仍然是日本制造业的最主要组成部分，对于日本经济发展具有重要意义，而这些产业的碳排放削减任务也是最为艰巨的，但由于电动车推广和碳捕集、利用及封存技术实用化仍然存在困难，其正处于艰难推进的状态。另一方面，在能源结构方面，基于能源稳定供给的需要，仍然可以看到截至 2030 年石油化石燃料电源占比高达 41%，纵使在短期内日本的可再生能源利用量将增加，但在中长期内日本仍然难以放弃对化石燃料的使用。

第三，推动日本加强绿色技术研发，并积极争夺绿色经济领域的国际规则制定权。日本在 2020 年制定了"革新性环境创新战略"，加大政府对可再生能源高效发电技术、氢能利用与存储技术、智能电网技术、安全性核电技术、碳回收与碳分离技术的研发支持力度。受此影响，日本在绿色经济领域的技术水平将获得一定程度的提升。此外，日本还将绿色经济作为其参与国际规则制定的一项重要内容，在"面向 2050 年碳中和的绿色增长战略"中明确提出要在多边场合加强气候变动相关议题的规则制定，同时持续加快针对绿色经济的产业标准制定，并推动其成为国际标准。

（二）对中日经济关系产生的影响

首先，日本实施绿色增长战略为中日两国的经济合作创造了新机遇。为加快形成绿色低碳循环发展经济体系，推动经济社会全面绿色发展转型，中国提出了 2030 年前实现碳达峰、2060 年实现碳中和的目标。中日两国均制定了实现碳中和的目标，为两国在绿色经济领域的合作提供了广阔空间。一方面，日本是较早进行低碳转型的国家，在制造业节能减排、绿色低碳发展等方面积累了很多技术，如电炉短流炼钢、炼钢余热回收、煤电清洁转型等，中国也在推进实施"十四五"时期节能减排工作，两国可进一步加强在节能减排技术领域的合作。另一方面，在可再生能源领域，日本具有多年在氢能领域的研发经验，持续加强氢能生产、运输、储存技术研发，完善加氢站等基础设施建设，在家庭推广氢能应用等。中日两国可积极探索在氢能与燃料电池领域的合作。此外，2022 年，《区域全面经济伙伴关系协定》（RCEP）正式生效，中日两国首次达成自贸安排，大幅降低关税，提升了贸易的便利化水平，有助于中日两国企业开展绿色产业领域合作。中日两国企业可以灵活运用原产地累计规则，在区域内国家和地区开展绿色制造业合作，在吸引日本企业来华开展绿色产业投资的同时，也可以积极探索在第三方市场共同开展绿色产业合作。

其次，中日两国在绿色经济领域的竞争也会增强。一方面，中国在绿色产业技术研发领域与日本的竞争将增强。例如，近年来，中国在电动汽车领域获得了快速发展，2021 年上半年，中国的纯电动车销量占全球的 59%，引领全球纯电动车市场。日本松下公司则加强了在车载电池领域的投资，在日本和歌山县投资 800 亿日元增建电池生产线，预计在 2023 年实现新型车载电池量产，其宣称该种电池的容量将增长 5 倍，而生产成本则会下降 10%~20%。① 日本政府近年来也推出一系列旨在增强绿色产业技术的政策措施和科研计划，来自日本的绿色产业技术竞争将持续增强。另一方面，日本持续加强在东南亚地区的绿色产业合作，中日两国在绿色经济领域的第三方市场合作竞争也会增强。例如，2022 年 1 月，日本与印度尼西亚签署火力发电脱碳领域的合作协议，日本将与印度尼西亚开展煤炭与燃料氨混烧的技术合作，从而减少火力发电过程中排放的温室气体。日本还与新加坡签订了氢能供应链构筑合作协议，与泰国签署了脱碳工程制定合作协议等。②

四　结语

推动经济社会发展绿色低碳转型已经成为实现可持续发展的迫切需要，实现碳达峰、碳中和是中国构建新发展格局、实现经济高质量增长的内在需求。面对日本实施的绿色增长战略及其新动向，中国需要进一步采取措施，推进实现"双碳"目标。一是加强与日本在绿色产业领域的合作，持续推动产业结构优化升级。这需要进一步加强与日本的合作，吸收日本在钢铁、石油化工等领域的节能减排技术，加强中日在碳捕集、利用及封存技术领域的合作，实现传统制造业领域的发展转型。同时加强新一代信息技术与绿色

---

① 「EV 航続距離最長水準　パナソニック、新型電池 23 年量産」、『日本経済新聞』2022 年 1 月 25 日。

② 「東南ア脱炭素支援高い壁アンモニア混ぜ発電、日本が推進」、『日本経済新聞』2022 年 1 月 14 日。

低碳产业技术融合，应对日本在绿色技术领域的竞争。二是改善能源结构。当前，中国的能源结构仍然以化石能源为主，需要在确保能源供应稳定的基础上，实现能源结构的调整转换。可以加强与日本在清洁煤电领域的技术合作，积极引入日本火力发电脱碳技术，减少碳排放。利用好中日地方发展合作示范区，促进中日两国在氢能与燃料氨领域的技术合作，推动具体项目落地实施。进一步发展太阳能、风电、生物质能、地热能等可再生能源技术，并加强与东南亚国家合作，应对日本加强在东南亚地区绿色产业合作的动向。三是建立健全绿色低碳政策体系。可以吸收与借鉴日本绿色增长战略的政策手段，由政府制定明确的产业发展目标，给予企业正确的方向引导，同时配合积极的财政、税收综合措施，设立绿色产业创新基金，重点支持企业开展绿色低碳技术研发。积极建立绿色供应链以及碳排放核算统计体系，加强相关标准制定，积极参与和引领全球气候治理。

（审读专家：刘　瑞）

B.16

日本数字化改革新动向综合分析[*]

张晓磊[**]

摘　要： 通过一系列数字社会政策推动日本国家和社会实现深层次变革，实现经济社会治理模式转型，提高以"数字技术"为核心的综合国力，是日本数字化改革政策的本质性特征。行政服务的数字化、生活的数字化、产业的数字化、化解数字鸿沟是菅义伟数字化改革政策的核心战略目标。岸田上台执政后，持续推进数字化改革政策并进一步升级，上升为岸田"新资本主义"成长战略的重要组成部分。岸田内阁将数字临时行政调查会作为日本一体推进数字化与规制改革、行政改革的核心决策机制。从实际落实效果来看，日本数字化改革政策的不足和障碍主要表现为人才储备、行政程序数字化实效和地方自治体的行政效率等存在的问题。

关键词： 日本　数字化转型　数字社会　行政规制改革　政策咨询会议

　　推进数字化改革是日本近些年历届内阁行政改革政策的基本组成部分，但实际落实效果并不理想，进展较为缓慢。新冠疫情叠加经济滞胀客观上加快了日本推进数字化改革的进程，也成为安倍晋三之后菅义伟和岸田文雄两届内阁持续发力的政策方向。早在 2020 年 9 月 16 日菅义伟上台伊始的记者

---

* 本报告为中国社会科学院创新工程项目"后安倍时代日本政治与政局变动研究"（编号：2021RBSB01）的阶段性研究成果。

** 张晓磊，法学博士，中国社会科学院日本研究所政治研究室副主任、副研究员，主要研究方向为日本政治和中日安全关系。

招待会上，他便提出了要加快行政数字化发展，普及个人编号卡，新设数字厅等诸多举措，① 数字化改革开始成为日本首相的核心政策组成部分。本报告的主要内容包括：第一，梳理 2021 年菅内阁和岸田内阁数字化改革政策的推进过程；第二，评估菅内阁和岸田内阁推进数字化改革政策的体制机制；第三，分析目前日本数字化改革政策面临的主要问题和障碍。

一　数字化改革进程

尽管日本在 2021 年经历了菅义伟和岸田文雄两届内阁，但总体上数字化改革政策在体制机制、覆盖领域、基本措施保持了较多延续性，并且有进一步战略化、纵深化、体系化的趋势。通过一系列数字社会政策推动日本国家和社会实现深层次变革，实现经济社会治理模式转型，提高以"数字技术"为核心的综合国力，是日本数字化改革政策的本质性特征。

（一）菅内阁时期的数字化改革政策

2020 年 10 月 26 日，菅义伟在就任后首次施政演说中推出了推动日本实现数字社会的数字化改革政策蓝图，这标志着数字化改革政策成为菅内阁的核心施政方针之一，它既是 2021 年菅义伟推进数字化改革政策的基本依托，也是后续岸田内阁数字化改革政策的重要参考。行政服务的数字化、生活的数字化、产业的数字化、化解数字鸿沟是菅义伟数字化改革政策的核心战略目标。菅义伟提出要实现数字化等大胆的规制改革，打破各省厅以及地方政府的条块分割，推动行政数字化，用 5 年的时间对地方政府系统进行统一和标准化；力争在两年半以内基本实现全民持有个人编号卡，从 2021 年 3 月开始，将保险证与个人编号卡合二为一，并推动驾照数字化；2021 年启动设立数字化改革措施的统筹机构——数字厅；向所有中小学生提供每人一

---

① 首相官邸「菅内閣総理大臣記者会見」、2020 年 9 月 16 日、https：//www.kantei.go.jp/jp/
99_suga/statement/2020/0916kaiken.html［2022-02-09］。

台 IT 终端，推广网络教育；原则上全面取消阻碍远程办公的行政申请手续等的盖章规定。①

2021 年 1 月 18 日，菅义伟在国会发表施政演说，提出了一些更为细化的数字化改革措施，包括于 2021 年秋天正式设立数字厅，并将其定位为主导国家数字化进程的"总指挥"，第一年度拥有 3000 亿日元规模的经费；通过一万亿日元规模的紧急对策推动在全国范围开展云转换；将个人编号卡积分的申请期限延长半年，4 年后驾照也将并入个人编号卡；把行政机构掌握的法人等登记资料整理成系统基础数据库；考虑在公务员职位中引进民间高技术人才，促进人才在地方政府和民间的流动；建立网上一站式行政手续办理系统，取消绝大部分行政手续印章；减免民营企业税收，推动企业整体数字化投资；官民合作研发 5G、6G 技术，主导制定国际规则；推动电信企业降低资费，改善国民信息通信使用环境；修订著作权法，实现互联网、电视节目同步播出；修订广播法，实现日本广播协会（NHK）月费降低 10%，减轻国民负担；2022 年度结束前，完成包括离岛在内覆盖全国的光纤基建；2021 年夏天之前敲定网上诊断和用药指导方面初诊受理、疾病范围等框架并付诸实施。②

2021 年 5 月 12 日，旨在落实菅义伟数字社会政策的"数字化改革一揽子法案"③ 在日本参议院顺利通过，包含《数字社会形成基本法》《数字厅设置法》《数字社会形成相关法律整备法》等五部法案的数字化改革法律制度初具规模，菅义伟推动数字社会政策法制化也保证了后续岸田文雄内阁数字化改革政策的连续性。2021 年 9 月 1 日，在菅义伟首相任内，日本正式成立数字厅。④

---

① 首相官邸「総理大臣として初めて臨む国会の意気込みについての会見」、2020 年 10 月 26 日、https：//www.kantei.go.jp/jp/99_ suga/statement/2021/index.html ［2022-02-09］。

② 首相官邸「第二百四回国会における菅内閣総理大臣施政方針演説」、2021 年 1 月 18 日、https：//www.kantei.go.jp/jp/99_ suga/statement/2021/index.html ［2022-02-09］。

③ 「民間人のデジタル監誰にデジタル庁 9 月発足デジタル改革関連法」、『日本経済新聞』2021 年 5 月 12 日。

④ 首相官邸「デジタル庁発足式」、2021 年 9 月 1 日、https：//www.kantei.go.jp/jp/99_ suga/actions/202109/01kunji.html ［2022-02-09］。

除了国内政策外，菅内阁还注重加强国际合作特别是日美合作，提升日本数字化改革理念的规则主动性和国际影响力，持续推动安倍内阁时期提出的日本对跨境数据流动国际规则的主导政策。2021 年 4 月 16 日，日美首脑会谈后的记者招待会上，菅义伟发言表示，"我和拜登总统一致同意在数字与科技等日美共通的优先领域提升竞争力和推动创新……携手推动以数字领域为首的多领域研发"。[①] 2021 年 9 月 25 日，菅义伟在联合国大会一般性辩论演讲中表示，"在数字领域，为了反对保护主义和内向化趋势，在用于实现'基于信任的自由数据流通'的相关规则制定中将发挥日本的领导作用……在最大限度地充分利用数字空间潜力的同时，绝不能看到新科技被用于损害我们的利益……为了构建自由、公正和安全的网络空间，我国将在以联合国为首的多边协商中发挥建设性作用，同时还将向东盟各国等提供能力建设支援"。[②]

（二）岸田内阁的数字化改革政策

岸田上台执政后，数字化改革政策持续推进并进一步升级，上升为岸田"新资本主义"成长战略的重要组成部分。2021 年 12 月 6 日，岸田文雄在国会发表施政演说，系统阐述了他关于数字化改革政策的一揽子方案，即"数字田园都市国家构想"，包括：投入 4.4 万亿日元，利用数字技术激发地方活力，解决地方所面临的少子老龄化、产业空洞化等问题，实现从地方扩展到全国的自下而上的成长；设置"数字田园都市国家构想实现会议"，主导推进"数字田园都市国家构想"；用三年左右时间建成以海底电缆环绕日本的"数字田园都市超高速公路"，与遍布全国的数据中心、光纤、5G 网络相配合，实现高速大容量数字化服务普及日本全国；进一步增强数字厅功能；在数字临时行政调查会上，确立日本数字社会变革的蓝

---

① 首相官邸「日米共同記者会見」、2021 年 4 月 16 日、https：//www. kantei. go. jp/jp/99_ suga/statement/2021/index. html［2022-02-09］。

② 首相官邸「第 76 回国連総会における菅内閣総理大臣一般討論演説」、2021 年 9 月 25 日、https：//www. kantei. go. jp/jp/99_ suga/statement/2021/index. html［2022-02-09］。

图，包括确定中央部门必须遵守的数字原则，并以此为基础，在 2022 年春天之前汇总出一系列监管、制度和行政间横向调整的计划；推动个人编号卡和健康保险证、驾照的整合，有需求的国民注册公共支付款项领取账号，并为便利起见推动在智能手机上搭载个人确认功能；从 2021 年 12 月 20 日起，利用个人编号卡，通过智能手机可以取得在国内外通用的疫苗接种证明。①

2021 年 12 月 21 日，岸田文雄在国会关闭的记者招待会上进一步对其数字化改革政策做了解释和细化，再次强调数字临时行政调查会在 2022 年春天之前会在制定行政部门数字原则的基础上，以统一调整四万项法律、政令及中央部门令、通知等为目标，汇总出制度的全面修订计划。针对如何完善日本国内数字基础设施，岸田表示 2022 年 3 月底之前会提出完善计划，计划用五年左右的时间建立十几处地方数据中心基地。岸田提出了几个政策目标：2023 年，5G 国内人口覆盖比例提升到九成；2030 年之前，光纤普及日本 99.9% 的家庭，在日本全国各地配置一万人以上的数字化推进委员，以帮助不熟悉数字技术的群体特别是老年人，官民合作推进数字技术的应用，向国内 100 个地区输送骨干运营人才。②

2022 年 1 月 17 日，岸田在新一年的施政演说中重申"数字田园都市国家构想"，与一个多月之前的施政演说相比，岸田对个别方面的数字化改革政策做了进一步解释和细化。比如提出完善 5G、数据中心、光纤等基础设施的主要目的是为便利地方能够活用在线医疗、GIGA 学校（面向所有人的全球创新门户学校）、智慧农林水产业等数字服务；建立一些新的数字规则，如无人驾驶汽车、低速小型自动配送机器人公路行驶规章，运用无人机和 AI 技术等为适用对象的产业安全规则；通过明确企业版故乡纳税的原则，推动依托企业支援在地方建立卫星办公室；完善针对网络攻击等的应对体

① 首相官邸「第二百七回国会における岸田内閣総理大臣所信表明演説」、2021 年 12 月 6 日、https：//www.kantei.go.jp/jp/101_ kishida/statement/2021/index.html［2022-02-09］。

② 首相官邸「岸田内閣総理大臣記者会見」、2021 年 12 月 21 日、https：//www.kantei.go.jp/jp/101_ kishida/statement/2021/index.html［2022-02-09］。

制，努力增强企业的安全体系等。① 另外，岸田内阁还注重数字化改革与日本碳中和、碳达峰政策的相互协调，比如同年 1 月 18 日岸田在世界经济论坛视频会议的演讲中提出，将利用以目前耗电量的一成达到 100 倍速度的光通信技术推动建立新一代通信网。②

二 政策推进机制

在内阁设立特命担当大臣，设置各类政策咨询会议、政策推进会议、临时行政调查会及相应的事务局，是日本首相强化官邸权力、强力推进核心政策的重要机制性手段，这在战后日本几次重要行政改革过程中都起到关键作用，安倍晋三第二次上台执政后利用上述手段强化了首相官邸权力，在经济和安全两个层面深入推进政策改革，起到了预期的效果。菅义伟和岸田文雄在推进数字化改革政策过程中也同样运用上述手段。从政策的性质来看，两届内阁的数字化改革政策可以分为两大类：一类是在通信、医疗、教育、企业运营等各个层面的技术性改革措施，另一类便是为保障上述技术性改革措施落实到位的政策推进机制及手段。

（一）菅内阁时期的数字化改革政策推进机制

1. 推动设立数字厅是菅内阁数字化改革政策推进机制的核心

菅义伟上台执政后，任命平井卓也担任数字改革担当大臣并赋予其改革实权，全力推进数字厅筹备和设立工作，同时在数字厅设立后以此为中心并在相关政策咨询会议配合下继续推动数字化改革一揽子政策。归结到一点，打造以"数字厅"为中心的数字化改革体制机制，是菅内阁时期数字化政策行政改革的核心要义。

---

① 首相官邸「第二百八回国会における岸田内閣総理大臣施政方針演説」、2022 年 1 月 17 日、https：//www. kantei. go. jp/jp/101_ kishida/statement/2022/index. html［2022-02-09］。

② 首相官邸：《岸田内阁总理大臣在达沃斯议程上发表的演讲》，2022 年 1 月 18 日、https：//www. kantei. go. jp/cn/101_ kishida/statement/202201/_ 00004. html［2022-02-09］。

　　由于行政上的条块分割问题，日本政府在应对疫情初期效率低下、饱受诟病，这给时任官房长官菅义伟极大的刺激。菅义伟认为，"数字厅"可以统筹分属不同省厅的数字政策，提高行政效率，应作为数字社会改革的首要举措。2020 年 11 月 16 日，日本政府的"数字厅"方案渐趋成型，包括：

　　（1）2021 年 9 月设立，由首相直辖，设置由民间人士担任的"数字监"一职；

　　（2）由政府在 2021 年例行国会提交《IT 基本法》修正案及《数字厅设置法》等相关法案，以作为"数字厅"改革的法律配套；

　　（3）人员规模为 500 人，其中拟起用具备较高 IT 能力和丰富经验的约 120 名民间人士；

　　（4）赋予向不遵从总体方针的其他府省厅提出纠正建议的强力权限；

　　（5）数字厅将负责管理涉及通信、金融、航空、铁路、电力、行政服务、医疗、物流、金融等 14 个领域的官、民、企间的数据共享等业务。①

　　从上述数字厅方案可以看出，数字厅的设置旨在打破行政条块分割的痼疾，提高政府效率，保证数字化改革政策的落实效果，这表现在：数字厅与普通的中央省厅有着较大区别，它直属内阁，最高长官实际上是首相本人；"数字监"一职来自民间，具有仅次于数字改革担当大臣的行政权限，相当于事务次官级；数字厅的内部运作结构不同于日本中央省厅的厅—局—课的传统型组织架构，而是一种以项目运营为中心的团队型人事结构，厅内的统括官、参事官均不固定管辖某个课，完全根据具体的事务进行具体的项目运营和团队协作，以提高行政效率；为了保障数字厅设立之初的政策实施效果，菅义伟还设置负责推进数字厅政策实施以及与相关行政机构进行协调的

---

① 「デジタル庁に民間 100 人超 首相トップの直轄組織に」、『日本経済新聞』2021 年 11 月 14 日、https：//www.nikkei.com/paper/article/？b=20201114&ng=DGKKZO66190930T11C20A1MM 8000〔2022-02-09〕。

"数字社会推进会议",并亲自担任会议议长,① 2021 年 9 月 6 日,菅义伟便主持召开了首次"数字社会推进会议"。②

数字厅除了具有上述强力的综合调整职能外,还被赋予一项重要的数字政策相关预算的审查职能,这意味着数字厅有权审查其他省厅提交的与数字化政策相关的预算,这相当于日本财务省主计局的预算审查职能,更强化了数字厅的地位。③

2. 数字厅的成功设置标志着日本官民对加快数字化改革逐步形成一致认知

数字厅最终能够成功设置离不开自民党内各行业"族议员"在形成数字社会问题上达成的共识。数字化改革延展到多个行业领域,深度融入各类基础设施之中,更提供了解决社会问题的多样化方案,它的客观属性加快了各行业"族议员"形成共同认知的过程。同时,这也离不开一些议员的持续大力推动和有分量政治家的幕后支持。2021 年 5 月 13 日,时任自民党数字社会推进本部事务总长、众议院议员小林史明接受采访时就表示,他早在八年前就多方奔走呼吁,希望自民党各派议员支持他的数字社会改革政策提案。八年间,小林得到了时任数字改革担当大臣平井卓也、规制改革大臣河野太郎、众议院议员盐崎恭久的呼应和配合,并在自民党数字社会推进本部座长甘利明的大力支持下,提出了关于设置数字厅等举措的一揽子数字社会改革提案。④ 总之,菅义伟在首相任期内能够推动数字厅成功设立,在更大程度上得益于自民党各派对数字社会改革政策必要性实现了从量变到质变,非一人之功,也非一日之功。

---

① 「民間人のデジタル監誰にデジタル庁 9 月発足デジタル改革関連法」、『日本経済新聞』2021 年 5 月 12 日。

② 首相官邸「デジタル社会推進会議」、2021 年 9 月 6 日、https://www.kantei.go.jp/jp/99_ suga/actions/202109/06digital.html［2022-02-09］。

③ 「デジタル庁がもう 1 つの『査定官庁』にならないために」、『日本経済新聞』2021 年 2 月 26 日、https://www.nikkei.com/article/DGXZQOFK196V90Z10C21A2000000/［2022-02-09］。

④ 原隆「デジタル改革関連法成立で日本は本当に変わるのか」、『日経ビジネス』2021 年 5 月 13 日、https://business.nikkei.com/atcl/gen/19/00005/051300178/［2020-12-01］。

（二）岸田内阁将政策咨询会议作为数字化改革政策推进机制的核心

如本报告第一部分所述，岸田内阁将数字化改革政策升级为"新资本主义"成长战略的重要组成部分，开始将数字化改革融入"新资本主义"成长战略。为此，岸田内阁对菅义伟时期乃至安倍时期的政策咨询会议围绕"新资本主义"成长战略进行重构和整合。2021 年 11 月 9 日，岸田内阁对外公布以新设"新资本主义实现会议"为核心的政策咨询会议具体框架，决定在新设"新资本主义实现会议"作为中枢政策推进机制的基础上，新设四个政策咨询会议，包括"数字田园都市国家构想实现会议"、"数字临时行政调查会"（以下简称"数字临调"）、"全世代型社会保障构筑会议"和"价格评价研讨委员会"，[①] 并在内阁官房设置"新资本主义实现会议"和"数字田园都市国家构想实现会议"等事务局。[②]

岸田设置的"数字临调"带有明显的派阀色彩，靠"临调"这种首相政策咨询机构推动行政改革是自民党内著名派系宏池会（现称岸田派）的政策理念和策略。早在 1962 年，自民党宏池会第一代会长池田勇人前首相为推进行政改革就设置了作为首相咨询机构的"临调"。后来，宏池会第四代会长铃木善幸前首相通过设置第二次"临调"推进日本财政政策改革。"数字田园都市国家构想实现会议"也同样带有宏池会印记，曾担任宏池会第三代会长的大平正芳前首相曾提出"田园都市国家构想"的地方发展政策理念。[③]

为了带领自民党在 2022 年 7 月参议院选举中取得胜利，巩固自民党和其本人的执政地位，岸田文雄将重构后的政策咨询会议作为数字化改革政策推进机制的核心，可见其在推动数字化行政改革上的决心和勇气。当年日本前首相小泉纯一郎正是靠活用政策咨询会议，在很大程度上消解了反对派的

① 「首相の看板政策、会議の枠組み先行　役割分担あいまい」、『日本経済新聞』2021 年 11 月 14 日、https：//www.nikkei.com/article/DGXZQOUA110UJ0R11C21A1000000/［2022-02-09］。

② 「デジタル臨調　新型コロナワクチンデータ連携を検討へ」、『日本経済新聞』2021 年 11 月 17 日、https：//www.nikkei.com/article/DGXZQOUC1715M0X11C21A1000000/［2022-02-09］。

③ 「首相の看板政策、会議の枠組み先行　役割分担あいまい」、『日本経済新聞』2021 年 11 月 14 日、https：//www.nikkei.com/article/DGXZQOUA110UJ0R11C21A1000000/［2022-02-09］。

政策主张，推动了日本邮政民营化改革。

1. 数字临调

岸田内阁欲将数字临调作为日本一体推进数字化与规制改革、行政改革的核心决策机制，将菅义伟时期创设的数字社会推进会议以及安倍时期就已存在的规制改革推进会议、行政改革推进会议进行重新整合，目的在于避免政出多门，减少数字化改革在规制改革、行政改革环节中可能面临的多重阻力，同时也可以借此进一步强化首相官邸的权力。岸田在数字临调中亲自担任会长，数字大臣与内阁官房长官担任副会长，财政大臣、总务大臣、经济产业大臣作为数字临调的成员，另外还吸纳民间相关人士、学者等进入数字临调，比如 DeNA 的会长南场智子、庆应义塾大学的村井纯教授（日本互联网"教父"）、东京大学大学院法学政治学研究科的宍户常寿教授，数字临调的事务局长由已担任数字副大臣的小林史明担任，① 正是小林在 2019 年作为自民党议员提出了设置数字临调的构想，这也是数字化改革政策历经两届内阁依然保持连续性的重要原因。

2021 年 11 月 16 日，数字临调第一次会议召开，确定了数字化改革与规制改革、行政改革一体推进的"数字化原则"，具体包括数字完整和自动化、确保互操作性、确立数据共享基础、亚洲治理和官民合作等具体原则。为了加快数字化原则的落实，这次会议还提议在审议国会方案时，设置审定法案内容是否符合数字化原则的类似数字化法制局的机构。另外，岸田还在会议上提出将新冠疫苗接种的数字化合作、5G 等高速通信网络相关数字基础设施在地方的整备、儿童相关数字基础设施等作为立即应对的课题。②

2. "数字田园都市国家构想实现会议"

这一会议主要是为了落实岸田提出的通过数字化方式加快日本地方社会

① 玄忠雄「政府の『デジタル臨調』にDeNA 南場会長ら起用、行政・規制のデジタル改革を一体議論」、『日本経済新聞』2021 年 11 月 9 日、https://xtech.nikkei.com/atcl/nxt/news/18/11616/［2022-02-09］。
② 「デジタル臨調　新型コロナワクチンデータ連携を検討へ」、『日本経済新聞』2021 年 11 月 17 日、https://www.nikkei.com/article/DGXZQOUC1715M0X11C21A1000000/［2022-02-09］。

发展的改革政策。岸田对"数字田园都市国家构想"寄予厚望，曾强调这是"新资本主义"成长战略最重要的支柱。2021 年 11 月 11 日，第一次"数字田园都市国家构想实现会议"召开，提出通过利用数字技术缩小日本城乡差距的目标，岸田在会议中表示要创设"数字田园都市国家构想推进拨款"，用于创设指导老年人使用数字设备的"数字推进委员"，建设地方数据中心和 5G 通信基础设施，以作为日本经济政策的重要组成部分，并计划于 2021 年内提出建设"数字田园都市国家构想"的具体方案。岸田首相担任该会议的议长，万博大臣担任副议长，日本全国知事会会长、鸟取县知事平井伸治，原总务大臣、日本邮政社长增田宽也，村井纯教授参加了上述会议。①

政策咨询会议颇有成效，在上述会议召开的第二天，日本总务省的"数字田园都市国家构想推进本部"便召开第一次会议，总务大臣金子恭之担任本部长，开始研究如何围绕总务省分管的信息通信领域的数字化政策与相关省厅沟通协调的议题，并提出加快地方在 5G 基站与数据中心方面的建设进程，配套相应的对地方自治体的系统标准化和数字人才的支援计划。②

三　主要问题

从菅义伟和岸田两届内阁数字化改革政策的实际落实效果来看，目前，日本数字化改革政策存在的问题和障碍主要表现在人才储备、行政程序数字化实效和地方自治体的行政效率三大方面。

（一）人才储备问题

数字技术人才储备是关系一个国家数字化政策中长远发展的关键"软

---

① 「地方のデジタル化推進へ新交付金　新会議が初会合」、『日本経済新聞』2021 年 11 月 11 日、https：//www.nikkei.com/article/DGXZQOUA1056B0Q1A111C2000000/［2022-02-09］。

② 「地方の5G整備加速へ議論　総務省が推進本部設置」、『日本経済新聞』2021 年 11 月 12 日、https：//www.nikkei.com/article/DGXZQOUA1225U0S1A111C2000000/［2022-02-09］。

件"，这一直是日本的软肋之一。人才储备体现在多个层面，政府层面没有形成一个具有延续性、科学性的对数字技术人才的评价标准和体系，民间和社会层面也缺少对数字技术人才储备的一致认知，这些问题造成有能力执行数字化政策的政府职员相对匮乏。2021年8月，日本有机构对地方自治体职员在推进数字化转型相关问题上做了一次民间调查，① 调查结果显示，从事数字化转型推进工作的地方自治体职员中有88.6%表示"职员之间在数字技术知识层面有差异，沟通协调有困难"；74.5%表示"不知如何实现企业与政府之间数字合作效果化"，85.6%表示"在数字化转型方面，不知该从哪里学起，该怎么学才好"；83.7%表示"不知道从哪里着手"；72.1%表示"不知道在改善业务上可以利用什么样的数字技术"。这一结果证明，在推进地方自治体数字化转型问题上，努力提高职员的数字化技能和素养是当务之急。

（二）行政程序数字化实效问题

推动行政程序数字化既可提高行政效率、节省资源，又可便利国民，是一个国家数字化政策中的核心组成部分，还是体现一个政府电子政务水平的重要表现，更是让普通国民感受到数字化政策实效的指标性手段。从菅义伟内阁到岸田内阁，均在持续推动行政程序数字化，菅义伟在施政方针中提出建立网上一站式行政手续办理系统，取消绝大部分行政手续印章。但从现实效果来看，目前，日本的行政程序数字化政策还未展现良好效果。比如在行政登记手续在线办理方面，还存在诸多问题。

2021年5月，日本经济新闻编集委员前田昌孝为了调查日本行政登记手续便利化的实际运作状况，在日本法务省的登记手续在线办理窗口进行了一次简单的测试，结果令人大失所望。根据日本《不动产登记法》第十八

---

① 此次调查范围为31个自治体的1378名职员，调查时间为2021年3~6月，调查方式为网上调查。「自治体のDX『職員間にIT知識の差』9割　民間調査」、『日本経済新聞』2021年8月16日、https://www.nikkei.com/article/DGXZQOUC308N30Q1A730C2000000/［2022-02-09］。

条的规定，申请登记必须以网上或书面形式向登记机关提出。据此，法务省对社会公开的承诺是可以在网上全程办理不动产的继承登记手续。前田根据法务省的承诺和网上办理指南，尝试进行一次简单的在线继承登记申请，将他的已故父亲的名字的土地和建筑物改为其母亲的名字。前田首先将已故父亲出生时的户籍副本转换为 PDF 版本并提交，随后通过网银缴付了相关手续费，但一个月后当地法务支局登记处通知前田他的申请被拒绝了，理由是所附信息的原件没有被提交。前田认为这一理由比较牵强，他仔细阅读法律发现，在线申请完成房地产继承登记似乎需要一份带有市长电子签名的户籍副本，但现实是日本没有哪个市提供这样的服务，他在采访法务省民事第二课时也确认目前日本没有提供这项电子签名的服务。这意味着前田所进行的一个这样简单的在线登记手续就遇到了瓶颈，出现了实际在网上无法办理的情况。随后前田向法务省提出了行政复议，法务省在 5 个月之后做出了驳回前田复议的决定。这一案例表明：一方面，法务省没有解决法律与行政程序数字化政策之间存在的矛盾；另一方面，法务省在没有对公众做出足够解释的前提下，强制执行了与其官方网站公开承诺相悖的审查程序。①

（三）地方自治体的行政效率问题

尽管日本早在 2020 年下半年就开启了新一轮数字化改革，但行政纵向分割、央地关系不畅等一些行政运行中的痼疾依然影响数字化改革政策在地方行政机关中的落地效率。2021 年 12 月，东京的日本数字转型研究所发布了一份关于地方自治体数字转型政策的调查报告，调查面向日本全国约1800 个都道府县、市区町村等地方公共团体，根据经济产业省面向企业制定的数字化转型评估标准对自治体的数字化转型成熟度进行评估，成熟度从低到高分为六个等级。调查数据显示，八成日本地方自治体尚未着手进行数字化转型行政业务，也就是不到一级的水平，而在日本民间企业中一级以上

---

① 编集委员　前田昌孝、「デジタル化進まぬ現実　法務省の不思議な対応」、『日本経済新聞』2022 年 1 月 12 日、https：//www.nikkei.com/article/DGXZQOCD077WY0X00C22A1000000/［2022-02-09］。

水平的占绝大多数，这显示出地方自治体与民间企业间的数字化水平差距非常明显。调查结果表明，水平较高的自治体的平均成熟度为 2.4，但落后自治体的平均成熟度仅为 0.3；分析认为自治体长官的管理水平在其中起到关键作用，其中的一部分原因在于，总务省制订的地方自治体数字化转型计划中尽管明确提出了行政手续网上办理的实现期限，但并未在更为细化的比如推进人工智能和高速通信网络等方面设置政策期限，这就需要地方自治体特别是行政长官发挥主观能动性。①

另外，关于个人编号卡的普及政策，目前，地方自治体的推进效率也并不高，如果作为基础性、技术性的个人编号卡普及政策推进迟缓，那么日本实现数字社会的进程将遇到巨大阻碍。从《日本经济新闻（地方版）》2021 年 10~11 月对全国自治体长官进行的调查来看，要实现日本政府提出的 2022 年末全国普及个人编号卡的目标相当困难。其选取 47 个都道府县的知事和 815 个市区长进行问卷调查，其中回答 2022 年末能够实现普及的长官仅占 2.9%。② 面对上述诸多问题，一些地方自治体开始采取一些积极政策和策略。比如，2021 年 11 月 30 日，九州经济联合会与九州大学合作设立了产学官组织"九州数字化推进财团"，旨在为解决地方自治体数字化推进课题培养人才和推广数字化技术，并呼吁福冈县内的企业和自治体积极参加该组织，自治体和大学间相互介绍经验，创设合作项目，共同推进地方自治体的数字化转型。③

综合来看，数字化改革作为日本行政改革和国家治理中的"老大难"问题总算在菅义伟和岸田执政时期取得了阶段性成果，但面对上述种种障碍，本报告依然对日本数字化改革的前景保持谨慎乐观的态度。实际上，数字化改革发展到现在，已经演变为一个跳出行政改革和国家治理范畴并逐步

① 「自治体のDX、8 割が未着手　民間調べ」、『日本経済新聞』2021 年 12 月 26 日、https：//www.nikkei.com/article/DGXZQOUC159ZW0V11C21A2000000/ [2022-02-09]。
② 「全住民マイナカード、『22 年末』は2.9%　全国首長調査」、『日本経済新聞』2022 年 1 月 8 日、https：//www.nikkei.com/article/DGXZQOCC303XN0Q1A231C2000000/ [2022-02-09]。
③ 「九経連や九大、デジタル人材育成で産学官組織」、『日本経済新聞』2021 年 11 月 30 日、https：//www.nikkei.com/article/DGXZQOJC304II0Q1A131C2000000/ [2022-02-09]。

向全球治理演变的复杂性问题。如今，日本的数字化改革已经与数字主权、跨境数据流动、网络安全、经济安全等国内外问题交织在一起，考验日本政治家的治理智慧，甚至与日本的对外政策（包括对华政策）息息相关。日本的数字化改革的动向值得国内日本学界继续加以密切关注。

（审读专家：张伯玉）

B.17
2021年日本对非洲外交新动向

王一晨*

摘　要： 2021年，菅义伟政府和岸田文雄政府整体延续了安倍晋三执政时期的对非政策方针。日本既保持对非洲事务的持续参与力度，又通过加强同欧美国家的在非第三方合作以维持国际政治影响力，还注重通过"官民协作"的模式进一步发掘日非经贸合作潜力。在具体方式上，日本一方面从长期角度持续加强对非经贸合作与社会发展援助；另一方面聚焦现实问题，积极开展疫苗援助外交。此外，日本还着眼于实现自身在非战略意图，为2022年在突尼斯召开的第八届东京非洲发展国际会议搭桥铺路。

关键词： 日非关系　卫生健康外交　东京非洲发展国际会议　疫苗援助"印太"构想

2021年的国际形势总体呈现为"世界百年未有之大变局"与新冠疫情相互交织叠加，中美博弈出现长期化、复杂化发展趋势，国际关系开始步入深度调整期，美西方国家加强所谓"民主价值观外交"，出台经济安全保障政策，对华实施战略围堵的趋势逐渐显露，双方围绕印太地缘政治领域的博弈对冲愈发激烈。非洲近来在国际舞台上扮演的角色日益重要，国家众多且多以所谓"非洲统一立场"发声，在联合国等国际多边场合具有较大政治影响力。此外，非洲油气、矿产等战略资源储量丰富，青年人口基数大，新

---
* 王一晨，法学博士，中国社会科学院日本研究所综合战略研究室助理研究员，主要研究方向为日本对外战略、日非关系。

兴市场国家经济增速较快，具有较大的发展潜力，成为大国博弈背景下全球主要大国争相拉拢的对象。日本在前首相安倍晋三执政期间提出"印太"构想后，愈发重视非洲的战略地位，大力开展对非外交，着眼提高自身在非洲的区域影响力。菅义伟和岸田文雄曾长期担任安倍内阁的官房长官和外相，他们执政后沿袭了安倍的对非外交理念，在开展多领域长期合作的同时，以疫苗为援助新抓手，为日本于2022年举办三年一度的"东京非洲发展国际会议"（以下简称"日非峰会"）铺桥搭路。本报告从日本对非外交目标与布局切入，重点整理菅与岸田政府下的日本对非外交主要动向，以日非疫苗援助为主要案例并梳理、分析其相关特点走向，研判日本对非外交整体发展形势。

一　日本对非洲外交的总体思路与布局

长期以来，地理位置偏远、历史联系较弱的非洲在日本对外关系中并未占有重要地位。日本对非早期外交接触在1980年前后，主要出于将非洲作为能源供给备选地以应对"石油危机"的战略考量，但长期以来日非在经贸能源领域的合作仍处于相对较低位置。直到1993年创立日非峰会之后，日本才确立将其作为对非全方位合作平台，这为日非合作明确了方向与重点，也成为日本开展对非多边外交为数不多的重要抓手。2021年，安倍晋三卸任首相后，菅义伟、岸田文雄相继接任首相，日本政坛进入变革期，但其对非外交政策并未出现明显变化，其主要思路和举措仍在为2022年日非峰会的顺利召开以及深化后续全方位、多领域合作铺桥搭路。

（一）延续自民党政权的长期对非合作方针

2020~2021年，菅义伟、岸田文雄先后就任日本首相，虽然在表面上结束了前任首相安倍晋三长达8年的执政，但二人的对外政策方针，特别是在应对日非关系等长线问题上与安倍的执政理念具有较强的连续性。日非峰会作为日非全方位合作的长期机制平台，一直在日本对非洲外交中发挥核心管总作用。2013 年举办的第五届日非峰会是安倍开启长期执政后日本举办的首届峰会，日本在此次峰会上针对非洲长期面临的社会发展赤字、经济工业化水平低、安全风险挑战严峻等问题，首次以"韧性社会""贸易投资""和平安全"为主题召开全体会议，确立了日本对非合作的三大长期重点领域。① 同时，安倍也在此次峰会后，将原本五年举办一次的峰会改为三年，提升会议召开频度以凸显日本对非洲的高度重视。在之后 2016 年、2019 年的两届日非峰会上，安倍延续了此前的方针，细化巩固了"社会""经济""安全"的三大长期对非合作支柱以及"三年一会"的机制。菅义伟和岸田曾长期出任安倍内阁的官房长官和外相，在相继执政后也并未对峰会方针和机制进行修改，在对非合作议程中仍坚持将"三大支柱"相关内容作为对非合作的重点领域，延续了以安倍为首的自民党政权的传统对非外交思路。

（二）聚焦"官民协作"持续发掘非洲市场潜力

新冠疫情反复令日本经济陷入长期停滞状态，菅义伟在继任首相后多次强调将"继承安倍路线"，继续推动"安倍经济学"的大政方针，进一步放宽政府限制以激发民间经济活力。岸田上任后增设经济安全保障担当大臣，推动"经济安全保障推进法案"，重视打造"战略资源稳定供应链"。2021年，撒哈拉以南非洲经济增速为 3.5%，卢旺达、博茨瓦纳等新兴市场国家经济增速高达 6% 以上，各国油气、矿产等原材料出口逐渐恢复，对国际市场的吸引力升高。② 日本近来高度重视对非经贸合作，在 2019 年的日非峰会上首次引入民间企业作为峰会的正式参与方，并以促进经贸合作为中心出台了《横滨宣言》和《横滨行动计划》，正式完成了日非峰会由政府单向开

---

① 外务省「第 5 回アフリカ開発会議（TICAD Ⅴ）」，https：//www.mofa.go.jp/mofaj/area/ticad/tc5/index.html［2021-12-18］。
② 《2021 年撒哈拉以南非洲经济增速恢复至 3.5%》，中国驻马里共和国大使馆经商处网站，2022 年 1 月 13 日，http：//ml.mofcom.gov.cn/article/jmxw/202201/20220103236998.shtml［2022-01-18］。

发援助向民间双向经贸合作的转型。2021 年，日非贸易额约为 236 亿美元，对外直接投资存量约为 58 亿美元，与其他区域相比，虽仍处于较低水平，但相较 2020 年日非经贸合作已呈现较强回升趋势，特别是在油气矿产、清洁能源、基础设施等领域的合作尤为突出。① 因此，在后疫情时代，日本将持续加大对非洲经贸投资和能源进口市场的重视力度，突出民营企业间经贸合作在对非整体合作中的重要地位。

（三）保持对非事务参与，着眼提升国际政治影响力

长期以来，国际社会高度关注非洲大陆所面临的粮食、卫生、安全等非洲传统安全挑战，因此助力非洲缓解发展安全赤字已成为各主要大国提升国际影响力的重要手段。日本作为世界经济大国，一直致力于在全球治理体系以及印太区域秩序构建中发挥主导作用，因此通过官方发展援助以保持对非洲事务的长期参与，是日本谋求"政治大国"乃至维持"世界一流国家"的重要途径之一。特别是在联合国外交中，非洲 54 国被日本视为推动"联合国安理会改革"并实现"跻身安理会常任理事国"的重要"票仓"。此外，在大国博弈加剧背景下，各国在联合国围绕国际组织竞选支持、地区多边事务主导话语权、国际合作议程设置等领域的多边外交斗争愈发激烈，因此持续开展对非发展援助成为日本深化日非关系、拉拢非洲各国使其在国际事务中加大对日本的支持力度、提升地区政治影响力的重要手段。菅义伟在 2021 年第 76 届联合国大会一般性辩论演讲中强调将推动日本与非洲等地区伙伴关系迈向新高度。② 岸田也在就职演讲中引用"独行快，众行远"的非洲谚语，强调将与国际社会携手合作，共同应对新冠疫情下全球发展中国家所面临的问题与挑战。③

---

① 日本貿易振興機構「日本と世界の貿易統計、直接投資統計」、https：//www.jetro.go.jp/world/statistics.html［2021-12-18］。

② 首相官邸「第 76 回国連総会における菅内閣総理大臣一般討論演説」、2021 年 9 月 25 日、https：//www.kantei.go.jp/jp/99_ suga/statement/2021/0925enzetsu.html［2021-12-20］。

③ 「岸田首相アフリカのことわざ引用　協調アピール」、『毎日新聞』2021 年 10 月 8 日。

（四）与欧美携手对冲中国在非洲的影响力

2021 年第八届中非合作论坛达喀尔会议成功召开，中非就携手共建新时代中非命运共同体达成新共识，共同出台"九项工程"以继续深化双方全方位、多领域的务实合作。非洲长期作为欧洲前殖民宗主国的"战略后院"，也是美国推行美式民主与反恐安全战略的重要区域，但中国连续 12 年保持非洲最大贸易伙伴国地位，令美西方战略焦虑不断上升。因此，污蔑和抹黑中国在非洲的投资和援助已成为美西方对冲中国在非影响力的重要手段。日本一方面深知以现有对非合作基础难以与中国在非开展量化竞争，因此十分注重与欧美开展三方合作，利用其既有成熟的合作框架"搭便车"，助力双边合作落地。比如日本在 2021 年 6 月"七国集团"峰会上积极表态参与美国提出的"重建更好世界"全球基建计划，倡导以所谓"民主"价值观标准填补非洲乃至全球发展中国家基础设施建设资金缺口，旨在对抗中国的"一带一路"倡议。① 另一方面，日本十分高调配合美欧在所谓"债务陷阱"上共同发声攻讦中非合作，菅义伟在"非洲经济体融资峰会""太平洋岛国峰会"等相关国际场合，多次攻击中国对非贷款令非洲深陷所谓"债务陷阱"，并强调日本更加注重债务问题的可持续性以凸显与中方的不同。②

二　2021年日本对非洲外交路径的多元化

非洲在大国博弈下的地缘政治地位愈发显著，日本虽然较早将目光投向非洲，但由于整体实力以及对外重点所限，无论是在对非合作深度、广度还

---

① 「G7、インフラ支援で新構想　中国の一带一路に対抗」、『日本経済新聞』2021 年 6 月 12 日。

② 参见外務省「アフリカ経済の資金調達に関するフランス主催首脳会合への菅総理大臣の参加」、2021 年 5 月 19 日、https：//www.mofa.go.jp/mofaj/af/af1/page1_ 000971.html ［2021－12－18］；首相官邸「太平洋・島サミット」、2021 年 7 月 2 日、https：//www.kantei.go.jp/jp/99_ suga/actions/202107/02palm.html ［2021－12－18］。

是在非洲的实际战略利益上，日本相比欧美、中国乃至印度都存在一定差距。因此，在双边合作中相对缺少行之有效的政策抓手的前提下，菅义伟和岸田文雄作为自民党首相，在开展对非外交时更加注重在延续既有方针政策的前提下，着眼政治、经济、国际对非多边合作等重点领域，结合地理区域、合作模式、战略需求、优势领域等现实因素，探索对非外交的多元化路径。

（一）以北非国家为抓手同时深化与非洲中东地区的联系

埃及、阿尔及利亚、摩洛哥、利比亚、突尼斯等北非五国在中东与非洲区域地缘政治中具有十分特殊的地位。一方面，地理位置决定了五国作为非洲大陆的固有组成部分而参与到非洲事务中来；另一方面，阿拉伯民族特性和伊斯兰文化传统确保了其在中东地区阿拉伯世界的发言权。因此，日本也充分利用北非这一特殊地缘政治特点，与突尼斯共同主办2022年第八届日非峰会，将对非合作整体范围从撒哈拉以南非洲拓展到北非地区。此外，日本以非洲第二大经济体埃及为抓手，持续深化与中东阿拉伯地区的战略联系。2021年4月，日本时任外相茂木敏充作为共同议长与阿拉伯联盟外长举行了第二届"日本—阿拉伯政治对话"，双方着重围绕建立自由开放的海洋规则和国际秩序探讨合作新路径，茂木在会上还特别强调了《中华人民共和国海警法》与东海、南海的海洋国际秩序和安全问题，针对中国的意味浓重。[1] 日本还持续加强对埃安全合作，3月，时任外务副大臣鹫尾英一郎出席在埃举行的第二届"阿斯旺可持续和平与发展论坛"，倡导日非在"非洲和平稳定新途径"框架下深化海洋安全合作；[2] 4月，日本第三次向"驻西奈半岛多国部队和观察员团"派遣自卫队员参与维和任务，此项任务

---

① 外務省「第2回日アラブ政治対話（結果概要）」、2021年4月1日、https：//www.mofa.go.jp/mofaj/press/release/press4_009035.html［2021-12-18］。

② 外務省「第2回持続可能な平和と開発に関するアスワン・フォーラムにおける鷲尾外務副大臣ビデオ・メッセージの発出」、2021年3月2日、https：//www.mofa.go.jp/mofaj/press/release/press3_000442.html［2021-12-18］。

也是日本参与的首次非联合国系统的维和行动；8月，茂木出访埃及，旨在深化日本同阿拉伯国家的联系、合作。①

（二）在中央和地方层面持续拉近与非洲的联系

2021年，非洲新冠确诊人数居高不下，日本新冠疫情也频繁出现反复，但双方政府高层互动较2020年有所恢复。2021年初，茂木敏充史无前例地在两个月内两次出访非洲六国，凸显了日本对非洲战略地位的愈发重视。此次茂木仍主要选择非洲新兴市场国家，聚焦日非经贸合作，如在肯尼亚召开第三届日肯商业对话以推动日企在肯投资，在塞内加尔持续开展河流灌溉等农业合作项目，在科特迪瓦落实新签署的双边投资协定等。② 2021年7月，东京夏季奥运会举办期间，非洲27国部长级官员来日出席开幕式，日本借机举行了多场双边会谈，以体育文化交流为抓手深化对非合作。其中，南苏丹副总统马比奥访日，双方就进一步开展安全援助合作展开探讨，并于11月成功开设了南苏丹驻日大使馆。③ 除中央政府外，日本还加大力度推进地方政府层级的对非交往联系，特别是通过奥运会东道主契机，首相官邸牵头开启了特有的"迎宾地"项目，由地方城市登记注册为迎接各国体育代表团来日期间的暂住地，旨在拓展地方城市与入驻对象国间的体育文化交流路径。奥运会期间，日本共有61个地方城市登记成为非洲42国体育代表团的"迎宾地"，丰富了日本地方自治体对非洲开展体育文化外交的新模式。④

---

① 外務省『外交青書2022年版』第2章第7節「中東と北アフリカ」、134頁、https://www. mofa. go. jp/mofaj/gaiko/bluebook/2021/pdf/index. html［2022-03-03］。

② 参见外務省「茂木外務大臣のセネガル訪問」、2021年1月10日、https://www. mofa. go. jp/ mofaj/af/af1/sn/page3_ 002990. html［2021-12-18］；外務省「茂木外務大臣のケニア訪問」、2021年1月13日、https://www. mofa. go. jp/mofaj/afr/af2/ke/page1_ 000922. html［2021-12-18］。

③ 外務省『外交青書2022年版』第2章第8節「アフリカ」、139頁、https://www.mofa. go. jp/mofaj/gaiko/bluebook/2021/pdf/index. html［2022-03-03］。

④ 首相官邸「ホストタウンの推進について」、2021年8月10日、https:// www. kantei. go. jp/jp/singi/tokyo2020_ suishin_ honbu/hosttown_ suisin/index. html［2021-12-20］。

（三）举办官民经济论坛，统筹规划对非经贸合作

"官民协作"是日本开展对外经贸合作的重要模式，即政府各部门、地方政府、企业团体、非政府组织等围绕特定事项进行统一协调，同时针对对象国不同主体、层级乃至部门，"一一对应"以保障具体合作成效，形成所谓"全日本"合力。日本经产省统筹召开的"日非官民经济论坛"是在2016年日非峰会上由前首相安倍倡导建立的，该论坛以"官民协作"模式为主轴，成为仅次于日非峰会且以经贸为专题的日本对非经贸合作的重要平台。2021年12月，日本贸易振兴机构与肯尼亚政府共同召开了第二届"日非官民经济论坛"分科会，双方通过"政府搭台，企业唱戏"的方式着重围绕"技术创新、贸易投资、基础设施、金融融资"等四大领域合作展开讨论，日本企业在该平台框架下不断拓展在非商业版图。会上，丰田、丸红、三井等日企与肯尼亚、尼日利亚、埃塞俄比亚等国企业共签署了15个谅解备忘录，携手推进日非经贸合作，如日本贸易保险与非洲进出口银行签订协议，为投资非洲绿色数字基础设施建设的日企提供优惠贷款保险，日本"产业人才育成协会"承诺与肯尼亚"制造业协会"合作开展多个产业人才培训项目等。[①] 此外，日本贸易振兴机构还与肯尼亚投资局在6月召开"日肯商业论坛"，探讨日企在"非洲大陆自贸区协议"落地后的投资前景以及双方在钢铁、电器、食品、通信等领域的合作潜力。[②]

（四）深入民间基层开展对非卫生健康援助

日本作为世界卫生健康大国，长期将联合国"人的安全保障"理念视为对发展中国家外交的重要方针，致力于通过官方发展援助推广日本版

---

① 経済産業省「第2回日アフリカ官民経済フォーラム分科会を開催しました」、2021年12月9日、https://www.meti.go.jp/press/2021/12/20211209002/20211209002.html［2021-12-20］。

② 日本貿易振興機構「日本・ケニアビジネスフォーラムを開催、ケニアへの投資に期待」、2021年7月6日、https://www.jetro.go.jp/biznews/2021/07/72c16f2e96a2f4fa.html［2021-12-20］。

"人的安全保障",在全球治理领域形成理念引导。为应对全球新冠疫情,2021年5月,联合国开发计划署成立了"人的安全保障特别报告高级别咨询委员会",日本参议员、世界卫生组织全面健康覆盖亲善大使武见敬三担任委员会共同委员长,并在日本政府出资支持下出版了2022年《全球人的安全保障特别报告》,凸显了日本谋求在"人的安全保障"领域的主导势头。① 由于卫生基础设施条件差,非洲长期面临极为严峻的健康问题,是国际社会公共卫生援助的重点区域。2021年,日本对非洲的援助几乎遍布54国,且合作项目主要集中在非洲各国的地方城市层面,深入民间基层,在广大民众间具有较大影响力。2021年的日本对非援助与2020年援助的抗疫医疗设施有所不同,重点放在两大长线领域:一是助力改善各国供水系统、排水设施、垃圾处理、儿童医院、边境检疫等卫生基础设施条件;二是与世界粮食计划署合作向各国提供无偿粮食援助。2021年,日本共向非洲25国提供了74.75亿日元的无偿粮食援助,大幅高于2020年的20国54亿日元的无偿粮食援助。② 日本于2021年12月成功举办了"东京营养峰会",会上各方共做出了396项具体承诺,援助全球发展中国家的资金总额高达270亿美元,日本承诺援助28亿美元,位列第二。会上,日本表示将与莫桑比克、尼日利亚、埃塞俄比亚等非洲十国持续深化在"非洲粮食与营养安全倡议"框架下的合作,助力保障非洲粮食供给安全,改善营养健康水平。③

（五）着重在应对气候变化领域探寻合作新路径

当前,应对气候变化、实现"脱碳"目标成为世界主要大国所面临的重要议题。菅义伟在2020年施政演说中首次承诺,日本将在2050年实现

---

① 外務省「人間の安全保障に関する特別報告書ハイレベル諮問パネル設置について」、2021年5月20日、https://www.mofa.go.jp/mofaj/press/release/press22_000150.html［2021-12-18］。

② 外務省「ODA 情報一覧」、https://www.mofa.go.jp/mofaj/gaiko/oda/news/index.html［2021-12-31］。

③ 外務省「東京栄養サミット2021 結果概要」、https://www.mofa.go.jp/mofaj/files/100270161.pdf［2021-12-25］。

"碳中和"，并出台"面向 2050 年碳中和的绿色增长战略"。岸田文雄上台后的外交首秀便是 2021 年第 26 届联合国气候变化大会，此后更将应对气候变化视为执政重点内容。因此，在传统能源合作之外，日本愈发重视对非清洁能源合作，特别是在宣布全面终止海外煤电投资后，逐渐将目光转向光伏发电领域的相关合作。日本与非洲开发银行早在 2017 年就提出"日非能源倡议"，共同出资 30 亿美元改善非洲电力状况。① 日非电力合作主要集中在并网系统和离网系统。三井、丰田等集团主要在南非、埃及、摩洛哥与挪威、荷兰、法国等欧洲国家开展三方合作，开发了以风力发电为主的传统大型并网系统。同时，由于离网系统"先储后用"的工作模式对非洲无电地区具有很强的实用性，因此相关产业近年来发展较快，住友、伊藤忠、丸红等均在非洲多国投资光伏发电项目。目前，日企主要通过投资在非开展业务的欧美企业，利用其在非既有成熟框架模式进而拓展电力相关业务，肯尼亚可再生地热能源项目就是日本牵头、欧美参与的在非清洁能源合作旗舰项目。② 此外，日本国际协力机构长期在非洲环境恶劣地区开展应对气候变化的援助项目，如在肯尼亚开展为期五年的"森林可持续发展项目"（于 2021 年 6 月正式结项），大幅提高了当地森林保育管理能力。日本还以肯尼亚、塞内加尔为抓手，与"非洲之角"和萨赫勒地区共 15 个国家及地区开展了破解土地沙漠化合作项目，聚焦在各国水资源、森林、农业用地管理等领域提供技术资金援助，获得非洲国家及地区的广泛好评。③

三　日本对非洲外交的新增长点：疫苗援助

新冠疫情的长期化、复杂化令非洲发展中国家应对疫情挑战的需求始终

---

① 财务省「日本・アフリカエネルギー・イニシアティブについて」、2017 年 7 月 3 日、https：//www. mof. go. jp/policy/international_ policy/mdbs/afdb/170703. htm［2021-12-25］。
② 日本国際協力機構「アフリカ地域における再生可能エネルギーの民間投資促進に係る情報収集・確認調査ファイナルレポート」、92-95 頁、https：//openjicareport. jica. go. jp/pdf/12363909. pdf［2021-12-25］。
③ 日本国際協力機構「サブサハラアフリカ、気候変動との闘い」、https：//www. jica. go. jp/publication/mundi/1908/201908_ 04. html［2021-12-25］。

未能得到满足,世界主要大国也不断推动传统卫生健康外交转型升级,聚焦疫苗援助以契合非洲的现实诉求。截至 2021 年 12 月,非洲 54 国新冠确诊病例累计约 900 万例,奥密克戎变异毒株在非洲持续蔓延,新冠疫情造成的负面影响不断扩大。与此同时,非洲人口新冠疫苗完全接种率仅为 7.3%,远低于全球其他地区,面临接近 5 亿剂疫苗的缺口,因此非洲各国也将提高疫苗接种率视为抗疫的重中之重。① 日本作为国际对非援助大国,虽然在整体层面难以与美欧中进行量化比较,但其卫生健康外交一直是极具特色的对非外交旗帜。因此在 2021 年日本更加注重在援助中迎合非洲所面临的疫苗赤字,在投入较大的长期卫生健康基础援助中更加突出新冠疫苗的独特作用,疫苗援助也成为本年度日本对非外交的新增长点。

(一)着力打造全球疫苗援助领导形象

自新冠疫情暴发以来,日本政府高度重视对全球发展中国家开展抗疫外交。2020 年 6 月以来,日本就通过双、多边渠道向全球发展中国家共提供了 1700 亿日元的无偿抗疫援助,其中向非洲 48 国提供了 148 亿日元的援助。② 2021 年以来,全球发展中国家出现较大疫苗赤字,日本开始改变思路,援助重点由长期医疗卫生合作转为短期疫苗相关援助。日本聚焦同"全球疫苗免疫联盟"(GAVI)协调配合,出钱出力在发展中国家积极宣传推广"全球新冠肺炎疫苗实施计划"③(COVAX)。在 2020 年底召开的联合国新冠疫情特别会议上,菅义伟就积极呼吁国际社会加大对 COVAX 的支持力度。2021 年 2 月,日本在 COVAX 增资会上率先提供 2 亿美元资金援助。6 月,日本更首次与 GAVI 共同举办"全球疫苗峰会",以东道国的身份号

---

① 《非洲在 2021 年面临 4.7 亿剂新冠疫苗短缺》,联合国网站,2021 年 9 月 16 日,https://news.un.org/zh/story/2021/09/1091132 [2021-12-29]。

② 外務省「TICAD8 に向けて新型コロナウイルス感染症との闘い」、4 頁、https://www.mofa.go.jp/mofaj/files/100208525.pdf [2021-12-18]。

③ "全球新冠肺炎疫苗实施计划"是世界顶级公共卫生国际组织"全球疫苗免疫联盟"与世界卫生组织等共同发起的"新冠肺炎疫苗实施计划",旨在向包括 46 个非洲国家在内的全球 92 个中低收入国家提供新冠疫苗援助。

召美欧等发达国家向COVAX共同承诺提供96亿美元的资金援助，菅义伟在会上宣布向COVAX增资8亿美元，日本成为COVAX第二大出资国。在2022年的COVAX疫苗峰会上，岸田首相继续承诺向COVAX提供5亿美元的追加拨款，合计15亿美元。此外，日本还加大了对日美印澳"四边机制"、"印太疫苗战略"的参与力度，日本国际协力机构也向非洲进出口银行、全球流行病预防创新联盟等国际机构提供疫苗生产制造业相关融资资金支持等，凸显了日本重视通过国际组织、地区多边机制等与发展中国家开展疫苗援助合作，以彰显其负责任的大国形象，从而在全球疫苗领域具有更大的领导力。[①]

（二）官民协作，持续拓展国产疫苗海外市场

长期以来，日本民众对各类疾病疫苗的信任度较低，导致国内疫苗市场未能得到有效发展。此外，葛兰素史克、辉瑞等欧美四大疫苗巨头企业的疫苗长期占据全球疫苗市场90%以上，这也造成日本本土疫苗制造产业相对落后。因此，2021年以来，日本政府在资金援助外加大了对GAVI等国际疫苗援助机制的疫苗产品的支持力度，希通过GAVI这一权威平台，以新冠疫苗为抓手进一步推动本土疫苗制造业"走出来"。2021年初，日本就与英国阿斯利康公司签订合同生产1.2亿剂国产疫苗，随后武田制药公司与美国诺瓦克斯公司达成了疫苗技术转让协议，确保在2022年内完成1.5亿剂国产疫苗的生产，另外，盐野义制药、第一三共制药、东大医科研究所等机构也相继开展了疫苗紧急开发试验并着手进行量产准备。[②] 2021年6月，日本内阁出台了"强化疫苗研发与生产体制战略"，由内阁府、文部科学省、厚生劳动省、经济产业省、外务省牵头，在保障科研经费、加大开发试验力度、推进生产投入与市场准入、拓展国际市场影响力等多个领域，全方位推广国

---

① 外務省「日本の新型コロナウイルス感染症対策支援」、https：//www.mofa.go.jp/mofaj/ic/ap_m/page23_003186.html［2021-12-17］。

② 厚生労働省「日本ワクチン開発状況について」、https：//www.mhlw.go.jp/stf/seisakunitsuite/bunya/0000121431_00223.html［2022-02-17］。

产疫苗战略。① 2022 年初，国立日本医疗研究开发机构在"疫苗战略"框架下成立了"先进研究开发战略中心"，作为日本政府疫苗研发的指挥中枢，其主要任务包括使用 1500 亿日元开展疫苗研发生产项目、促进优化疫苗出口的多元化路径、向疫苗初创企业提供技术资金支援等。② 日本积极实施疫苗战略固然主要出于公共卫生以及市场经济层面的考量，但从中长期看，一方面是从国家安全的角度切实降低自身对他国疫苗的依赖程度，为今后更好地应对传染病大流行以实现国家安全保障而做好能力建设准备；另一方面是从构建"软实力"角度通过疫苗出口援助强化发展中国家对自身的信任依赖，助其在全球公共卫生领域塑造领导力，获取更大的话语权。③

（三）双管齐下，强化对非洲的疫苗援助

为持续深化从 2020 年起着力开展的抗疫外交，日本自 2021 年下半年逐渐加大了对东南亚、拉丁美洲、非洲等亟须提高疫苗接种率的广大发展中国家的国产疫苗援助力度。2021 年，菅义伟先后在日本"全球疫苗峰会"与美国"全球新冠疫情峰会"上做出承诺，共向全球发展中国家提供6000 万剂本土生产疫苗，之后岸田在 12 月的"东京营养峰会"上宣布向非洲援助 1000 万剂疫苗，以缓解各国面临的疫苗赤字。2021 年 6~12 月，日本已通过双、多边渠道向全球发展中国家捐赠了约 3000 万剂新冠疫苗。其中，因为缺乏对非疫苗合作的直接抓手，日本主要通过"全球新冠肺炎疫苗实施计划"这一多边渠道，以三边合作的形式落实疫苗捐赠。2021 年12 月，日本向埃及捐赠了 70 万剂国产疫苗，这也是日方首次向非洲大规模提供疫苗援助。截至 2022 年第一季度，日本已向马拉维、尼日利亚、加

---

① 首相官邸「ワクチン開発・生産体制強化戦略」、2021 年 6 月 1 日、https：//www.kantei.go.jp/jp/singi/kenkouiryou/senryaku/r030601vaccine_kaihatu.pdf［2021-12-20］。

② 日本医療研究開発機構「先進的研究開発戦略センター事業紹介」、2022 年 3 月、https：//www.amed.go.jp/program/list/21/index.html［2022-03-18］。

③ 今川昌之「危機管理及び国防としてのワクチン産業」、『薬剤疫学』2021 年 1 月号、79 頁。

纳、塞内加尔等非洲 6 国捐赠了约 300 万剂疫苗。除疫苗赤字外，非洲卫生基础设施条件较差也成为其疫苗接种率低的重要因素。因此，日本更加注重利用自身在医疗卫生领域的技术优势，在非洲加强与疫苗生产、储存、运输、交付、接种相关的"最后一英里"的冷链建设。2021 年 3 月以来，日本共向非洲、东南亚、拉丁美洲等 77 国提供了 180 亿日元用于提高各国冷链技术水平。截至 2022 年第一季度，日本共向非洲 40 国提供了 71.14 亿日元的无偿援助以用于冷链技术能力建设，援助金额占援助总额的 40%，援助国家占全部受援国家的一半以上。其中，日本主要通过联合国儿童基金会的多边渠道向南非、尼日利亚、肯尼亚等 36 国提供了 55.52 亿日元，而日本国际协力机构则从双边层面向塞内加尔、加纳、马拉维、莫桑比克 4 国提供了 15.62 亿日元援助。① 除政府外，日本企业也积极参与对发展中国家"最后一英里支援"的疫苗援助，如丰田与日本政府和 GAVI 签署协议，向非洲 5 国捐赠了 5 台疫苗保存运输专用车，通过官民协作既保障了非洲疫苗接种，又切实提高了自身品牌的宣传效应。②

四　结语

无论是从日本重视的周边外交，还是近来力推的"印太"构想来看，非洲都属于其全球战略布局的相对边缘地带。而就非洲而言，无论是对欧美国家的历史传统价值观的认同，还是对中国基础设施建设等经贸合作的现实需求，都导致其对与日本合作的重视程度相对较低，因此日非合作虽然起步时间较早，但一直都难以引领国际对非合作。随着全球主要大国博弈局面愈发凸显，日本为保持世界大国地位，亟须在此轮博弈中彰显其地区乃至全球领导力，非洲在国际社会中的重要影响力也成为日本不可或缺的外部力量。

---

① 外務省「日本によるワクチン関連支援」、https：//www.mofa.go.jp/mofaj/files/100221711.pdf［2021-12-17］。

② 外務省「令和 3 年度国際機関等への拠出金等に対する評価シート」、https：//www.mofa.go.jp/mofaj/files/100227957.pdf［2021-12-17］。

同样，非洲由于各方面基础条件相对落后，受外部环境影响较大，中美贸易摩擦、新冠疫情、俄乌冲突等都令非洲长期社会危机进一步显露，因此在对外政策上，其更倾向于从现实需求角度出发，欢迎并期待日本深化对非合作从而为其带来实际利益。日本近来虽加大对非外交投入力度，但由于自身国力有限，日非合作无论是在广度上还是在深度上都难以与美欧中甚至印度等国对非合作相比，且短期内难有较大改善。同时，日本常以所谓"民主价值观代言人"自居，在对非合作中屡屡强调所谓"民主""秩序"等理念，令长期受欧洲殖民统治的非洲国家产生厌烦心理，这不利于友好合作。受中美博弈加速向非洲传导的影响，日本积极加强与美国的协调配合以在印太区域对华实施战略围堵。中日在非洲基础设施建设、经贸投资等领域的合作具有较强的同质性竞争关系且中国仍有较大相对优势，日本视中国为在非主要战略竞争对手，因此借鉴中国模式、凸显日本特色日益成为日本调整、改善对非战略的重要方向。

如上文所述，由于菅义伟政府与岸田文雄政府是自民党政权的延续，2021年的日本对非外交明显继承了典型的安倍时期以"社会""经济""安全"为三大支柱的政策取向，在方向上注重运用中央与地方合作的"全日本"外交模式以及视北非国家为参与非洲中东事务重要切入口，在领域上重视"官民协作"深化双方经贸联系以及以卫生健康援助为抓手彰显"人的安全保障"理念。此外，菅义伟与岸田文雄也结合现实情况变化，在政策调整上有所侧重，如在宣布日本"碳中和"目标后重视与非洲在气候变化领域加强合作，以及在全球疫情形势严峻、感染者人数仍居高不下的大背景下，日本对非外交重点由抗疫紧急援助转为疫苗捐赠及与"最后一英里支援"相关的援助，仍具有较强的抗疫外交色彩。相较而言，菅政府的对非外交思路更倾向于在延续2020年日本抗疫外交的基础上突出卫生健康基础能力建设以及疫苗援助等重点，而岸田政府由于已进入相对稳定期，对非外交重点已不局限于卫生健康而是扩展至社会、安全、经济等领域。2022年8月，日本在突尼斯举办第八届日非峰会，这既是疫情暴发以来日非之间的首次全方位、高级别、大规模的外交活动，也是岸田上台以后主持的首届日非峰会，因此在俄乌冲突令全球局势发生深刻变化的背景下，日本出台对非外交新政策，不仅与欧美进一步加强协调配合，力争在国际对非合作中独树一帜，也试图在与中国竞争在非影响力方面实现新的突破。

（审读专家：卢　昊）

附　　录
Appendix

B.18
2021年日本大事记

陈　祥　王一晨　邓美薇*

1月

1日　日本与英国的"经济伙伴关系协定"（EPA）正式生效。

2日　东京都、埼玉县、千叶县和神奈川县四个都县的知事要求经济再生担当大臣西村康稔尽快发布"紧急状态宣言"，以应对新冠疫情持续蔓延。

4日　日本首相菅义伟在首相官邸举行新年记者会，阐述内政外交方针。

5日　日本新增新冠4915例确诊和76例死亡病例，刷新单日新增确诊和死亡病例数最高纪录。

---

*　陈祥，文学博士，中国社会科学院日本研究所副研究员，主要研究方向为日本问题、环境史和近代日本侵华史；王一晨，法学博士，中国社会科学院日本研究所综合战略研究室助理研究员，主要研究方向为日本对外战略、日韩关系；邓美薇，经济学博士，中国社会科学院日本研究所助理研究员，主要研究方向为日本经济。

7 日　日本首相菅义伟决定以东京都和埼玉、千叶、神奈川 3 县的首都圈为对象，基于《新冠疫情特别措施法》再次发布"紧急状态宣言"，实施时间为 1 月 8 日至 2 月 7 日。

12 日　在昭和历史研究领域享有盛誉的纪实文学作家半藤一利去世，享年 90 岁。

日本广播协会公布的民意调查结果显示，菅义伟内阁支持率为 40%，不支持率为 41%，这是菅义伟内阁自成立以来支持率首次低于不支持率。

13 日　日本政府针对大阪、京都、兵库、爱知、岐阜、福冈、栃木等七个府县发布新冠疫情"紧急状态宣言"，实施时间为 1 月 14 日至 2 月 7 日。

18 日　第 204 届例行国会召开，菅义伟首相上任后第一次发表了施政演说。日本政府向国会提交 2020 财年第三次补充预算案和 2021 财年预算案，2021 财年一般会计总额为 106.6097 万亿日元（约合 6.65 万亿元），连续 9 年创新高。

20 日　中日两国政府围绕包括钓鱼岛及其附属岛屿在内的东海局势举行了外务部门司局长级视频会议。

21 日　菅义伟对拜登就任美国总统表示祝贺，强调"希望进一步巩固日美同盟"，并愿与拜登紧密合作，共同应对包括新冠疫情在内的国际性课题。

东京地方法院对被控在 2019 年参议院选举中犯有违反《公职选举法》（收买、事前造势活动）的参议员河井案里（47 岁）做出有罪判决。

财务省公布的初步统计结果显示，受汽车等产品海外需求大幅下降影响，2020 年日本出口额比上年下降 11.1%，连续两年下降。2020 年 12 月，出口额同比增长 2.0%，自 2018 年 11 月以后首次出现增长。

22 日　日本政府在内阁会议上敲定了《新冠疫情特别措施法》修正案、《传染病法》修正案和《检疫法》修正案。

29 日　日本总务省公布的调查结果显示，2020 年日本平均完全失业率比前一年上升 0.4 个百分点至 2.8%，这是日本失业率 11 年来首次上升。

日本出入国在留管理厅公布的数据显示，2020 年外国入境人员约为 430.7 万人次，较上一年大跌 86.2%。

2月

2 日　日本政府决定将此前针对 11 个都府县发布的"紧急状态宣言"结束时间从 2 月 7 日延长至 3 月 7 日，枥木县除外。

3 日　日本国会参议院以多数赞成票通过《新冠疫情特别措施法》修正案、《传染病法》修正案和《检疫法》修正案，其于 2 月 13 日开始施行。

5 日　总务省公布的报告显示，受新冠疫情影响，2020 年日本二人以上家庭月均实际消费支出比上年下降 5.3%，创 2001 年有可比统计数据以来的最大降幅。

9 日　日本政府在内阁会议上敲定了以设立数字厅为核心的数字改革相关法案（6 个）。

12 日　东京奥运及残奥会组织委员会主席森喜朗（83 岁）因发表歧视女性言论引咎辞职。

13 日　内阁府发布 2020 财年第三季度国内生产总值（GDP，已做季节调整）速报值，同比增长 3.0%，按年率换算增长 12.7%，已连续两个季度保持正增长。

15 日　日经平均指数自 1990 年 8 月以来时隔 30 年零 6 个月再次升至30000 点以上。收盘点位为 30084.15 点。

17 日　日本国内启动新冠疫苗接种工作，首批将为 4 万名医护人员接种。

日美两国政府一致同意驻日美军经费特别协议（规定了经费中的日方负担部分）延长一年，维持日本全年负担约 2000 亿日元的现行标准。

18 日　日本奥组委选举桥本圣子（56 岁）出任东京奥运及残奥会组织委员会主席。

19 日　日本首相官邸召开国家安全保障会议，讨论经济领域的国家安全相关课题，这也是该会议首次将经济安全作为议题。

22 日　厚生劳动省公布了 2020 年的人口动态统计初值，出生数（新生儿数）为创最低纪录的 872683 人，较上年减少 25917 人。

24 日　日本政府在内阁会议上通过了 2020 年 11 月签署的《区域全面经济伙伴关系协定》（RCEP）的批准案。

26 日　首相菅义伟决定任命内阁府特命担当大臣坂本哲志担任第一任"孤独大臣"，以应对自杀率上升的社会问题。

3月

2 日　众议院表决通过 2021 年度预算案，一般会计总额达 106.6 万亿日元。此外还包括 5 万亿日元应对灾害预备费，规模高达以往的 10 倍。

7 日　第 14 届联合国预防犯罪和刑事司法大会在日本京都开幕，并通过以加强国际预防犯罪合作为主要内容的《京都宣言》。

9 日　日本政府在内阁会议上敲定了旨在加强塑料垃圾循环利用和减排的新法案《塑料资源循环促进法》。

11 日　东日本大地震迎来十周年，日本政府在东京都千代田区国立剧场最后一次举办追悼仪式。

12 日　第六届东盟—中日韩（10+3）新闻部长会议以视频方式举行。

13 日　日本、美国、澳大利亚和印度建立的"四边机制"（QUAD）以视频会议形式举行首次首脑会谈，并在会后发表了联合声明。

16 日　日本神奈川县政府发布消息称，在此前的新冠死亡病例中，有 2 人是感染了变异新冠病毒。这是日本国内首次出现变异新冠病毒死亡病例。

美国国务卿安东尼·布林肯和国防部长劳埃德·奥斯汀在东京与日本外务大臣茂木敏充及防卫大臣岸信夫举行"2+2"会谈，并联合宣称，对中国施行《中华人民共和国海警法》，并允许海警局使用武器"深表关切"。

17 日　日本厚生劳动省发布消息称，2020 年日本的自杀人数为 21081 人，比前一年增加 912 人，时隔 11 年再次出现增长。其中，女性和年轻人的自杀数量显著增加。

18 日　日本陆上自卫队在驻地（熊本市）成立了专门从事电子战的新

部队"第 301 电子战中队",队员约 80 人。

19 日 日本央行宣布,维持当前货币政策宽松力度,同时对货币政策进行调整。取消每年购买 6 万亿日元交易型开放式指数基金的目标,但维持每年最多购买 12 万亿日元此类基金的上限,并采取更具弹性的购买操作,建立"促进贷款附加利率制度",对金融机构存放在央行的货期存款支付一定利息,以便在必要时灵活降低利率。

厚生劳动省与文部科学省公布的 2021 年日本大学毕业生就业率数据显示,截至 2 月 1 日,已签订劳动合同的大学生占所有当年春季大学毕业生的 89.5%,较上年同期下降 2.8 个百分点,是十年来日本大学毕业生就业率首次下降。

20 日 东京奥运及残奥会组织委员会、东京都政府、日本政府、国际奥委会、国际残奥委会五方代表举行高层会谈,正式决定大赛期间不接待外国游客。

21 日 东京都及其周边的埼玉县、千叶县和神奈川县的紧急状态解除。

22 日 日本、德国两国政府签署了相互提供安全保障领域机密情报的《情报保护协定》。

23 日 日本政府在内阁会议上决定,从新冠对策预备费中追加支出 2.1692 万亿日元(约合人民币 1298 亿元)。这笔资金将用于向生活困难的育儿家庭每名儿童发放 5 万日元补贴,以及向响应缩短营业时间要求的餐饮店支付合作金。

24 日 "斗龙"号潜艇交付和授旗仪式在日本川崎重工业公司神户工厂举行,这标志着日本海上自卫队计划中 12 艘"苍龙"级潜艇的最后一艘开始服役。

25 日 东京奥运圣火传递在福岛县启动,开始为期 121 天的征途。

26 日 参议院批准 2021 财年财政预算案,总额为 106.6 万亿日元,比上年度增加 3.8%,日本财政预算连续九年创新高。

内阁会议通过《第六期科学技术创新基本计划》,计划在 2021～2025 年进行 30 万亿日元研发投资,官民研发投资总额计划达 120 万亿日元。

28~30日 日本防卫大臣岸信夫 28 日在防卫省与印度尼西亚国防部长普拉博沃举行会谈，外务大臣茂木敏充 29 日在外务省与印尼外长蕾特诺举行会谈；30 日，双方在东京举行外长、防长"2+2"会谈，并就日本出口防卫装备品的《防卫装备及技术转移协定》达成一致意见。

30日 日本总务省公布的调查结果显示，2 月日本经季节调整后的完全失业率为 2.9%，与上月持平，完全失业人数连续 13 个月同比增加。

31日 日本鹿儿岛县诹访之濑岛御岳火山 30 日晚间至 31 日凌晨发生较大规模喷发。

4月

1日 日本正式实施《改正高年龄者雇佣安定法》，其核心内容就是把企业员工退休年龄从 65 岁提高到 70 岁。

日本与韩国的外交部门局长在东京都举行会谈，但双方坚持各自立场，未能弥合分歧。

5日 国务委员兼外交部长王毅同日本外务大臣茂木敏充通电话。

12日 日本部分地区启动面向老年人的新冠疫苗优先接种工作。

13日 日本政府召开相关阁僚会议，正式敲定两年后将把稀释后的东京电力福岛第一核电站含有放射性物质氚的核污水排入海洋。

14日 日本中央和地方政府推出了名为"地区去碳路线图"的主要框架，从农村、城市等不同地区选择 100 个区域作为试点区域，重点推进可再生能源等政策。

内阁会议通过将国家公务员退休年龄从现在的 60 岁逐步提高到 65 岁的日本《国家公务员法》修正案。

15~18日 首相菅义伟访美，与美国总统拜登在白宫举行首次首脑会谈，双方发布了一份联合声明，表示"在强调台湾海峡和平与稳定重要性的同时，致力于推动两岸问题的和平解决"。

19日 财务省公布的初步统计结果显示，受新冠疫情影响，日本 2020

财年出口额比上一财年下降 8.4%，是 2009 财年以来最大跌幅。

22 日 首相菅义伟在全球气候峰会上发表演讲，提出了 2030 年度减排目标，具体是将从此时的"较 2013 年度削减 26%"大幅提高到"较 2013 年度削减 46%"。

日本前首相安倍晋三表示，自卫队应该拥有能攻击对方国家弹道导弹发射基地等的"对敌基地攻击能力"。

23 日 本田汽车宣布将在 2030 年把日本国内销售的汽车全部切换为电动车（EV）和混合动力车（HV）等新能源车。

25 日 政府依据《新冠疫情特别措施法》对东京、大阪、京都、兵库四个都府县发布了第三次"紧急状态宣言"。生效时间到 5 月 11 日为止，共计 17 天。

受政治丑闻和新冠疫情应对不利等因素影响，日本自民党在众参两院补选和重选中失败，三个议席全部由在野党包揽。

26 日 日本新增新冠死亡病例 35 例，累计死亡超过 10000 例，达 10012 例。

28 日 日本国会批准《区域全面经济伙伴关系协定》（RCEP）。

5月

5 日 总务省公布的推算数据显示，截至 2021 年 4 月 1 日，日本未满 15 岁的儿童人数总计为 1493 万人，比上年减少了 19 万人，连续 40 年呈下降趋势，创下 1950 年以来有可比数据的最低值。

6 日 外务大臣茂木敏充在波兰首都华沙与该国外长拉乌举行会谈，双方签署了战略伙伴关系相关行动计划。

7 日 日本政府决定将东京都、大阪府、京都府、兵库县四地的紧急状态延长到本月 31 日，同时 12 日起将爱知县和福冈县也列入紧急状态实施范围。

10 日 日本全国知事会召开视频会议指出，鉴于当时日本所有的都道府县均出现了新冠变异病毒感染病例，建议政府将紧急状态的实施范围扩大至全国。

11日 美日法三国开始在日本西南部举行为期一周的联合军演。

12日 参议院全体会议通过了与数字化改革相关的六部法案，并决定于2021年9月1日正式设立数字厅。

13日 财务省公布的国际收支初步统计结果显示，受疫情影响，日本2020财年经常项目顺差比上一财年减少3.8%，连续3个财年下降。

17日 首相菅义伟与4月就任越南总理的范明政举行首次电话会谈。

18日 内阁府公布的数据显示，2020财年日本实际GDP下降4.6%，为1955年有记录以来的最大降幅。同时，初步统计结果显示，2021年第一季度，日本实际GDP环比下降1.3%，按年率计算降幅为5.1%。

19日 首相菅义伟与菲律宾总统杜特尔特举行电话会谈。

21日 厚生劳动省正式批准美国莫德纳和英国阿斯利康的新冠疫苗在日本使用许可。

25日 财务省公布截至2020年末的日本对外资产及负债余额。日本政府、企业、个人在海外拥有的资产余额比2019年末增长5.1%，达到1146.1260万亿日元，日本连续30年稳居全球最大净债权国。

26日 参议院正式通过修订后的《全球变暖对策推进法》，以立法的形式明确了日本政府提出的到2050年实现碳中和的目标。这是日本首次将温室气体减排目标写进法律。

27日 首相菅义伟与欧洲理事会主席米歇尔和欧盟委员会主席冯德莱恩共同出席日欧领导人峰会。

28日 日本政府宣布将北海道、东京、爱知、大阪、京都、兵库、冈山、广岛、福冈等九个都道府县的"紧急状态宣言"延长至6月20日。

31日 经济产业省公布的数据显示，4月日本工矿业生产继续回暖，恢复至新冠疫情暴发前的水平。

6月

1日 日本"住友化学"会长十仓雅和正式接替中西宏明就任日本经济

团体联合会会长。

日本内阁会议通过一项推进新冠疫苗国产化的新战略。

2 日 首相菅义伟在向发展中国家供应新冠疫苗的首脑级峰会上表示，日方将追加拨款 8 亿美元。

3 日 中国外交部边界与海洋事务司司长洪亮同日本外务省亚洲大洋洲局局长船越健裕以视频方式共同主持中日海洋事务高级别磋商团长会谈。

4 日 《医疗制度改革相关法》获得表决通过，年收入超过 200 万日元的 75 岁以上单身老年人的医疗费窗口负担比例将从 10% 上调至 20%。

经济产业省宣布，日本已完成对半导体、数字基础设施及数字产业战略的研究汇总工作，确立了以扩大国内生产能力为目标的半导体数字产业战略。

7 日 外务省公布了居留海外日侨人数实态调查结果，截至 2020 年 10 月 1 日，海外日侨总数为 1357724 人，较上一年度减少 3.73%，为 1989 年有记录以来首次下降。

8 日 日本政府发布的 2021 年版《消费者白皮书》显示，网购纠纷大幅增长。

11 日 在英国西南部康沃尔开幕的七国集团（G7）峰会闭幕，各国领导人共同签署了《卡比斯湾宣言》，宣言首次提及中国台湾。

日本表决通过旨在提高修宪公投便利性的《国民投票法》修正案。

15 日 日本立宪民主党等 4 个在野党向众议院提交了内阁不信任案。

16 日 日本自民党"修宪推进本部"召开全体会议，这是《国民投票法》修正案通过后的首次会议，讨论了关于推进党内修宪等议题。

21 日 除冲绳以外，北海道、东京、爱知、京都、大阪、兵库、冈山、广岛、福冈等 9 个都道府县解除紧急状态。

23 日 关西电力公司重启运转时间超过 40 年的美滨核电站 3 号反应堆，这是福岛第一核电站事故发生以来，首次重启服役时间超过 40 年（原则上的服役时间上限）的反应堆。

在联合国人权理事会第 47 次会议上，中国、韩国对日本决定将福岛核电站事故核污染水排海表示关切。

日本鹿儿岛县的诹访之濑岛御岳火山口在当天凌晨发生大规模喷发。

24日 宫内厅罕见发声，表示"天皇对举办奥运会导致疫情扩大的可能性非常关切"。

30日 首相菅义伟以视频方式分别与库克群岛、密克罗尼西亚联邦、纽埃、汤加、马绍尔群岛等五个太平洋岛国举行领导人会谈。

7月

1日 日本央行公布的2021年第二季度企业短期经济观测调查结果显示，大型制造业企业信心指数继续回暖，从上一季度的5点升至14点，连续四个季度上升。

3日 静冈县热海市发生大规模泥石流，包括普通民宅在内的十多座建筑被冲毁，20多人遇难。

4日 在东京都议会选举中，自民党成为东京都议会第一大政党，但执政的自民党和公明党联盟未达到议席过半的目标。

6日 内阁会议决定从7日起由前外务事务次官秋叶刚男接替北村滋出任日本国家安保局局长。

日本奥委会举行东京奥运会日本代表团成团仪式。本届奥运会日本将派出582名选手，人数为史上最多。

8日 首相菅义伟宣布东京都再次进入紧急状态，实施期限从7月12日至8月22日。这是东京都因新冠疫情第四次进入紧急状态。

12日 内阁府发布的数据显示，日本5月核心机械订单额继续环比上升7.8%，增幅超过市场预期。

13日 日本广播协会公布的民意调查结果显示，菅义伟内阁支持率下跌至33%。

14日 日本中央最低工资审议会（厚生劳动大臣的咨询机构）的小委员会决定，2021年度日本全国平均最低工资标准上调28日元，时薪调至

930 日元。

16 日　日本央行宣布，向金融机构提供零利率贷款，支持其向企业发放绿色贷款或投资绿色债券。

23 日　受新冠疫情影响推迟一年举办的东京奥运会开幕。

24 日　首相菅义伟与来日出席东京奥运会开幕式的法国总统马克龙举行会谈。

26 日　联合国教科文组织（UNESCO）世界遗产委员会决定将"奄美大岛、德之岛、冲绳岛北部及西表岛"（地跨鹿儿岛和冲绳两县）列入世界自然遗产名录。

29 日　日本跨党派议员联盟"日华议员恳谈会"在线与美国参众两院议员和中国台湾"立法委员"举行首次战略对话。

8月

1 日　新确诊一万多人感染，连续四天感染人数超过一万，日本新冠疫情进入"第五波"。

2 日　日本政府对神奈川、埼玉、千叶和大阪四府县发布"紧急状态宣言"，有效期至 8 月 31 日。

3 日　外务大臣茂木敏充以视频连线方式出席东盟与日本外长会议。

日本国家安全保障局局长秋叶刚男与印度国家安全顾问多瓦尔进行电话磋商。

4 日　东盟十国与中日韩等国以视频会议方式召开东盟与中日韩（10+3）外长会。

6 日　日本国内新冠病毒感染人数累计突破 100 万人。

厚生劳动省公布了 2020 年度养老金特别账户收支情况，按市值计算，厚生年金和国民年金盈余分别为 34.7825 万亿日元和 1.9683 万亿日元，均创历史新高。

8 日　第 32 届夏季奥林匹克运动会（东京奥运会）在东京国立竞技场

以无观众形式举行了闭幕式。

9 日 奥运会后公布的首个民调（《朝日新闻》）结果显示，菅义伟的内阁支持率进一步跌至 28%。

10 日 财务省公布的国际收支初步统计结果显示，2021 年上半年，日本经常项目顺差同比增加 50%。

12 日 日本政府拟制定将温室气体减排进度与 GDP 相结合的新指标——"绿色 GDP"指标，旨在实现到 2030 年，日本温室气体排放比 2013 年削减 46% 的目标。

15～24 日 外务大臣茂木敏充依次造访埃及、巴勒斯坦、以色列、约旦、土耳其、伊朗、卡塔尔等中东八国。

16 日 日本内阁府发表第二季度日本实际国内生产总值（GDP）环比上升 0.6%，按年率计算增幅为 1.3%。这是时隔两个季度再次转为正增长。

防卫省在其官网发布了一本面向中小学生的《防卫白皮书》。

19 日 日本新增新冠确诊病例 25156 例，首次超过 2.5 万例，再创新高。

20 日 日本政府对茨城、栃木、群马、静冈、京都、兵库、福冈七个府县发布"紧急状态宣言"，有效期至 9 月 12 日。此前已经发布宣言的东京、埼玉、千叶、神奈川、大阪和冲绳六个都府县的解除时间从 8 月底推迟至 9 月 12 日。

22 日 外务大臣茂木敏充在伊朗首都德黑兰与该国新总统莱希举行首次会谈。

在神奈川县横滨市长选举中，菅义伟支持的前国家公安委员长小此木八郎败给了在野党支持的横滨市立大学教授山中竹春，这对面临大选的菅义伟是一次打击。

24 日 为期 13 天的第 16 届夏季残奥会（东京残奥会）在东京国立竞技场以无观众形式举行开幕式。

25 日 农林水产省公布的数据显示，2020 年日本粮食自给率为 37.17%，为 1965 年有记录以来的最低值。

27 日 日本政府对北海道、宫城、岐阜、爱知、三重、滋贺、冈山、广岛八个道县发布"紧急状态宣言",有效期至 9 月 12 日止。

日本政府向美国方面抗议,不满驻日美军在没有事先征得日方同意的情况下,擅自向下水道排放含有机氟化合物的污水。

31 日 防卫大臣岸信夫命令此前派往阿富汗帮助日本侨民等撤离的自卫队结束行动,截至当日,自卫队共将 1 名日本人和 14 名阿富汗人转运至巴基斯坦。

首相菅义伟在首相官邸接受美国气候问题总统特使克里的礼节性拜访,就日美两国朝着全球去碳化携手合作达成一致。

防卫省确定 2022 年度防卫预算申请总额为 5.4797 万亿日元,比 2021 年度原始预算增加 2.6%,实现连续十年增长,规模创历史新高。

9月

1 日 作为日本数字化改革指挥塔的数字厅正式启动并举行了仪式,平井卓也被任命为首任数字改革担当大臣。

2 日 首次日本政府与太平洋岛屿国家和地区国防事务部长级会议在线召开。

3 日 菅义伟首相表示放弃参加自民党党首选举,并将辞去首相职务。

5 日 为期 13 天的东京残奥会在结束所有赛程后落下帷幕。

6 日 德仁天皇一家从位于赤坂御用地的赤坂御所迁入皇居御所。

防卫大臣岸信夫登上首次停靠日本的英国海军最尖端航母"伊丽莎白女王"号,此举旨在展现日英防务合作进入"新阶段"。

10~12 日 防卫大臣岸信夫对越南进行正式访问。

13 日 日本政府将东京等 19 个都道府县的"紧急状态宣言"生效时间延长至 9 月 30 日。

14 日 厚生劳动省公布的数据显示,日本 100 岁以上老人共有 86510 人,比上年增加 6060 人,再次刷新历史最高纪录。

东京股票市场保持升势,日经平均指数涨至 30795.78 点,超过了 2 月 16 日创下的交易时间年内高点，创出 1990 年 8 月以来也就是 31 年来的历史新高。

15 日　日本陆上自卫队在西南地区举行 1993 年以来规模最大的陆上自卫队军事演习，演习持续至 11 月下旬。

16 日　财务省公布的贸易统计初步结果显示，受国际原油价格大幅上涨、医药品进口明显增加等因素影响，8 月日本贸易收支逆差达到 6354 亿日元（1 美元约合 109 日元）。

17 日　自民党总裁选举发布公告，行政改革担当大臣河野太郎、自民党前政务调查会长岸田文雄、前总务大臣高市早苗、自民党代理干事长野田圣子 4 人报名参选。

22 日　日本中央银行宣布，维持当时货币政策宽松力度，同时通过购买资产维护金融市场稳定。

24 日　日美印澳"四边机制"（QUAD）首次在美国白宫举行线下峰会。其间，首相菅义伟在白宫与美国总统拜登举行会谈。

27 日　日本政府出台未来三年网络安全战略草案，首次将中国、俄罗斯、朝鲜列为"网络攻击威胁"。

29 日　自民党举行党首选举，岸田文雄（64 岁）在第二轮投票中击败河野太郎（58 岁），当选第 27 任党首。

10月

1 日　日本政府全面解除此前针对 19 个都道府县发布的"紧急状态宣言"以及对 8 个县采取的防止蔓延等重点措施。

4 日　自民党党首岸田文雄在临时国会上被提名为第 100 任首相，正式组阁。

5 日　首相岸田文雄先后与美国总统拜登、澳大利亚总理莫里森举行电话会谈，并就加强合作、共同应对中国问题、实现"自由开放的印太"达成共识。

8 日　首相岸田文雄在众议院全体大会上发表本届政府上台以来的首次施政演说。

12 日 二十国集团（G20）以视频连线方式召开阿富汗问题领导人特别峰会，首相岸田文雄表示在年内提供总额约 2 亿美元的援助。

14 日 岸田内阁解散众议院，将按"19 日公示、31 日投票"的日程举行众议院选举。

15 日 日本政府成立"实现新资本主义会议"，岸田文雄首相担任会长，会员共 15 人，以财界创投企业家为主。

首相岸田文雄造访东京电力公司福岛第一核电站，视察反应堆报废作业及核污水处理情况。

22 日 七国集团（G7）商务部长会议在英国伦敦召开，会议通过了联合声明。

日本政府正式发布《第六次能源基本计划》，首次提出"最优先"发展可再生能源，并将 2030 年可再生能源发电所占比例从此前的 22%～24% 提高到 36%～38%。

27 日 首相岸田文雄出席东盟与中日韩领导人峰会，提出为战胜新冠疫情，将与中韩一道加强对东盟的援助。

28 日 日本央行宣布，对 2021 财年（截至 2022 年 3 月 31 日）日本经济增长预期下调至 3.4%，同时继续保持当时货币政策宽松力度，维持利率水平不变。

31 日 第 49 届众议院选举结果为：自民党为 261 席，公明党为 32 席，立宪民主党为 96 席，日本维新会为 41 席，国民民主党为 11 席，共产党为 10 席，令和新选组为 3 席，社民党为 1 席，无所属者为 10 席。

11月

2 日 2021 年版《自杀对策白皮书》显示，受新冠疫情影响，日本 2020 年自杀人数自 2009 年以来首次增加，为 21081 人。

日本首相岸田文雄在英国北部格拉斯哥与美国总统拜登直接会面，进行了短时间会谈。

全球环保组织组成的"气候行动网络"小组将"化石奖"颁给日本、挪威和澳大利亚三个国家，以批评它们应对全球气候变暖的消极态度。

7 日 日本国内报告无新增新冠死亡病例。这是自上年 8 月 2 日以来，即一年零三个月以来，首次单日新增死亡病例为零。

8 日 日本放宽入境限制，有条件地允许外国留学生、短期商务人士等外籍人士入境，但观光游客未列入此次放宽入境限制范围内。

岸田文雄首相决定任命自民党籍的原防卫大臣中谷元为负责人权事务的首相辅佐官。

10 日 自民党总裁岸田文雄在第 206 届临时国会上被提名为第 101 任首相，第二次岸田内阁正式成立。

11 日 前首相安倍晋三重返自民党最大派系细田派（清和政策研究会）并出任会长，"安倍派"由此成立。

首相岸田文雄与美国印度洋—太平洋司令部司令阿奎利诺在首相官邸举行会谈，确认将围绕进一步强化日美同盟而紧密合作。

12 日 政府敲定了新冠疫情防控对策整体方案，旨在防范未来可能出现的"第六波"疫情。

15 日 内阁府发布的初步统计结果显示，2021 年第三季度，日本实际国内生产总值（GDP）环比下降 0.7%，按年率计算下降 3%。

厚生劳动省决定由政府全额负担国民接种美国辉瑞疫苗第三剂加强针的费用。

16 日 全球超级计算机性能排行榜揭晓，位于日本神户市理化学研究所的超级计算机"富岳"在四个性能评比单元连续 4 次位居榜首。

17 日 首相岸田文雄傍晚前往众议院议员会馆内的前首相安倍晋三的事务所，这是岸田文雄就任日本首相后首次与安倍晋三举行会谈。

日美韩三国在美国华盛顿召开副部长级磋商会议，三方一致同意紧密合作，推动朝鲜彻底实现无核化。

东日本铁路公司对新干线列车进行了自动驾驶试验，这是新干线列车的首次自动驾驶试验。

19日 日本政府决定推出总规模达78.9万亿日元的新一轮经济刺激计划，其中，财政支出达55.7万亿日元，创历次经济刺激计划的财政支出新高。

岸田在经济安全保障推进会议上指示，要加快制定"经济安全保障推进法案"（暂称）的工作。该法案主要涉及四个核心领域的议题：强化供应链、确保重要基础设施的安全性、培育与保全尖端技术、专利的非公开。

21~30日 美国、日本、德国、澳大利亚、加拿大海军在菲律宾海举行代号为"ANNUALEX2021"的年度联合演习。

22日 外务大臣林芳正与印度外长苏杰生举行电话会谈，确认在包括美国和澳大利亚在内的"四边机制"（QUAD）下紧密合作，以实现"自由开放的印太"。

24日 日本政府宣布，将采取配合美国为平抑油价而释放战略石油储备的行动，在不违反石油储备法的前提下释放国家的过剩石油储备。

首相岸田文雄在首相官邸与越南总理范明政举行会谈。

25日 自民党第三大派系、拥有51名国会议员的原"竹下派"（平成研究会）决定由该党干事长茂木敏充出任会长，"茂木派"由此成立。

29日 为防范新冠病毒奥密克戎（Omicron）变异毒株扩散，首相岸田文雄宣布，日本自11月30日零时起暂停所有国家和地区的外国人入境。

30日 日本政府宣布首次确诊新冠病毒奥密克戎变异毒株感染病例，感染者是28日抵达成田机场的一名非洲纳米比亚的30多岁男性外交官。

日本总务省公布的2020年人口普查终值数据显示，截至2020年10月1日，包括外国人在内的日本总人口为1.26146099亿人，呈持续下降趋势。此外，日本65岁以上人口占总人口的28.6%，较上次调查增加了2个百分点，再次刷新历史最高纪录。

经济产业省公布的数据显示，随着供应链紧张形势逐步缓解，日本汽车工业10月呈现回暖走势，带动当月工矿业生产指数环比上升。

日本最大在野党立宪民主党在东京召开临时党代会进行党首选举，政务调查会长泉健太取代枝野幸男当选新党首，任期至2024年9月底。

12月

1日 日本正式启动第三剂新冠疫苗加强针的接种工作。

6日 自民党最大派系安倍派（清和政策研究会）在东京某酒店举行了前首相安倍晋三就任会长后的首次政治资金集会。

7日 以日本参议院前副议长尾辻秀久为会长的跨党派议员联盟"大家一起参拜靖国神社国会议员会"成员集体参拜靖国神社。

首相岸田文雄在讨论新冠疫情下饥饿和营养不良问题的国际会议"东京营养峰会"上发表演讲，宣布今后三年日本将实施3000亿日元以上的援助以改善发展中国家的营养状况。

9日 美国拜登政府召开全球"民主峰会"，日本首相岸田文雄出席并表示将向联合国开发计划署捐赠1400万美元，用于监督发展中国家在企业活动中的人权问题。

10日 日本央行公布的初步统计数据显示，受国际原油价格持续高企、日元贬值等多重因素影响，11月日本企业物价指数同比增长9%，为1980年12月以来的最大升幅。

12日 日本地方政府现任及卸任首长为阻止修改宪法第九条组建的"全国首长九条之会"在东京召开全体会议。

13日 日本汉字能力检定协会在京都清水寺公布了能够反映日本2021年世态民情的年度汉字"金"。

16日 财务省公布的贸易统计结果显示，由于原油价格高企叠加日元贬值，日本连续4个月呈现贸易逆差，11月逆差达9548亿日元。

17日 日本央行宣布继续维持超宽松货币政策，但为应对新冠疫情而推出的企业融资政策到期后将部分退出。

20日 第十三轮中日海洋事务高级别磋商以视频方式举行。

日本国会参议院通过此前众议院已批准的 2021 财年（截至 2022 年 3 月底）补充预算案，规模约为 36 万亿日元。由此，日本本财年财政预算支出总额达 142.5992 万亿日元。

21 日　日本与美国就未来 5 年驻日美军经费分摊问题达成一致意见，2022～2026 财年，日本需承担的驻日美军经费为 1.0551 万亿日元，较 2016～2020 财年增加 750 亿日元。

22 日　日本东京奥运及残奥会组织委员会宣布奥运会举办经费总额，预计约为 1.5 万亿日元。

24 日　日本政府宣布，不计划向北京冬奥会派遣阁僚等高官组成的政府代表团，东京奥运及残奥会组织委员会主席、参议员桥本圣子等三人出席北京冬奥会。

内阁会议通过 2022 财年（截至 2023 年 3 月底）财政预算案，总规模约为 107.6 万亿日元，连续十年创新高，其中，社保相关开支增加 4393 亿日元，社保、国防、科技振兴费等预算均创新高。

27 日　国务委员兼国防部长魏凤和应约同日本防卫大臣岸信夫进行视频通话。

日本全国知事会紧急召开视频会议，会议针对接连出现未出国居民感染新冠病毒奥密克戎变异毒株的问题。

28 日　日本冲绳县政府就美军普天间基地搬迁事宜上诉至最高法院。

29 日　日本厚生劳动省公布了 2019 年日本"健康寿命"，女性为 75.38 岁，男性为 72.68 岁，全部刷新了纪录。

（审读专家：吴怀中）

Abstract

In 2021, Japan's economy and society were hit by multiple waves of COVID-19. The Yoshihide Suga's administration, which originally took office as the "epidemic prevention cabinet", failed to deal with the epidemic prevention and promote economic recovery, quickly losing public support. The Tokyo Olympics, which was postponed for one year, did not bring the expected economic returns but caused the fifth wave of the epidemic. Prime Minister Suga had to announce his resignation under increasing pressure. From the end of September to the beginning of October, Fumio Kishida was elected as the president of the Liberal Democratic Party (LDP) and the 100th Prime Minister of Japan after the struggle between the factions within the LDP. Then he promptly dissolved the House of Representatives and held the general election, won the election as the successor prime minister, implemented the transformation of the party and government and initially consolidated the political foundation of his administration.

Since taking office as Prime Minister, Kishida has adopted the principle of maintaining and developing "the Abe Line", continuing to deepen the implementation of Japan's national strategic transformation. The Kishida administration is committed to revising the constitution to strengthen the military and plans to revise the document on national security policy. Economically, it proposes the concept of "new capitalism", giving consideration to national economic growth and equitable income distribution. Meanwhile, it promotes the "national concept of digital rural City" and the popularization of new energy. Diplomatically, it maintained the policy framework of Abe and Kan, advocating cooperation with "countries that share universal values" and strengthening the strategy of building "a free and open Indo-Pacific".

In 2021, Japan's real GDP fell 0.4 percent quarter-on-quarter in the first quarter and 0.6 percent quarter-on-quarter in the second quarter, before turning negative again in the third quarter with a 0.8 percent decline. Due to the Kishida administration's strong stimulus policies, Japan's economy rebounded markedly in the fourth quarter, growing by 1.0%. Kishida took tackling the epidemic and strengthening the crisis management mechanism as his top priority, introducing a series of economic measures with the slogan of "overcoming COVID-19 and opening up a new era" and stressing that the "new capitalism" is different from the "neoliberal" reforms actively promoted by the LDP since the Koizumi era, with the aim to promote the orderly recovery of Japan's economy as soon as possible. As the COVID-19 epidemic continues to spread, Japan's tax revenue fell by about 6.1 trillion yen in 2021, with its fiscal expenditure overcoming its income. The Kishida administration had to issue more bonds, and the underlying fiscal deficit rose to 20.4 trillion yen from 9.6 trillion Yen, the highest since 2014. The quantitative easing monetary policy and proactive fiscal policy remain difficult to exit, and the government has less option to stimulate economic growth through macro policy means.

The deterioration of Japan's economic situation has brought a profound impact on the Japanese society, with problems such as fewer children, growing aging population and social inequality becoming increasingly serious. More contract workers, self-employed people and freelancers are in the difficult predicament of work stoppage and pay suspension, and the number of lonely suicides increases significantly especially among women. The "100 million population of middle class" that once made the Japanese people very proud no longer exists. Japanese society's criticism of "neoliberalism" has brought populism to the same stage of competition across the political spectrum, which echoes the growing of populism in the world and has been revived to a certain extent at the level of local autonomy.

In 2021, Japan continued to show an ambitious attitude in its foreign strategy, attempting to upgrade its security and military cooperation with the United States, accelerate its strategic cooperation with the United States, India and Australia and build up various alliance and quasi-alliance mechanisms. Japan's conservative diplomatic line and the tradition of replying on the Japan-U. S. alliance formed since the end of the WWII remain unchanged. Meanwhile, on the basis of strengthening the Japan-U. S. alliance, Japan become committed to improving its diplomatic independence within the framework of the alliance and seeking for more voice of speech and political influence regionally and globally. In the context of the intensifying China-U. S competition and the escalating China-Japan confrontation on disputes over the Diaoyu Islands in the East China Sea, in 2021, Japan and the U. S. have strengthened cooperation in aspects such as military exercises, promoting the alliance towards the direction of mutual manipulation.

In 2021, Japan attached greater importance to building a security cooperation mechanism among "democratic partners" based on "shared values" to enhance its geopolitical influence in the Indo-Pacific region. The QUAD between Japan, the U. S. , India and Australia has increasingly become institutionalized, which has further strengthened coordination in issues relating to COVID-19, supply chain stability, China and international order, and even some progress in constructing the alliance network.

In 2021, while actively promoting the FTA strategy, Japan put great emphasis on the economic security issue. To boost economic growth, Japan has vigorously promoted the Regional Comprehensive Economic Partnership (RCEP) . After abandoning its "no India, no treaty" stance and signing the RCEP in November 2020, Japan quickly completed the approval of the relevant bill in both houses of its national congress in April 2021, becoming the fourth country to complete the domestic approval process of the RCEP after China, Singapore and Thailand. On the other hand, in the name of national security, Japan generalized the concept of security and expanded the scope of governmental supervision on trade, investment and technology, in order to strengthen the "independence" of its industries and economy, and in fact carry out industrial policies of protectives.

Neighborhood diplomacy is the priority of Japan's foreign strategy, however, in 2021, Japan's relations with its Northeast Asian neighbors were generally pessimistic, with Japan-Russia relations remaining at a deadlock after Abe left office, Japan-ROK relations gaining little progress and Japan and the DPRK having been unable to find the key to reopen the dialogue. However, in Southeast Asia, Japan has increasingly attached importance to the role of ASEAN in building a "free and open Indo-Pacific", with countries such as Vietnam, Philippines, Indonesia becoming strategic pivotal countries in Japan's diplomacy.

In 2021, the China-Japan relations continued to fluctuate at a low level, following the trend of the previous year. Under the Suga administration, the China-Japan relations deteriorated significantly, and since Kishida came to power, China-Japan relations has showed some opportunities for improvement but still face severe challenges. Japan has constantly hyped up and intensified disputes over the Diaoyu Islands between the two countries, intervened in the South China Sea issue, played up the so-called "China threat" and interfered in China's internal affairs on issues relating to Hong Kong, Xinjiang and in particular Taiwan, challenging China's bottom line and severely impacting China-Japan relations. Meanwhile, in 2021, exchanges at all levels between China and Japan have gradually resumed and trade and investment cooperation has also recovered in spite of the impact of COVID-19. The year 2022 marks the 50th anniversary of the normalization of China-Japan diplomatic relations. Over the past half century, the world situation and national conditions of both China and Japan, along with mutual understanding of peoples of the two countries, have undergone profound changes. Whether China and Japan seize the opportunity window of that anniversary to further explore the right way to get along with each other will have an important impact on the long-term direction of China-Japan relations in the future.

Keywords: Government Change; Yoshihide Suga; Fumio Kishida; New Capitalism; Free and Open Indo-Pacific

Contents

I General Report

Abstract: In 2021, as the COVID-19 epidemic continued in global range, and Japan's economy and society were hit by multiple waves of epidemics. The Yoshihide Suga administration, which took office as the "epidemic prevention cabinet", failed to balance epidemic prevention with economic recovery, and ended within just one year under the pressure of young and middle-aged congressmen of the Liberal Democratic Party (LDP). The successor cabinet of Fumio Kishida, in addition to promoting COVID-19 measures and the reform of LDP, focuses on the concept of "new capitalism" and plans to adjust the "Abenomics" to reach a balance between economic growth and fair distribution. After a sharp recession in 2020, the Japanese economy continued to recover under the support of ultra-loose monetary policy, however, the momentum was obviously insufficient, with Japan's real GDP growth of 1.7% for the whole year. In 2021, Japan's foreign strategy continued to slide along the track of "the Abe line" and came to influence its concept of national security, and committed to building various types of security cooperation. However, the unbalancing neighboring relations of Japan with the Northeast Asian countries and Southeast Asian countries and its diplomatic weakness remained unsolved. Following the trend of the previous year, the China-Japan relations continued to experience fluctuation in 2021. Japan has actively intervened in the Taiwan Straits issue and the South China Sea dispute and strengthened the "Indo-Pacific Vision" to counterbalance China, and the conflict in the East China Sea and the strategic suspicion between China and Japan intensifies. Since Kishida took office, with the effort from top leaders of the two countries, the positive factors of China-Japan relations have increased, however, the structural contradictions and political and security differences between the two sides remain difficult to resolve in the short term. Moreover, as Japan continues to push forward its economic and security policies, China-Japan economic and trade cooperation will also face challenges. In 2022, due to the current international situation and Japan's domestic politics, the China-Japan relations will continue to present great instability and uncertainty.

Keywords: Yoshihide Suga; Fumio Kishida; Tokyo Olympic Games; RCEP; QUAD

II Situation Reports

B.2 Japan's Politics: From Yoshihide Suga Administration to

Fumio Kishida Administration   *Zhang Boyu* / 030

Abstract: From the end of August to the beginning of September 2021, the situation of the presidential election of Japan's Liberal Democratic Party (LDP) changed dramatically. From the perspective of electoral politics, Yoshihide Suga had to withdraw from the presidential election due to the double loss of public support and party support. The unfavorable measures to counter the COVID-19 epidemic has caused the Suga administration to lose public support, and the inability to act as the LDP's "election signboard" has caused Suga to lose support within the party again. The main reason for Kishida's victory, in addition to the timing of Suga's abandonment of his re-election bid that is most beneficial to Kishida, was to gain the support of Shinzo Abe and Taro Aso, who dominated the presidential election trend. Whether Kishida, who took office on October 4, can achieve long-term stability in power is both possible and uncertain. The main reason why he is possible to stay in power is that the opposition party is too weak to challenge the LDP, and the uncertainty comes from the untested ability of the Kishida administration.

Keywords: Japanese Politics; Suga Administration; Liberal Democratic Party (LDP) President Election; Fumio Kishida Administration

B.3　Japan's Diplomacy: New Trends of Foreign Policy

　　under Government Changes　　　　　*Lyu Yaodong* / 045

Abstract: In 2021, Japan's political situation underwent major changes. The election of the president of the Liberal Democratic Party (LDP) and the general election of the 49th House of Representatives made Japan's domestic and foreign affairs enter a period of adjustment. The Yoshihide Suga administration has continued the diplomatic doctrine of Abe's administration in foreign relations. Fumio Kishida, who succeeded Suga as prime minister, has focused on the "constitutional amendment", "new realism", "human rights issues" and "strengthening Japan's defense" in his diplomatic and security policy. Relying on the Japan-U. S. alliance to strengthen the "Indo-Pacific vision" and its security mechanism, the Kishida administration has formed a contrast from its diplomatic slogan of keeping the dialogue with China. Taking the opportunity of the "Russia-Ukraine conflict", while following the U. S. and some European countries to impose sanctions against Russia, Japan has also kept to play up the "China threat" theory. The Kishida administration's "proposition" diplomacy towards China show instability and uncertainty.

Keywords: Japanese Political Situation; Kishida Administration; New Realism; Japan-U. S. Alliance; China-Japan Relations

B.4　Japan's Economy：Fluctuating Growth amid Repeated

Waves of COVID-19　　　　　　　　　　*Xu Mei* / 055

Abstract：In 2021, the global COVID-19 epidemic continued, the
unprecedented political and social transformation accelerated, geopolitical risks
further increased and the world economic growth momentum weakened.
Throughout the year, Japan's economy achieved positive growth despite
fluctuations, but the growth rate was significantly lower than expected at the
beginning of the year. In Japan, the supply chain disruptions have exceeded
expectations due to repeated outbreaks of COVID-19, global prices of
commodities, raw materials and transportation have risen, and deflation in Japan
has been easing. The top priority for the Japanese government remains to prevent
and control the epidemic, promote an early and full economic recovery, and
properly address medium and long term tasks such as the growing aging population
and fewer children, fiscal reconstruction and external uncertainties. The newly
established Kishida administration has attempted to rebuild a virtuous cycle of
economic growth and income distribution, strengthening economic security,
promoting the digitization and low-carbon transformation of the economy and
expanding foreign economic and trade relations. Japan's economy will be boosted
to some extent by a new round of Kishida's large-scale economic stimulus package,
the RCEP coming into force, the acceleration of global economic transformation
and the improvement of Japan's epidemic response capacity.

Keywords：Japanese Economy；COVID-19；Supply Chain；Domestic
Demand；External Demand

B.5　Japan's Society：Growing Low Fertility, Aging Population and

Widening Gap between Rich and Poor　*Guo Pei*, *Hu Peng* / 069

Abstract：Due to the COVID-19 in 2021, many social problems in Japan has further aggravated. The trend of growing aging population and fewer children accelerates. Cases of lonely suicides increase significantly. The income gap between regular and non-regular employees expands. The education gap between teenagers widen. A growing number of children fall into the poverty due to their poor parents, which is a leading feature of differential society. Meanwhile, the COVID-19 epidemic has also brought about new changes in ways of life and work for the Japanese people, accelerating the integration of information technology, biotechnology and traditional technologies and promoting new business forms such as online medical treatment, online shopping and online education.

Keywords: Japan; Tokyo Olympic Games; Differential Society; New Lifestyle; Digitization

B . 6   Japan's Culture: New Trends of Japanese Populism

Zhang Jianli / 086

Abstract: Populism is a controversial concept. In recent years, Japanese society has tended to refer to populism as political tactics that appeal to the masses but often end up paying lip service to them. Japan's populists still have a tendency to engage in verbal violence against their opponents, but the kind of social radicalism seen in European and American populism is rare. In 2021, populism in Japan has been mild, but parties on both sides of the divide have seized on it as a political tool to boost their popularity. In particular, the resurgence of populism at the level of local governments in Japan deserves high vigilance and efforts should be made to prevent Japanese society from being led astray by populism again. In order to explore the causes of Japanese populism, attention should not be only paid to the influence of neoliberalism, but also the influence of Japanese identity crisis.

Keywords: Japan's Culture; Trends of Social Thought; Neoliberalism; Populism

B.7 China-Japan Relations: The Paradigm Adjustment
under Intensifying Internal and External Changes

Wu Huaizhong / 099

Abstract: In 2021, China-Japan relations generally show a trend of fluctuation with a low opening and a low moving, with factors of stabilizing and promoting the relations remaining unobvious. The China-related policies of the administrations of Yoshihide Suga and Fumio Kishida, regarding human rights diplomacy, transformation of defense policy, economic security, the Taiwan issue and disputes over East China Sea and Diaoyu Islands, have further intensified the contradictions between the two sides. In addition to factors of leaders and party politics, the cause of that change of China-Japan relations are due to structural driving factor, which means that Japan's policy towards China and China-Japan relations are undergoing a profound "paradigm change". Meanwhile, it should be noted that despite those negative factors, the China-Japan bilateral relations have also slowly recovered and developed, with the diplomatic dialogue, economic and cultural exchanges and multilateral cooperation having been carried out. Both China and Japan should work to safeguard the hard-won development of bilateral relations, resist changes and interference in the international situation, and build a healthy and stable relationship that meets the requirements of the new era.

Keywords: China-Japan Relations; Japan's Diplomacy; Government Change; Strategic Competition; Paradigm Change

Ⅲ Japan's Political and Policy Adjustment

B.8 The Political Causes of Yoshihide Suga's Resignation

Meng Mingming / 117

Abstract: In September 2021, Japanese Prime Minister Yoshihide Suga resigned after just one year in office. Although having made some achievements during his administration, Suga still showed three shortcomings, namely the lack of ability in the field of government affairs in continuing "the Abe way" of governance, the ineffectiveness of controlling the Liberal Democratic Party (LDP) and the powerlessness to lead the LDP to victory in the election of congress. Suga's resignation illustrates his difficulties in adapting to new demands for Japan's prime ministerial leadership amid the COVID-19, as well as the limitation of his reliance on a centralized, "prime-minister-led" political system. However, it will not fundamentally change Japanese politics, which will continue along the trajectory set by the Abe era.

Keywords: Japan's Politics; Yoshihide Suga; Liberal Democratic Party (LDP); Prime-minister-led; Election Politics

B.9   An Analysis of the 49th House of Representatives Election in
Japan: The Strengthened Force of Constitutional Amendment

He Xiaosong / 132

Abstract: In the 49th House of Representatives election in Japan, The Liberal Democratic Party (LDP) and the Komeito Party won 293 seats altogether, exceeding the line of absolute stable majority. The election has two main features. On one hand, the ruling LDP held a presidential election before the election, and Fumio Kishida, head of the Kishida faction, won the presidential election and then became the new leader of Japan. The LDP used the publicity of the presidential election campaign to effectively boost its support rate. On the other hand, five opposition parties chose unified candidates in 213 small electoral districts across the country through a strategy of "joint struggle". Although it achieved some success, the opposition party still lost in the proportional representation districts due to the lack of policy and organizational integration. After the election of the House of Representatives, the seats of political parties supporting the constitutional amendment have further increased, reaching more than two-thirds of the total seats. It is expected that after the 2022 Senate election, Japanese government may launch the constitutional amendment agenda.

Keywords: House of Representatives Election; Fumio Kishida; Opposition Party; Support Rate of Political Parties; Constitutional Amendment

B. 10　Japan's Role and Its Strategic Choice under the Intensifying China-U. S. Competition　　　　　*Lu Hao* / 150

Abstract: Since it took office, the Biden administration has generally maintained and strengthened the strategy of competition with China, deepening the game between China and the U. S. As the "principal contradiction" in current international relations. In that context, the trilateral relations between China, the U. S. and Japan show new trends on the existing trend, with the U. S. -Japan alliance becoming strengthened and the China-Japan relations worsening. The tripartite game between China, the U. S. and Japan focuses on issues of ideology, economy and technology, as well as the geopolitical fields relating to Taiwan and the Indo-Pacific. The joint efforts of the U. S. and Japan to counterbalance China are strengthened, but the policies of the two sides towards China in specific fields remain different. As an active role among the trilateral relations, Japan continues to focus on the China-U. S. strategic competition with the core goal of ensuring its own strategic independence. Japan tends to rely on the U. S. -led alliance system while attempting to maintain the position of "mutual flexibility", focuses on the "value diplomacy" in the construction of the international order and accelerates the reform of its national security strategy to strengthen its independent defense posture. In the context of current international situation, Japan's strategic choice will have an important impact on the trilateral relations involving China, the U. S. and Japan and even the international relations in the Asia-Pacific region.

Keywords: The U. S. -Japan Alliance; China-U. S. Competition; China-Japan Relations; The Biden Administration; Foreign Strategy

B . 11 The Trend and Influence of Strategic Cooperation between

Japan and Europe under the Changing International Situation

Chen Jingjing / 170

Abstract: Amid unprecedented changes of current international landscape and the far-reaching impact of the COVID-19 epidemic, Japan and Europe come once again close to each other for their own national interests. With the signing of Japan-EU EPA, Japan-EU SPA and Japan-EU Partnership Agreement on Sustainable Connectivity, the closeness of Japan-EU relations has reached a new peak. Japan's relations with key EU members such as France and Germany are also improving, while its "global strategic partnership" with the UK in fields of economy, trade and security is also strengthened. The article discusses the strategic cooperation between Japan and Europe has been strengthened under the changing international situation from three aspects namely Japan-EU relations, Japan relations with France and Germany and Japan-UK relations.

Keywords: Japan-Europe Relations; Japan-France Relations; Japan-Germany Relations; Japan-UK Relations

B . 12 The Worsening Situation and Trends of Japan-Russia

Relations in the Post-Abe Era   *Chen Mengli* / 186

Abstract: Under the Abe administration, Japan actively carried out diplomacy with Russia, and bilateral relations have warmed up. After Yoshihide Suga took office, Japan returned to its traditional diplomacy with Russia, attaching importance to the politics and security aspects, which cooled down the bilateral interaction between Japan and Russia. After Fumio Kishida became Prime Minister, Japan further has changed its moderate foreign policy towards Russia and the stance of not taking sides with great strides between the U. S. and Russia, and meanwhile adopted tough foreign policy towards Russia following the way of U. S.

and Europe, which also caused a serious retrogression in Japan-Russia negotiation over territorial issues and signing a peace treaty. In the current context of Russia-Ukraine conflict, Japan has continued to follow the U. S and European countries to impose sanctions against Russia, which has led the Japan-Russia relations to the "freezing point".

Keywords: Japan-Russia Relations; Russia-U. S. Relations; Russia-Ukraine Conflict; Northern Territory; Special Economic Zone

B. 13　The Trend and Impact of Japan's High-frontier Security Policy

Meng Xiaoxu, Zhu Qingxiu / 199

Abstract: In 2021, Japan increased space security investment in high-frontier security fields such as space, cyberspace and electromagnetic spectrum, adjusted the construction of key space matters, issued a new version of the cyberspace security strategy report, strengthened and improved the system construction and security capability construction in high frontier fields and enhanced cross-domain combat capability, with the aim to safeguard and expand Japan's high-frontier security interests. Currently, the development of Japan's high-frontier security strategy reflects its relationship with economic security, emphasizes security cooperation with allies and partners such as the U. S. , EU, NATO and India, attaches importance to the coordination among government, enterprises and research institutes and highlights the public-private cooperation. Japan's high frontier security strategy will enhance its military capability and offensive tendency in new fields. With the further deepening of Japan-U. S. high-frontier security cooperation, Japan will still play a more important role in the overseas military operations of the U. S.. The competitiveness and aggressiveness of Japan in strengthening its high-frontier security pose negative impact on the regional security and should be vigilant.

Keywords: Space; Cyberspace; Electromagnetic Spectrum; Security Strategy; High-frontier Security

Ⅳ Japan's Economic and Social Trends

B.14 New Trends in Japan's Official Development Assistance and
Economic Security in 2021   *Chang Sichun* / 213

Abstract: With the new wave of "de-globalization" pushed up by the COVID-19 epidemic and the upcoming reshape of geopolitical and economic pattern in the future, many new changes have taken place in Japan's official development assistance and economic security. In 2021, Japan has significantly increased its public health assistance and played an active role in conducting vaccine diplomacy and strengthening the public health system. Meanwhile, Japan has shifted its focus from economic diplomacy to economic security, comprehensively strengthened its economic security strategy and accelerated the process of economic security legislation, in order to seize the "commanding heights" of international economic and trade competition.

Keywords: ODA; Health Assistance; Vaccine-aid Diplomacy; Economic Security; Supply Chain

B.15 New trends in Japan's Green Growth Strategy and Its Impact
Tian Zheng / 226

Abstract: With the acceleration of global warming and the frequent occurrence of extreme weather phenomena, it is imperative to reduce greenhouse gas emissions. Governments around the world have proposed carbon neutrality goals and actively promoted green and low-carbon transformation of economic development. Although Japan is an early country to promote energy conservation and emission reduction policies, its industrial development and energy conversion are facing enormous pressure from green transition. In order to achieve the goal of carbon neutrality in 2050, in the field of industrial development, the Japanese government has formulated the "Green Growth Strategy for Carbon Neutrality in 2050", clarified the carbon neutral development roadmap, adopted industrial policy measures, and focused on promoting the development of fourteen industrial fields. In the field of energy transformation, the Japanese government has formulated the "Sixth Basic Energy Plan" to increase the use of renewable energy, strengthen decarbonization measures for thermal power generation, and strengthen energy-saving measures in industrial sectors. In the long run, Japan's green growth strategy will help promote the green transformation of Japan's economic structure and create new space for economic cooperation between China and Japan.

Keywords: Carbon Neutrality; Green and Low-carbon; Energy Conservation and Emission Reduction; Hydrogen Energy; Renewable Energy

B. 16   An Analysis of New Trends of Japan's Digital Reform

Zhang Xiaolei / 243

Abstract: The essential feature of Japan's digital reform policy is to promote the deep-level national reform through the digital society policy, realize the transformation of the economic and social governance model and improve the comprehensive national strength with "digital technology" as the core. The core goal of Suga's digital reform policy is to realize the digitalization of administrative services, the digitalization of people's life, the digitalization of industry and the elimination of the digital gap. After Kishida came to power, Japanese government continued to promote and upgrade the digital reform policy, making it an important part of Kishida's "new capitalism". The Kishida administration has taken the Temporary Investigation Committee of Digitalization as the core decision-making mechanism for promoting the digitalization and related regulatory reform and administrative reform in Japan. From the actual effect, the deficiencies and obstacles of Japan's digitalization reform policies are mainly reflected in the problems of talent reserve, the effectiveness of digitalization of administrative procedures and policy promotion.

Keywords: Japan; Digital Transformation; Digital Society; Administrative Regulation Reform; Policy Consultation Meeting

B.17 New Trends of Japan's Diplomacy towards Africa in 2021

Wang Yichen / 258

Abstract: In 2021, the Suga and Kishida administrations generally continued Shinzo Abe's Africa policy, which attempt to keep its participation in African affairs and maintain its international political influence by strengthening the third-party cooperation with U. S. and European countries in Africa. Japan also paid attention to further developing the potential of Japan-Africa economic and trade cooperation through the mode of "public-private cooperation". In specific ways, on the one hand, Japan continued to strengthen economic and trade cooperation and social development assistance to Africa from a long-term perspective. On the other hand, it also focused on practical issues and actively carries out vaccine assistance diplomacy. Japan has also attempted to implement its own strategy by paving the way for the 8th Tokyo International Conference on African Development (TICAD Ⅷ), which was held in Tunis in 2022.

Keywords: Japan's Relations with Africa; Health Diplomacy; TICAD; Vaccine Aid; Free and Open Indo-Pacific

Ⅴ Appendix

B.18 Chronicles of Events of Japan in 2021

Chen Xiang, Wang Yichen and Deng Meiwei / 274

要　旨

　　2021年、日本の経済社会は何度も新型コロナ感染の「波」に襲われ、「防疫内閣」として発足した菅義偉政府は、新型コロナの蔓延防止と景気回復をうまく対応できず、急速に民意の支持を失った。一年延期された東京オリンピック大会は予想された日本経済の回復をもたらすことができず、かえって第五波のコロナ感染が発生し、菅政権に強く圧力をかけ、最終的には辞任を決断せざるを得なかった。9月末から10月初めにかけて、岸田文雄氏は安倍の影と派閥の角力の中で自民党総裁に選出され、日本の第100代首相に就任した。その後、岸田首相は速やかに衆議院を解散して総選挙を行い、選挙に勝った後に第101代内閣総理大臣に就任し、自民党党内と内閣の改造を行い、政権の基盤が整った。

　　岸田氏は首相就任後、「安倍路線」を維持・継承・発展・開拓を並行する方針を鮮明にとり、日本の国家戦略の転換・実行を推進し続けていた。彼は憲法改正・強軍路線を堅持し、国家安全政策の三文書の改定に向けて計画を作成した。経済面において、彼は「新しい資本主義」を掲げ、国民経済の成長と所得分配の公平性を両立させるとともに、「デジタル田園都市国家構想」を推進し、新エネルギーの普及に力を入れている。外交面において、彼は安倍氏と菅氏の政策枠組みを継承し、「普遍的価値を共有する国」と手を携え、「自由で開かれたインド太平洋」戦略を維持することの重要性を主張した。

　　2021年、日本の実質GDPは第1四半期に0.4%減少し、第2四半期に0.6

増加したが、第3四半期には再びマイナス成長に転じて0.8%下落した。岸田政権の強力な経済対策に刺激され、第4四半期の日本経済は1.0%増と大幅に成長した。岸田氏が首相に就任した後に、コロナ対策・危機管理メカニズムを強化することを政府の一大要務とし、「コロナ克服、新時代の開拓」のための経済対策を打ち出し、「新しい資本主義」は小泉時代以来、自民党政権が積極的に推進してきた「新自由主義」改革と異なっているものを強調し、日本経済を速やかに回復の軌道に乗せるために力を尽くしている。コロナ感染拡大、リバウンドが続く中、2021年の日本税収は約6兆1000億円ほど減少し、財政収支は赤字となった。収支不足を補うために、政府は国債の増発を容儀なくされ、今年度「基礎的財政収支」の赤字は前年度の9兆6000億円から20兆4000億円に増え、2014年度以来の最高値となった。量的緩和金融政策と積極的財政政策を脱退しにくく、日本政府はマクロ政策を用いて経済成長を刺激する空間が挟まっている。

　経済状況の悪化は日本社会に深い影響を与え、少子化・高齢化・格差化は日々に激化し、ますます多くの契約社員・自営業者・フリーランスなどは休業・創業停止、さらに賃金停止の苦境に立ち、孤独自殺者の数も著しく増え、女性の自殺現状は特に際立っており、かつて日本国民が誇りとした「一億総中流」の時代が終わった。日本社会が「新自由主義」への批判には、ポピュリズムが政治対立を超えた競演をもたらしている。これは世界的なポピュリズム思潮の氾濫に呼応して、地方自治体レベルで、ある程度に再台頭している。

　2021年、日本の対外戦略は引き続き積極的な前向き姿勢を示し、日米安全軍事保障協力を持続的にグレードアップし、日米印豪の戦略的協力も加速させ、各種の「同盟」や「準同盟」メカニズムの構築に力を入れている。戦後以来形成された日本保守主義外交路線と日米同盟を基軸とした外交の伝統が変わっていない。そして、日米同盟を強化する同時に、日本は同盟の枠組みの中で外交の自主性を高め、地域ひいては世界範囲で発言権・主導権を追求することに力を入れている。中米競争の深化、中日の東海釣魚島

311

領有権をめぐる紛争がエスカレートした背景に、2021 年には日本とアメリカの軍事演習などの面での協力が日増しに緊密になり、一体化と深く融合する方向に向かって加速している。

2021 年、日本は「共通の価値観に基づく」、「民主国家」の安全協力メカニズムの構築をより重視し、「インド太平洋」の地政学的影響力と把握力を高めていた。日米印豪による「クアッド」は2021 年にますますメカニズムか、制度化の発展傾向を呈し、4カ国は新型コロナの対策、サプライチェーンの安定、中国関連議題および国際秩序の配置などの面における協調をさらに強化し、「同盟化」への建設を迅速に推進した。

2021 年、日本は自由貿易戦略を積極的に推進する同時に、経済安全保障を大いに協調した。経済成長を牽引するために、日本は「地域的な包括的経済連携協定」（RCEP）を強力に推進していた。日本は2020 年 11 月に「インド抜きでの妥結はまったく考えていない」という立場を放棄し、RCEPに署名したのに続き、2021 年 4 月に衆参両院の関連法案の承認を迅速に完了し、中国・シンガポール・タイに続き、RCEP 国内承認手続きを完了した4カ国目となった。一方、日本は国家安全を理由に安全概念を一般化し、貿易・投資・技術などに対する審査範囲を拡大した。産業・経済の「自主性」を強化させることは実際に保護色のある産業政策を推進している。

周辺外交は日本の対外戦略の重点だが、2021 年には日本と北東アジアの隣国との関係はほとんど冷え込んでおり、日ロ関係は安倍氏の退任後に停滞しており、日韓関係の改善に進展を見られず、日朝間に対話の扉を開く鍵がなかなか見つからない。しかし、東南アジアでは、日本はASEANが「自由で開かれたインド太平洋」戦略における役割をますます重視しており、ベトナム・フィリピン・インドネシアなどはさらに日本外交の戦略的「支点国」となっている。

2021 年の中日関係は前年の動きを引継ぎ、低位振動を続いていた。菅義偉氏の就任で中日関係は明かに後退した。岸田政権に変わった後に、中日関係はいくつかの改善のきっかけがあったにもかかわらず、厳しい挑戦に直面している。日本は絶えずに両国の島をめぐる争いを宣伝し、激化させ、南海問題に介入し、いわゆる「中国脅威」を誇張し、香港問題・新疆問題、特に台湾問題で中国の内政を干渉し、中国のボトムラインに挑戦し、中日関係に深刻な衝撃を与えた。一方、2021 年の中日間の各レベルの交流は徐々に回復し、推進され、貿易投資協力はコロナの影響にもかかわらず逆成長を遂げた。2022 年は中日国交正常化 50 周年を迎え、半世紀以来、世界情勢も中日両国の国情も天地を覆すような変化が発生し、両国国民の相互認識も大きな変化が生じた。中日両国が 50 周年を記念するチャンスをつかみ、正しい付き合い方法を深く模索できるかどうかは、将来の両国関係の長期的な発展に重要な影響を与えるだろう。

キーワード：政権交代　菅義偉　岸田文雄　新しい資本主義　インド太平洋戦略

目　次

I　総論

　　要　旨：2021 年、世界的な新型コロナウイルスの感染拡大が続き、日本の経済・社会は多大な影響を受け、「防衛内閣」として発足した菅義偉内閣は、感染拡大防止と経済回復の両立をとることができず、自民党内の若手議員の「反乱」によって一年で退任した。後任の岸田文雄内閣は、新型コロナ対策や自民党改革を推進するほか、「新しい資本主義」という政策の理念を打ち出し、「アベノミクス」を修正し、成長と分配の好循環を実現することを考えた。日本経済は2020 年に大幅に下落したことによって、超金融緩和政策で支えて回復が続けているが、回復は力が明らかに不足しており、年間実質 GDPはプラス1.7％となりました。2021 年の日本対外戦略は引き続き「安倍路線」の軌道に沿って滑走し、安全保障概念を濫用し、各種の安全協力に力を入れているが、周辺国家との関係は南北アンバランスとなり、外交的欠陥は依然としている。2021 年の中日関係は前年の動きを引き継ぎ、低位振動を続けている。日本は台湾問題、南シナ海紛争に積極的に介入し、中国に対する「インド太平洋構想」を着実に実行し、中日の東シナ海の矛盾が激かし、両国が戦略的な邪推が拡大し続けている。岸田氏が首相に就任した後、両国の指導者の指導の下で、中日関係の積極的な要素は増加したが、構造的な矛盾・政治安全分野の分岐は短期的には解決しにくい。また、日本が経済安保政策を持続的に推進することに伴い、中日経済貿易協力関係も挑戦に直面しているだろう。2022年、国際情勢と日本国内政治などの影響を受けて、中日関係は大きな不安定と不確実性を呈するだろう。

　　キーワード:菅義偉　岸田文雄　東京オリンピック　RCEP　クアッド

Ⅱ　各論

B.2　日本政治:菅政権から岸田政権へ

張　伯玉／030

　　要　旨:2021年8月末から9月初めにかけて、自民党総裁選の情勢が激変した。選挙政治の研究視角から見ると、菅義偉氏は民意支持と党内支持の二重喪失に直面して総裁選の出馬を断念せざるを得なかった。新型コロナ対策の失敗によって、菅政権が民意支持を失い、自民党の「選挙顔にならない」によって党内支持にも失った。岸田氏が選挙に勝った理由について、菅義偉氏が再選を断念したタイミングが岸田氏に対して最も有利であり、そして総裁選を主導した安倍晋三氏、麻生太郎氏の支持を得たことが重要であった。10月4日に発足した岸田氏が長期政権を実現できるかどうか、可能性と不確実性が両方とも共存している。政権を安定に運営できる可能性が高い理由は、野党の力が弱くて、自民党に挑戦する実力はないことであるに対し、不確実性の要因は、岸田政権の執政能力にはさらなる試練が必要ということである。

　　キーワード:日本政治　菅義偉政権　自民党総裁選　岸田政権

B.3　日本外交:政権交代下の対外政策新動向　　呂　耀東／045

　要　旨:2021年、日本は大きな政治変動があり、自民党総裁選挙と第49回衆議院議員総選挙によって、日本の内政と外交は調整期を迎えた。菅義偉政権は対外関係において、安倍政権時代の外交思想を継承していた。菅義偉氏の後任として首相に就任した岸田文雄氏は、「憲法改正」、新現実主義、「人権問題」、及び「日本の防衛力強化」などを外交・安全保障上の重点としていた。日米同盟に依拠して「インド太平洋構想」とその安全保障体制を強化する意向は、対中「対話」という外交スローガンとの間に、ギャップと乖離が生じている。「ロシア・ウクライナの衝突」を機に、日本は欧米諸国とともにロシアを制裁すると同時に、「中国脅威論」を煽ることも念頭において、岸田政権の対中「主張」外交は不安定で不確実なものである。

　キーワード:日本の政局　岸田内閣　新現実主義　日米同盟　中日関係

B.4　日本経済:不安定な新型コロナ状況下の波型成長

徐　梅／055

　要　旨:2021年に、世界的な新型コロナ感染症の流行が持続し、百年未曾有の大変局も加速している一方、地政学リスクの高まりもさらに上昇し、世界経済成長のエンジンが弱体化している中で、通年の日本経済は波型で成長している。しかし、増加幅は年初の予想を明らかに下回った。コロナ流行の繰り返しによって、サプライチェーンの混乱は予想以上に悪化し、世界の大口商品・原材料・輸送などの価格は上昇し、日本のデフレも緩和する傾向にある。日本政府が直面している最も優先すべきのは依然としてコロナ感染防止対策と経済対策である。そして、少子高齢化・財政再建・外部の不確実性などの中長期的な課題にも適切に対応していくのが重要である。岸田新内閣は今後、経済成長と所得分配の好循環を推進し、経済の安全保障を強化し、経済のデジタル化、低炭素化のモデル転換を促進し、対外経済貿易関係を拡大・深化させることに注力していく。岸田政権の新たな大規模経済対策、RCEPの発効、グロバール経済モデル転換の加速及びコロナ感染症へ対応力向上などの要素によって、ある程度に日本経済を引き上げることになるだろう。

　　キーワード：日本経済　新型コロナ感染症　サプライチェーン　内需外需

B.5　日本社会：少子化、老齢化、格差化の拡大

郭　佩　胡　澎／069

　　要　　旨：2021年の日本は引き続き何度も新型コロナの衝撃を受けている。この年、日本社会は多くの課題がさらに顕著になり、少子高齢化が加速し、孤独自殺者の数が著しく増え、特に正社員と非正社員の格差、青少年間の教育格差がさらに拡大し、児童が貧困に陥りやすいなどの「格差社会」の特徴が明らかになってきた。しかし一方で、コロナと共存する新しい常態の下で、日本の経済社会活動は徐々に正常に戻ってきた。コロナも日本の民衆にライフスタイル、仕事方式の新しい変革をもたらし、情報技術、生物技術と伝統技術の融合のプロセスを加速させ、オンライン診療、オンラインショッピング、オンライン教育などの新たな生活様式を生んだ。

　　キーワード：日本　東京オリンピック大会　格差社会　新しい生活様式デジタル化

B.6　日本文化：日本のポピュリズムの新動向　　　張　建立／086

　　要　　旨：ポピュリズムは多義性を含んだ概念である。近年、日本社会で

は、ひたすら大衆迎合しながら蓋開ければ口先ばかりで実りの伴わない政治手法に対してポピュリズムと言われている。日本のポピュリストは敵対者に対して言葉暴力は依然として激しいが、欧米諸国のポピュリズムのような過激的な社会行為は割合に珍しいとなっている。2021 年、日本のポピュリズムの表現は比較的温和だが、左右の各党はポピュリズムを自身の人気を高める政治的ツールとして大いに利用している。特に、日本地方自治体レベルのポピュリズムの再燃によって日本の進路を誤らないように、警戒すべきである。日本のポピュリズムの形成原因について、新自由主義のほか、日本人のアイデンテイテイ―危機からの影響についても注目すべきである。

　　キーワード：日本文化　社会思潮　新自由主義　ポピュリズム

B.7　中日関係：内外情勢激変下のパラダイム調整

呉　懐中／099

　　要　旨：2021 年の中日関係は総じてスタートが順調にあらず、変動と乱流が少なく、推進力と安定した要因が不足している傾向を示した。人権外交、軍事変革、経済安全保障、台湾問題、そして「島と海」紛争を中心とした菅と岸田政権の中国関連政策はこれらは、両者間の矛盾と摩擦をさらに強めていた。個人の統治とパーティザンシップに加えて、この変化の根底にある背景と原因は、構造的な力によるものであり、日本の中国政策と中日関係は、深刻な「パラダイム変化」を遂げつつある。同時に、不利な状況にもかかわらず、二国間関係はゆっくりと回復し発展してきたことに注意する必要もある。双方の間で、経済協力が強化され、外交対話が継続され、経済的および文化的交流と多国間協力も行われた。中日は、苦労して獲得した二国間関係の改善と発展を大切にし、支持すべきであり、国際情勢の変化に邪魔されてはならず、新しい時代の要件を満たす健全で安定した関係を構築するために協力するべきである。

　　キーワード：中日関係　日本外交　政権交代　戦略的競争　パラダイムシフト

Ⅲ　日本の政治と政策調整

B．8　菅偉義政権が一年で終わった政治理由に関する研究

孟　明銘／117

　　要　旨：2021年9月、菅義偉首相は政権発足から一年間になったばかりで退陣に追い込まれた。その原因について、菅氏は執政期間に一定の成果を上げてきたが、3つの欠点があると考えられる。すなわち、政務分野では相応の管理能力が欠けているし、「安倍式」の管理モデルを継続するには無力になっている；党内政治に対する支配力がなく、派閥への配慮をしっかり受けている；選挙分野では衆院選前に「選挙の顔」にならないため、自民党をリードして選挙に勝つことはできない。菅氏の退陣は、コロナ禍の中で日本首相の指導力に対する新しい要求に適応しにくいことを示しており、頼りになる「首相主導」の中央集権にも限界があると示している。しかし、日本の政治はこれによって根本的にチェンジすることはなく、依然として安倍晋三時代に設定された路線に従って発展し続ける。
　　キーワード：日本政治　菅義偉　自由民主党　首相主導　選挙政治

B．9　日本第49回衆議院選挙に関する分析
——改憲勢力の増強

何　暁松／132

　　要　旨：第49回衆議院選挙では、自民党と公明党は293議席を獲得し、「絶対安定多数」の261議席を上回った。今回の選挙は二つの特徴があり、

第一にこの選挙に先立って行われた与党・自由民主党の総裁選で、党内派閥「宏池会」(岸田派)の会長・岸田文雄氏が新たな総裁に選出された。自民党は、総裁選の論戦による存在度と話題性を利用して、党の支持率を上げた。第二に全国213の小選挙区で統一候補を選出するために、五つの野党が「共闘」で連合戦略をとったことである。この戦略は一定の成果を収めたが、野党間の政策や組織の統合がなされていなかったため、比例代表区で敗北を招いた。衆議院選挙では、改憲勢力がさらに議席を拡大し、発議可能な三分の二議席を超えた。2022年の参議院選挙後、日本政府はおそらく憲法改正のアジェンダに着手すると予想される。

キーワード:衆院選挙　岸田文雄　野党　政党支持率　憲法改正

B.10　中米競争の激化における日本の役割およびその戦略選択

要　旨:バイデン政権が発足して以来、対中競争戦略を全体的に維持・強化し、現在の国際関係の「主要な矛盾」である中米競争はますます激化している。これを背景として、中米日の三国間の関係は既存の動きのもとにより新しい動向が現れ、日米同盟の協調が強化し、中日関係は冷却に向かっている。中米日の競争焦点はイデオロギー、経済技術、台湾とインド太平洋など地政学分野に集中し、日米は共同に中国を牽制する態勢を強化してきたが、日米は具体的な分野での対中政策はまだ違いがある。中米日の「活躍の役」とする日本は、中米競争の態勢と注目し続け、戦略自主性の確保を核心目標とし、アメリカが主導する同盟システムに依存することに傾いている同時に、「相互柔軟」な立場を維持しようとし、国際秩序の構築において「価値観外交」を強化し、国家安全戦略の改革を加速させ、自主防衛態勢の強化を図っている。中米競争の激化によって、日本の戦略選択は中米日三国の発展ないしアジア太平洋国際関係にも重要な影響を与えられるだろう。

　キーワード：日米同盟　中米競争　中日関係　バイデン政権　対外戦略

B.11　国際秩序変動における日本とEUの戦略的に接近する動向と影響　　　　　陳　静静／170

　要　旨：百年未曾有の大変局の中では、国際秩序の変革が加速しており、新型コロナウイルスのパンデミックは国際関係に深くて、広範囲且つ全面的な影響を及ぼしている。新型コロナウイルス感染防止・抑制の常態化という背景の下で、日本とEUは再び協力関係を強化し、日 EU・EPA、SPAおよび『持続可能な連結性及び質の高いインフラに関する日 EUパートナーシップ』に基づいて、日欧協力関係がさらなる進展している。日本はEUの主要加盟国であるフランス、ドイツとの関係も強化しつつあり、それと同時に、日英は経済、貿易や安全保障の分野で「戦略的グローバル・パートナーシップ」もますます強化している。本稿では、国際変局における日 EUが戦略的に再び強化する現状と態勢を、日 EU 関係、日仏関係と日独関係、および日英関係という三つの方面から考察する。

　キーワード：日 EU 関係　日仏関係　日独関係　日英関係

B.12　ポスト安倍時代の日ロ関係の冷却と発展傾向

陳　夢莉／186

　要　旨：安倍時代、日本はロシアに対して積極的な外交を展開し、二国間関係が回復した。菅義偉氏が首相に就任した後、日本は「政治と安全保障」を重視する伝統的な対ロシア外交に戻り、日ロの二国間交流はもはや活発ではなくなった。岸田氏が首相に就任した後、日本の対ロ外交政策は重要な変化が生じた。これまでの安倍時代には、日本が穏健な対ロシア政策と、米国とロシアのどちらにも選ばない外交政策を変え、領土問題や平和条約締結交渉で大きく後退した。ロシア・ウクライナ紛争を背景に、日本は欧米の対ロシア制裁を継続的にフォローし、二国間関係はすでに冷却され、「氷点」に下がっている。

キーワード：日ロ関係　ロシアとアメリカの関係　ロシア・ウクライナ紛争　北方領土　経済特区

B.13　日本ハイフロンティア安全政策の動向と影響

孟　暁旭　朱　清秀 / 199

要　旨：2021 年、日本は宇宙、サイバー、電磁波などのハイフロンティアセキュリティ領域での宇宙セキュリティへの投資を増やし、重要な宇宙問題の構築を調整し、新しい「サイバーセキュリティ戦略」レポートを発表し、ハイフロンティア領域におけるシステム構築とセキュリティ能力構築を改善している。そして、多域戦能力を強化し、ハイフロンティアセキュリティ戦略を深め続けて、日本のハイフロンティアセキュリティの利益を維持および拡大している。現在、日本のハイフロンティア安全保障戦略の策定は、経済安全保障との関係を反映しており、米国、ヨーロッパ、NATO、インドなどの同盟国やパートナー国との安全保障協力を強調し、「産学官」連携を重視し、官民連携などの特徴を強調している。日本のハイフロンティア安全保障戦略は、軍事力を強化し、新しい領域で攻撃的な傾向を提唱し、米国の対外作戦でより大きな役割を果たし、明かに中国と対立している姿勢を見せている。そして、日本が追求する競争力と対立性は、地域の不安をもたらし、警戒する必要がある。

キーワード：宇宙　サイバー　電磁波　安全戦略　ハイフロンティア安全

Ⅳ　日本経済社会の動向

　要　旨：2021 年、新型コロナウイルス感染拡大の影響を受け、脱グロー
バリゼーションが急加速している。過去 100 年になかった大変局と
COVID-19 の感染拡大の影響で、世界の地政学的と地経学的なパターンは
再形成に直面している。日本の政府開発協力と経済安全保障に多くの新し
い変化が起こっています。2021 年には、日本は保健分野の ODA を大幅に拡
大し、ワクチン外交の実施と保健システムの構築によって積極的な役割を
果たすよう努める。一方、日本は、経済外交の重視から経済安全保障の重視
へと移行し、経済安全保障戦略を包括的に強化し、経済安全保障推進法案の
成立を加速させ、新たな国際ルールや規範作りに取り組み、日本の国際競争
力を強化するように努力している。

　キーワード：政府開発協力　保健協力　ワクチン外交　経済安全保障
サプライチェーン

　要　旨：地球温暖化の加速や異常天候の頻発に伴い、温室効果ガスの排
出を削減することが不可欠である。世界各国の政府は積極的にカーボンニ
ュートラルの目標を提案し、経済発展の低炭素変革を推進している。日本
は早い段階で省エネ及び温室効果ガス排出削減政策を実施したが、依然と
して産業構造の転換とグリーン経済移行の面において大きな挑戦に直面し

ている。2050 年のカーボンニュートラルの目標を達成するために、日本政府が産業開発の分野で「2050 年のカーボンニュートラルに伴うグリーン成長戦略」を策定し、カーボンニュートラルへのロードマップを明確にし、産業政策で14の重点分野の発展を推進している。エネルギー転換の分野では、日本政府が「第 6 次エネルギー基本計画」を策定し、再生可能エネルギーの使用割合を増やし、火力発電の脱炭素対策及び産業部門の省エネ対策を強化した。日本のグリーン成長戦略は、長期的には日本の経済構造のグリーン移行を促進し、中日経済協力の拡大にも新たなチャンスを与えられるのだろう。

　　キーワード：カーボンニュートラル　低炭素　省エネ　水素エネルギー　再生可能エネルギー

B．16　日本のデジタル化改革の新動向をめぐる総合的分析

張　暁磊／243

　　要　旨：一連のデジタル社会政策を通じて日本の国家と社会における深い変革を推進し、経済社会管理モデルの転換を実現し、「デジタル技術」を核心とする総合国力を高めることは、日本のデジタル化改革政策の本質的な特徴といえる。行政サービスのデジタル化、生活のデジタル化、産業のデジタル化とデジタルギャップの解消は菅義偉政権デジタル化改革政策の核心戦略目標である。岸田氏が首相に就任した後、デジタル改革政策は持続的に推進され、さらにグレードアップし、「新資本主義」成長戦略の重要な構成部分まで強化された。岸田内閣はデジタル臨調を日本が一体となってデジタル化、規制改革と行政改革を推進する核心的な政策決定メカニズムとした。実際の効果から見ると、日本のデジタル化改革政策にある不足と障害は主に人材備蓄、行政プログラムのデジタル化の実効と政策推進など面で現わしている問題である。

要　旨:2021 年、菅義偉・岸田文雄政権は安倍晋三政権の日本対アフリカ外交方針を継続する方向が示していた。日本はアフリカへの継続的な参与力を維持しつつあり、また欧米諸国との第三国協力を強化することで自身の国際政治影響力を維持し、そして、「官民連携」を通じて、日アフリカの経済貿易協力のポテンシャルをさらに開発することを重視している。具体的なやり方について、日本は長期的な経済協力と社会開発援助を持続的に強化する一方で、現状に焦点を当ててワクチン援助する「ワクチン外交」を積極的に展開している。また、日本は自身のアフリカでの戦略意図を実現することに着目し、2022 年にチュニジアで開催するTICAD8にも道を開拓しつつあるのである。

キーワード:日本・アフリカ関係　保健外交　アフリカ開発会議　ワクチン援助　インド太平洋戦略

V　付録

皮 书

智库成果出版与传播平台

❖ 皮书定义 ❖

皮书是对中国与世界发展状况和热点问题进行年度监测，以专业的角度、专家的视野和实证研究方法，针对某一领域或区域现状与发展态势展开分析和预测，具备前沿性、原创性、实证性、连续性、时效性等特点的公开出版物，由一系列权威研究报告组成。

❖ 皮书作者 ❖

皮书系列报告作者以国内外一流研究机构、知名高校等重点智库的研究人员为主，多为相关领域一流专家学者，他们的观点代表了当下学界对中国与世界的现实和未来最高水平的解读与分析。截至2022年底，皮书研创机构逾千家，报告作者累计超过10万人。

❖ 皮书荣誉 ❖

皮书作为中国社会科学院基础理论研究与应用对策研究融合发展的代表性成果，不仅是哲学社会科学工作者服务中国特色社会主义现代化建设的重要成果，更是助力中国特色新型智库建设、构建中国特色哲学社会科学"三大体系"的重要平台。皮书系列先后被列入"十二五""十三五""十四五"时期国家重点出版物出版专项规划项目；2013~2023年，重点皮书列入中国社会科学院国家哲学社会科学创新工程项目。

皮书网

（网址：www.pishu.cn）

发布皮书研创资讯，传播皮书精彩内容
引领皮书出版潮流，打造皮书服务平台

栏目设置

◆ **关于皮书**

何谓皮书、皮书分类、皮书大事记、
皮书荣誉、皮书出版第一人、皮书编辑部

◆ **最新资讯**

通知公告、新闻动态、媒体聚焦、
网站专题、视频直播、下载专区

◆ **皮书研创**

皮书规范、皮书选题、皮书出版、
皮书研究、研创团队

◆ **皮书评奖评价**

指标体系、皮书评价、皮书评奖

◆ **皮书研究院理事会**

理事会章程、理事单位、个人理事、高级
研究员、理事会秘书处、入会指南

所获荣誉

◆ 2008 年、2011 年、2014 年，皮书网均
在全国新闻出版业网站荣誉评选中获得
"最具商业价值网站"称号；
◆ 2012 年,获得"出版业网站百强"称号。

网库合一

2014年，皮书网与皮书数据库端口合
一，实现资源共享，搭建智库成果融合创
新平台。

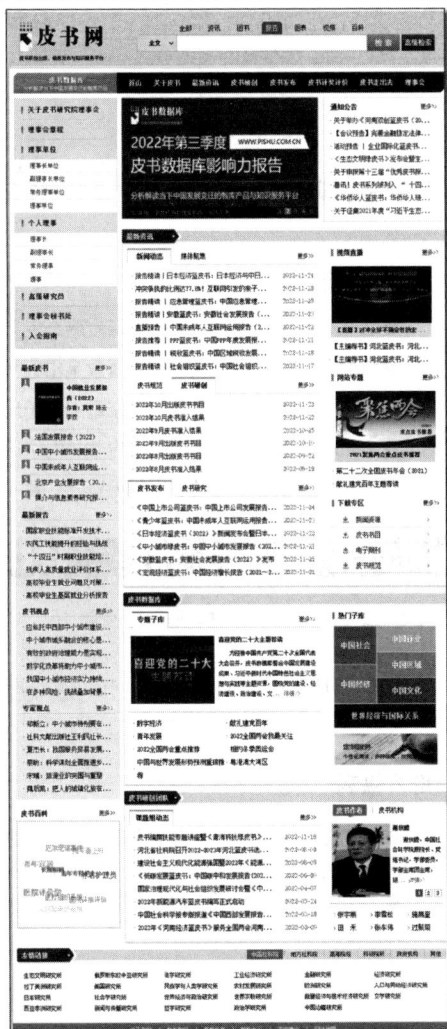

皮书网

"皮书说"
微信公众号

皮书微博

权威报告·连续出版·独家资源

皮书数据库
ANNUAL REPORT(YEARBOOK)
DATABASE

分析解读当下中国发展变迁的高端智库平台

所获荣誉

- 2020年，入选全国新闻出版深度融合发展创新案例
- 2019年，入选国家新闻出版署数字出版精品遴选推荐计划
- 2016年，入选"十三五"国家重点电子出版物出版规划骨干工程
- 2013年，荣获"中国出版政府奖·网络出版物奖"提名奖
- 连续多年荣获中国数字出版博览会"数字出版·优秀品牌"奖

皮书数据库　　"社科数托邦"
　　　　　　　微信公众号

成为用户

　　登录网址www.pishu.com.cn访问皮书数据库网站或下载皮书数据库APP，通过手机号码验证或邮箱验证即可成为皮书数据库用户。

用户福利

- 已注册用户购书后可免费获赠100元皮书数据库充值卡。刮开充值卡涂层获取充值密码，登录并进入"会员中心"—"在线充值"—"充值卡充值"，充值成功即可购买和查看数据库内容。
- 用户福利最终解释权归社会科学文献出版社所有。

社会科学文献出版社 皮书系列
SOCIAL SCIENCES ACADEMIC PRESS (CHINA)
卡号：444767829641
密码：

数据库服务热线：400-008-6695
数据库服务QQ：2475522410
数据库服务邮箱：database@ssap.cn
图书销售热线：010-59367070/7028
图书服务QQ：1265056568
图书服务邮箱：duzhe@ssap.cn

法律声明

"皮书系列"（含蓝皮书、绿皮书、黄皮书）之品牌由社会科学文献出版社最早使用并持续至今，现已被中国图书行业所熟知。"皮书系列"的相关商标已在国家商标管理部门商标局注册，包括但不限于LOGO（⬚）、皮书、Pishu、经济蓝皮书、社会蓝皮书等。"皮书系列"图书的注册商标专用权及封面设计、版式设计的著作权均为社会科学文献出版社所有。未经社会科学文献出版社书面授权许可，任何使用与"皮书系列"图书注册商标、封面设计、版式设计相同或者近似的文字、图形或其组合的行为均系侵权行为。

经作者授权，本书的专有出版权及信息网络传播权等为社会科学文献出版社享有。未经社会科学文献出版社书面授权许可，任何就本书内容的复制、发行或以数字形式进行网络传播的行为均系侵权行为。

社会科学文献出版社将通过法律途径追究上述侵权行为的法律责任，维护自身合法权益。

欢迎社会各界人士对侵犯社会科学文献出版社上述权利的侵权行为进行举报。电话：010-59367121，电子邮箱：fawubu@ssap.cn。

社会科学文献出版社